高等职业教育新形态精品教材

创新创业基础

主　编　盛立军　刘春博　王　禄
副主编　赵雪梅　李　娜　吕晓辉　高　娜
　　　　郝　雷
参　编　（排名不分先后）
　　　　鲁秋玲　于　迪　刘　岩　石晓岩
　　　　王珊珊　张　萌　孙　迪　王　靓
　　　　刘　庆　南　巡　刘加木

北京理工大学出版社
BEIJING INSTITUTE OF TECHNOLOGY PRESS

内容提要

本书根据高等院校人才培养方案和课程建设目标，针对高等院校学生特点而编写，以培养大学生创新创业能力为目标，是高等院校培养创新创业人才的通识课程教材之一。全书共分为六个模块，主要内容包括掌握创新、创业导论、创业者素质、创业核心问题、创业方向和创业计划书。

本书可作为高等院校各类专业的教学用书，也可作为大学生创业参考书。

图书在版编目（CIP）数据

创新创业基础 / 盛立军，刘春博，王禄主编. -- 北京：北京理工大学出版社，2023.9

ISBN 978-7-5763-2885-1

Ⅰ.①创… Ⅱ.①盛… ②刘… ③王… Ⅲ.①大学生—创业—高等学校—教材 Ⅳ.①G647.38

中国国家版本馆CIP数据核字（2023）第175129号

责任编辑：李　薇	文案编辑：李　薇
责任校对：周瑞红	责任印制：王美丽

出版发行 /	北京理工大学出版社有限责任公司
社　　址 /	北京市丰台区四合庄路6号
邮　　编 /	100070
电　　话 /	(010) 68914026（教材售后服务热线）
	(010) 68944437（课件资源服务热线）
网　　址 /	http：//www.bitpress.com.cn

版 印 次 /	2023 年 9 月第 1 版第 1 次印刷
印　　刷 /	河北鑫彩博图印刷有限公司
开　　本 /	787 mm×1092 mm　1/16
印　　张 /	17
字　　数 /	371 千字
定　　价 /	51.00 元

FOREWORD 前言

党的二十大报告指出："必须坚持科技是第一生产力、人才是第一资源、创新是第一动力，深入实施科教兴国战略、人才强国战略、创新驱动发展战略，开辟发展新领域新赛道，不断塑造发展新动能新优势。""完善促进创业带动就业的保障制度，支持和规范发展新就业形态。"

职业教育是以就业为导向的教育，"大众创业、万众创新"为高职院校的教育教学带来崭新的机遇，成为高职院校人才培养模式改革的重要内容。2015年10月，为贯彻落实《国务院关于加快发展现代职业教育的决定》（国发〔2014〕19号）和全国人民代表大会常务委员会职业教育法执法检查有关要求，教育部编制了《高等职业教育创新发展行动计划（2015—2018年）》，进一步明确提出加强高职创新创业教育，要将学生的创业意识培养和新思维养成融入教育教学全过程，按照高质量创新创业教育的需要调配师资、改革教法、完善实践、因材施教，促进专业教育与创新创业教育的有机融合。

创新创业教育的实践性非常强，对教师和教材的要求较高，创新创业教材建设是保证创新创业人才培养质量的一项基本内容。

首先，本书通过与思想政治教育相融合，"全面贯彻党的教育方针，落实立德树人根本任务"，对学生具有激励思想、规范行为的作用；同时，将创新创业教育作为展示理想信念和践行社会主义核心价值观的新平台，正面引导学生树立正确的创业观、为中华民族伟大复兴事业努力奋斗的创业理念、良好的创业操守和纯正的创业动机，使之具备"理想信念坚定，五育教育全面发展，良好的人文素养、职业道德和创新意识，精益求精的工匠精神，较强的就业能力和可持续发展的能力。"

其次，本书以创业过程为主线。学生完成规定模块的课程学习和实训任务后，不仅能完成创新创业项目的开发与初步迭代，还能较大程度地提升创新思维能力和创业综合素质，初步具备从零开始产生一个创业想法，到设计最简单可行的创意产品，再到撰写商业计划书并开展路演的能力。同时，本书不仅给学生传授理论知识和操作技能，更重要的是培养他们完成创新创业项目的职业能力。本书突出了创新思维训练和创业实践指导，内容丰富有趣，可操作性强，利教便学。

本书分为六个模块，涵盖了创新创业最为基础的问题。模块一介绍创新相关理论知识，旨在培养大学生如何拥有创新能力；模块二介绍创业相关理论，引导大学生如何走上创业之路；模块三介绍创业者应该具备的素质。模块四介绍创业的核心问题——创业机会、创业团队和创业资源；模块五介绍大学生的创业方向；模块六介绍如何撰写创业计划书。每个模块又分为多个任务，每个任务配备了实践训练习题。在编写体例上，本书增加了导读案例、小练习、小案例、知识链接等特色板块，使学生熟悉我国创新创业的政策环境，促进学生的自主性学习，培养学生主动观察、分析归纳问题的能力，学会分析和解决在创新创业实践过程中遇到的实际问题。同时，本书为每个模块的学习配备了数字资源供学生使用。

本书编写团队对教学任务进行了认真设计，有利于教师根据教材和学生实际学情，设计独特而有个性的教学方案，使课堂教学常教常新。本书编写团队致力于打造一本适合高职院校，能激发大学生创业热情、引导大学生参与创业实践的创业类基础教材。

本书由盛立军、刘春博、王禄担任主编，由赵雪梅、李娜、吕晓辉、高娜、林冬梅担任副主编。郝雷、于迪、刘岩、石晓岩、王珊珊、张萌、孙迪、王靓、刘庆、南巡、刘加木等参与编写。编写分工如下：盛立军、刘春博、于迪编写模块一；王禄、石晓岩、刘加木编写模块二；吕晓辉、王珊珊、张萌编写模块三；高娜、王靓、南巡编写模块四；林冬梅、郝雷、鲁秋玲编写模块五；赵雪梅、刘岩、刘庆编写模块六；李娜、孙迪负责全书所有模块数字资源编写。盛立军负责全书整体设计刘春博、王禄负责全书统稿整理。

创业教育是一个内涵丰富、实践性强的领域，虽然我们积极探索、不断反思，但由于力有不逮，疏漏之处在所难免，恳请各位读者不吝赐教，与我们一起推进创业教育实践的发展。若有任何意见与建议，请通过 451976720@qq.com 与我们联系。

编写组

CONTENTS 目录

模块一
掌握创新——大学生如何拥有创新能力

学习目标

通过本模块的学习，了解创新的基本概念和时代意义；培养创新精神；掌握创新的基础与过程；养成创新思维。

模块导读

在我国，"创新"最早见于《魏书·卷六十二》："革弊创新者，先皇之志也。"其词义主要是指制度和管理方面的改革、变革和改造，大抵与"革新"同义，但不包括科学技术方面。在《辞海》里讲"创"是"始造之也"，是首创、创始之意；"新"初次出现，与旧相对，才、刚之义。其有三层含义："一是抛开旧的，创造新的；二是在现有的基础上改进更新；三是指创造性、新意。"在《现代汉语词典》中，创新被解释为抛开旧的，创造新的。现代国内外学者对创新概念的界定仁者见仁，智者见智。有人指出，创新是开发新鲜事物的过程，并且此过程是从挖掘新鲜事物到进行最后推广应用的全过程。还有人认为，创新是接受新变化的环境的过程，主要指在组织内部或外部的环境发生突然变化时，对新环境的接受过程。

创新本身有着深刻的内涵，首先创新的主体一定是人，并且一定要从实际出发再发挥自身的主观能动性，有效地结合当今社会的各种需求，尊重事物发展的客观规律，决不能盲目脱离实际，反之创新会变得毫无意义。其次创新需要付诸大量的实践，必须始终坚持理论与实践相统一的原则，只有经过不断地探索与尝试，才能找出不符合社会发展的旧事物，通过不断地革新进而创造出新事物，使其更好地服务社会。最后创新的本质在于批判和变革旧事物，采用扬弃的原则，继承并发扬旧事物的优点，改造并变革旧事物的不足，使其更好地适应当前时代的发展。

本模块主要介绍创新意识、创新精神、创新思维、培养路径、创新方法的相关内容。

小米公司的创新案例

2010年4月，雷军联合7位创始人成立小米公司，主要开展手机互联网产业的软件和硬件等相关业务。2018年7月，小米股份在香港主板挂牌，创下了香港历史上最大规模科技股IPO。目前，小米作为世界上排名靠前智能手机厂商，在30多个国家和地区的手机销量均进入前五位。作为中国智能手机领域的典型后发品牌，小米以用户体验为基础，产品定位于中低端领域，其飞速发展主要得益于互联网的颠覆性技术实践。

小米的颠覆性创新主要包括产品的颠覆性创新、商业模式的颠覆性创新和技术的颠覆性创新。2010年是中国手机市场竞争激烈的时代，人们的关注点从多功能手机转向智能手机。诺基亚、三星和苹果等公司依靠技术和品牌主导了中国主要的手机市场。小米公司成立之初就制定了"软件+操作系统+硬件"的发展战略。2010年8月，小米开发团队以安卓（Android）操作系统为基础，经过深入研究和优化，设计出适合中国家庭使用的MIUI操作系统，并通过互联网和论坛直接与用户交流。根据用户反馈，MIUI版本每周更新，修复缺陷（bug）；同时，小米聊天应用基于国外同类产品。米聊凭借免费通话功能迅速成为年轻人的新宠，短短一年时间，其注册用户突破百万。此外，小米还自主完成了手游开发项目，并积极推动签约手机等高端配件商，通过创业者的诚意打动高通和夏普"不管怎样做手机，做好手机"。与其他厂商为开发盈利的智能手机提供了充分的准备。

传统手机厂商的营销手段基本是线下网络，小米在开发初期就将网络线上营销作为销售途径，发挥自己的网络资源优势。小米在线上业务领域中利用MIUI论坛向核心客户推出免预约的业务，大大提升了用户的忠诚度和满意度。另外，小米组建了国内小米领域第一个拥有"7×24小时"在线售后服务的技术队伍，消费者的意见和问题，均能获得技术人员的迅速响应与解决。此外，小米在微博、微信、贴吧等渠道均有客服平台，同时小米把客服部与研发工作室放到一起，在用户发现问题后可以迅速和技术人员交流解决问题。

2013年，小米开始着手生态链的构建，主要是以顾客需求为核心，采用"投资+孵化"和初创公司之间开展合作研究和战略联合投资的模式，使公司由单个产品转型到多种类产品的生态系统中的新创业行为。随着小米系列手机的成功和Redmi手机在低端的霸主地位，小米完成了技术的积累和品牌的整合，用户逐渐认可了极简的设计理念。多年的开发历史也让小米手机开发团队积累了大量的技术经验和行业领先的专利。2016年，凭借良好的口碑和技术，小米推出了全新的旗舰手机——小米MIX系列手机，采用MIX系列全面屏概念，依托超高屏占比，整机无按键设计，新型陶瓷材料引领主流手机市场的创新方向。小米MIX Alpha机型采用全新调整方式和整机组装方式，创新引入柔性环绕屏指纹技术。此外，小米MIXAlpha相机采用了全球最高1亿像素镜头，具备超高分辨率、超高像素、超大传感器规格。

在技术层面，小米的颠覆性创新战略主要在改善用户不满、提升产品价值、形成技术优势三个方面进行。在小米创业初期，中国智能手机领域还存在价格高、移动操作系统推出缓慢等问题。为满足消费者需求，小米集团提出"操作系统＋硬件"的发展战略，深度调整 Android 操作系统，开发适合中国人习惯的 MIUI 操作系统，并在论坛与消费者互动。

周刊：MIUI 操作系统问题总结与发布，缓解国产手机操作系统更新换代慢、个性化程度低的问题。实现核心技术资源优势，在小米企业着力保持核心技术资源优势的同时，实现竞争壁垒。此外，小米企业通过国际专利并购等战略，强化核心技术资源优势。5 年内，已获得 70 多项国外发明专利，小米也在公司内部积极研发自有芯片，小米澎湃 S-1 的推出为成为第二家完整公司奠定了基础，成为业内继华为之后能够自主研发芯片和核心技术的公司。

（资料来源：陈若男.颠覆式创新案例分析——以小米公司为例［J］.产业创新研究，2022，11（22）：38-40.）

📖 分析解读

党的二十大报告指出："必须坚持科技是第一生产力、人才是第一资源、创新是第一动力，深入实施科教兴国战略、人才强国战略、创新驱动发展战略，开辟发展新领域新赛道，不断塑造发展新动能新优势。"创新是引领社会发展的第一动力，是建设现代化经济体系的战略支撑。自主创新是增强国家核心竞争力、实现经济社会高质量发展的必由之路。新时代，新一轮科技革命和产业变革纵深推进，中国在面临机遇的同时，也面临着更大挑战。这意味着，我们不仅要坚定不移地走自主创新之路，还必须走出一条更高水平的自力更生之路。创新的事业呼唤创新的人才，进行新时代大学生创新意识及其培养研究不仅是新时代高校思想政治教育内容的、丰富与深化，还是提升大学生创新能力，建设社会主义现代化强国贡献力量的必然要求。为此，首先要厘清创新、创新意识及新时代大学生创新意识的内涵，并在此前提下追溯创新思想的相关理论基础。

任务一　创新及创新精神的培养

一、创新的基本概念

《商君书》中提道："圣人不法古，不修今。法古则后于时，修今则塞于势。""法古"只会深陷前人的泥潭，自绝于后世；"修今"也不过是安守一隅，塞而不开，难思进取之心。故"周不法商，夏不法虞，三代异势，而皆可以王。"21 世纪人类社会进入一个崭新的时代，社会进步和发展的最本质、最鲜明的特征就是创新。习近平总书记曾强调，变革

创新是推动人类社会向前发展的根本动力，要以创新思维和坚定信心探索发展新路。他还说："惟创新者进，惟创新者强，惟创新者胜。"创新者为了更好地从事创新实践活动，需要具备创新思维及创新能力。

📽 案例导入

顾诵芬：让中国"雄鹰"振翅高飞

国家最高科学技术奖获得者，中国科学院院士、中国工程院院士顾诵芬获评《感动中国》2021年度人物。顾诵芬是新中国航空科技事业的奠基人之一，《感动中国》节目在给他的颁奖辞中说道：像静水深流，静水里涌动报国的火；似大象无形，无形中深藏着强国梦。心无旁骛，一步一个脚印，志在冲天。振长策，击长空，诵君子清芬。

北京，中国航空工业科技委院内，一条500 m的路，顾诵芬从60多岁走到了90多岁。现在的顾老虽已93岁高龄，但只要身体状况允许，他仍然坚持从家中步行至办公室。

500 m，40分钟，顾诵芬始终不疾不徐、沉着平和。他记得，从前的自己经过这条路时"走路都带风"。

1956年，沈阳飞机设计室成立，顾诵芬作为首批核心成员，开启了新中国自行设计飞机的征程。1964年，中国开始自行设计第一型高空高速歼击机——歼-8。顾诵芬先作为副总设计师负责歼-8机气动设计，后全面主持该机研制工作。他带领设计部门与风洞实验单位联合攻关，在国内第一次创建了战斗机喷流影响实验方法，该实验方法也成为后来确定发动机喷流影响的基本方法。1969年7月5日清晨，在沈飞试机跑道的一端，歼-8机英姿勃发地停在那里，等待着起飞的命令。9点半，试飞员尹玉焕驾驶歼-8机在跑道上疾速滑行，拉杆爬升，直冲蓝天，飞至3 000 m上空，做平稳欢快的盘旋，动作矫健而轻盈。"飞行正常"，塔台的话筒里传来尹玉焕的报告。飞机在两次通过机场上空后，平稳地降落在机场上，歼-8机首飞成功了！正式宣告终结了中国不能研制高空高速战斗机的历史。1980年，歼-8机立项研制。顾诵芬任该型号总设计师，组织和领导军地多个部门、上百个单位高效协同工作，仅用4年就实现了飞机首飞。

2021年11月3日，中共中央、国务院在北京人民大会堂隆重举行2020年度国家科学技术奖励大会。此次大会上，习近平总书记为91岁的顾诵芬颁发国家最高科学技术奖。

"党和人民给了我很多、很高的荣誉。这些荣誉应归功于那些振兴中国航空工业的领导和默默无闻、顽强奋斗的工人、技术人员。"顾诵芬谈到这至高荣誉时这样说。"回想我这一生，谈不上什么丰功伟绩，只能说没有虚度光阴，为国家做了些事情。"顾诵芬淳朴的话语中不无谦虚。对于年轻人，他充满了期待。"我国航空事业发展需要年轻人才，他们是祖国的明天。我只想对年轻人说，心中要有国家，永远把国家放在第一位，要牢牢记住历史，珍惜今天的生活。多读书，多思考，努力学习，认真做好每一件事。"

（资料来源：https://www.sohu.com/a/498941073_121119376.）

📑 分析解读

感动中国人物顾诵芬正是凭借一颗力求创新的报国心创造性地解决了大超声速飞行的飞机方向安定性问题和跨音速的飞机抖振问题。"心无旁骛，一步一个脚印，志在冲天，振长策，击长空，诵君子清芬。"每一位新时代的奋斗者都应如此，心中谨记："惟创新者强，惟创新者胜"，心怀顾老情怀，"板凳甘坐十年冷"，迎难而上，打破困局，为家国，为天下创造性解决难题，勇创新局，矢志报国。面对世界未有之变局，新时代奋斗者更应与时俱进，创新思维，努力奋斗，再建新功。

（一）创新的概念

党的十八大以来，习近平总书记谈到，创新是引领发展的第一动力，要把创新摆在国家发展全局的中心地位，发挥创新在全面发展中的引领作用。创新意味着第一次，代表着突破，首创前所未有事物的活动，结果可以是一种新概念、新设想、新理论，也可以是新技术、新产品。它包含着对既定的否定、批判和超越，代表着跨越式上升发展；守旧、传统、追求服从和统一，就是对创新的反动。创新必须打破传统思维定式，寻求新的出路和突破口，思想上要革新，目标要更新，方法要创新，行为模式上要推陈出新，信念要坚定，敢于突破常规。

创新，基本可以理解为在某一领域内，在前人研究的基础上，创造出新的理论、新的方法、新的成果或其他新生事物的行为，而这种行为能够对本领域的发展起到积极的推动作用。

创新涵盖众多领域，包括政治、军事、经济、社会、文化、科技等各个领域的创新。因此，创新可以分为科技创新、文化创新、艺术创新、企业创新等。其中，企业创新是现代经济中创新的基本构成部分。企业往往由生产、采购、营销、服务、技术研发、财务、人力资源管理等职能部门组成，因而企业的创新涵盖这些职能部门。企业创新包括产品创新、生产工艺创新、市场营销创新、企业文化创新、企业管理创新等。

（二）创新的分类

经济中存在着潜在的利润，但并不是人人都能发现和获取，只有创新的人才有能力得到。从事创新活动，使生产要素重新组合的人被称为创新者。创新分类的标准很多，不同的标准可以得出不同的分类，了解这些分类有助于我们对创新的理解。对于企业来说，创新一般可以分为以下几种。

1.盈利模式创新

盈利模式创新指的是公司寻找全新的方式将产品和其他有价值的资源转变为现金。这种创新常常会挑战一个行业关于生产什么产品、确定怎样的价格、如何实现收入等问题的传统观念。溢价和竞拍是盈利模式创新的典型例子。

2. 网络创新

在当今高度互联的世界里，没有哪家公司能够独自完成所有事情。网络创新让公司可以充分利用其他公司的流程、技术、产品、渠道和品牌。众筹、众包等开放式创新方式是网络创新的典型例子。

3. 结构创新

结构创新是通过采用独特的方式组织公司的资产（包括硬件、人力或无形资产）来创造价值。结构创新涉及从人才管理系统到重型固定设备配置等方方面面。结构创新的例子包括建立激励机制，鼓励员工朝某个特定目标努力，实现资产标准化从而降低运营成本和复杂性，甚至创建企业大学以提供持续的高端培训。

4. 流程创新

流程创新涉及公司主要产品或服务的各项生产活动和运营。这类创新需要彻底改变以往的业务经营方式，使公司具备独特的能力，高效运转，迅速适应新环境，并获得高于市场的利润率。流程创新常常构成一个企业的核心竞争力。

5. 产品性能创新

产品性能创新指的是公司在产品或服务的价值、特性和质量方面进行的创新。这类创新既涉及全新的产品，也包括能带来巨大增值的产品升级和产品线延伸。产品性能创新常常是竞争对手最容易效仿的一类。

6. 产品系统创新

产品系统创新是将单个产品和服务联系或捆绑起来创造出一个可扩展的强大系统。产品系统创新可以帮助人们建立一个能够吸引并取悦顾客的生态环境，并且抵御竞争者的侵袭。

7. 服务创新

服务创新保证并提高了产品的功用、性能和价值。它能使一个产品更容易被试用和享用；它为顾客展现了他们可能会忽视的产品特性和功用；它能够解决顾客遇到的问题并弥补产品体验中的不愉快。

8. 渠道创新

渠道创新包含将产品与顾客和用户联系在一起的所有手段。虽然电子商务在近年来成为主导力量，诸如实体店等传统渠道还是很重要的，特别是在创造身临其境的体验方面。这方面的创新老手常常能发掘出多种互补方式将他们的产品和服务呈现给顾客。

9. 品牌创新

品牌创新有助于保证顾客和用户能够识别、记住你的产品，并在面对你和竞争对手的产品或替代品时选择你的产品。好的品牌创新能够提炼一种"承诺"，吸引买主并传递一种与众不同的身份感。

10. 顾客契合创新

顾客契合创新是要理解顾客和用户的深层愿望，并利用这些来发展顾客与公司之间富有意义的联系。顾客契合创新开辟了广阔的探索空间，帮助人们找到合适的方式把自己生活的一部分变得更加难忘、富有成效并充满喜悦。

如今，简单创新不足以获得持久的成功，尤其是单纯的产品性能创新，很容易被模仿、被超越。创业者有时需要综合应用上述多种创新类型，才能打造可持续的竞争优势。

（三）创新方法

创新方法是指创新活动中带有普遍规律性的方法和技巧。法国哲学家笛卡尔曾说："人类历史上最有价值的知识是关于方法的知识。"英国数学家怀特里德也曾说："19世纪最伟大的发明是发明了发明的方法。那是打破旧文明基础的真正新事物。"据统计，从1901年诺贝尔奖设立以来，有60%～70%的奖项是因科学观念、思路、方法和手段的创新而取得的。学习和应用创新方法，可以诱发人们潜在的创造力，使长期以来被人们认为神秘的、只有少数发明家或创新者所独有的创新设想，为每个普通人所掌握。

1. 传统的创新方法

目前，创新的方法有300多种，其中最常用的创新方法有试错法和头脑风暴法等。

（1）试错法。试错法是一种随机的、盲目的和纯粹经验的寻找解决方案的方法。这种方法在动物的行为中是不自觉应用的，在人的行为中则是自觉的。试错法分为两个步骤，即猜想和反驳。它是对已有认识的试错，即不是找正面论据，而是寻求推翻它、驳倒它的例子，并排除这些反例，从而使认识更加精确、科学。

自古以来，人们一直用这种方法来解决问题。例如，尝试使用一种方法去解决这个问题，如果解决不了，就会进行第2次尝试，然后是第3次尝试等，直到进行了 N 次尝试后终于得出了解决方案。而很多情况下，可能尝试了很多次最后也没有任何的结果。

◀)) 拓展案例 1

著名的试错法论证实验

有一名男生小耿（化名）把饥饿的猫放在一个封闭的笼子里，笼子外摆着一盘可望但不可及的食物。如果笼子里面的一根杠杆被碰到，那么笼子的门就能开启。起初，猫在笼子里乱窜并用爪子在笼子里乱抓。显然，猫偶尔会碰到那根杠杆，门也就开了。在随后的实验序列中，当猫被重新放回笼子时，它还是像先前那样在笼子里动来动去，但是渐渐地，猫好像领会了门是通过那根杠杆开启的。最终，当它再被放回笼子里的时候，它就会直接去碰那根杠杆并逃离笼子。

◀)) 拓展案例 2

爱迪生发明电灯的故事

1878年，爱迪生开始尝试发明灯泡，在最初的实验中，烧焦的纸做的灯丝亮了8

分钟；铂做的灯丝亮了 10 分钟；随后他尝试用钛和铱的合金、硼、铬、铂等做灯丝，但效果都不理想。共计用了 1 600 多种金属材料和 6 000 多种非金属材料。1879 年，在他经过了大约 6 000 次实验之后才获得了成功。爱迪生发明蓄电池的故事几乎完整重演了发明电灯时"试错法"的过程，先后实验多达 50 000 次，几乎"穷尽"了所有可用的金属和酸碱材料。爱迪生发明的"长寿蓄电池"于 1909 年才大量投产并盛行美国。爱迪生作为一位举世闻名的美国电学家和发明家，除了在留声机、电灯、电话、电报、电影等方面具有发明和贡献以外，在矿业、建筑业、化工等领域也有不少著名的发明创造。爱迪生一生共有约 2 000 项创造发明，为人类的文明和进步做出了巨大的贡献。爱迪生的名言是："天才就是 1% 的灵感，加上 99% 的汗水"。爱迪生的故事，一方面反映了爱迪生的勤奋和努力，另一方面也说明了传统试错法的效率低下。

（2）头脑风暴法。头脑风暴法是用脑力去冲击某一问题。头脑风暴法又称脑力激荡法，是 1938 年美国 BBDO 广告公司负责人奥斯本首创的。作为一种创造方法，它在《韦氏大词典》中被定义为一组人员通过开会方式对某一特定问题出谋献策、群策群力、解决问题。这种方法的特点是克服心理障碍，解放固定思维，思维自由奔放，激发创造性的思维活动，获得新观念，并创造性地解决问题。奥斯本创建此法最初是用在广告的创造性设计活动中，并取得了很大成功。后经本人不断改进及泰勒、帕内斯、戈登等人逐步地完善和发展，终于成为世界范围内应用最广泛、最普及的集体创造方法，在技术革新、管理革新和社会问题的处理、预测、规划等许多领域都显示了它的威力。

头脑风暴法的运作方式是组织一批专家、学者、创意人员等，以会议的方式共同围绕一个明确的议题进行讨论，共同集中思考，互相启发激励，借助参会者的群体智慧，引发创造性设想的连锁反应，以产生和发展出众多的创意构想。头脑风暴法一般分四个步骤：第一，交代背景。介绍所讨论问题的有关资料，明确讨论目的。第二，说明规则。这些规则包括不做任何有关优缺点的评价；允许异想天开、自由奔放的想法，追求创新构想的数量，鼓励在已提出的想法上综合修正、锦上添花等。第三，营造氛围。组织者应是善于启发且自身思维敏捷的人，应能使会议始终保持热烈讨论的气氛，鼓励参会者积极参与献计献策。第四，综合评价。将各种设想整理分类，编出一览表后，挑出最合适的见解，审查其可行性。

"三个臭皮匠，赛过诸葛亮"，可见，即使对天资平常的人，若能激发思维"共振"，说不定也会产生意想不到的新创意。头脑风暴法是一种集体开发创造性思维的方法。头脑风暴法自产生以来，因其实用性与科学性，在全世界范围内得到了广泛的应用。其应用领域包括技术革新、管理、预测、发明及专项咨询等多个领域。可以说，只要有存在问题的地方，就可以使用头脑风暴法，它可以解决绝大多数的问题。但它也具有局限性。头脑风暴法认为创新是人们克服思维定式，在已有经验的基础上进行的想象、联想、直觉、灵感等非逻辑思维过程。其没有一定的规律可言。因此，它要求想法要有一定的数量，再由数量来保证方案的质量。人们越是提出更多的设想，就越有可能走上解决问题的正确轨道。

头脑风暴法对参与者的要求是专业构成要合理，不应局限于同一专业，而是考虑全面而多样的知识结构。这样才能使参与者互相启发，从而突破种种思维障碍和心理约束，让思维自由驰骋，借助参与者之间的知识互补、信息刺激来提出大量有价值的设想。可以看出，头脑风暴法主要依赖的资源是参与者的头脑中存在的知识与经验，因而一般要求与会者应是相关领域的专家。头脑风暴法首先是头脑风暴产生想法，然后对想法进行过滤。头脑风暴法耗费大量的时间和精力去对大量的思路进行筛选分析，容易延误解决问题的时间，同样存在效率低下的问题。

◀)) 拓展案例3

创新源于喝咖啡休息时

IBM 瑞士研究所是诺贝尔奖获得者密度较高的研究机构。这个研究所能培养众多的诺贝尔奖获得者。其中有一点很耐人寻味，那就是"创新源于喝咖啡休息时"。原来，IBM 瑞士研究所的早茶、下午茶时间特别长，各种特长的专家，如计算机、物理、化学、工程等专家，在这两段时间内都在咖啡厅闲聊。这里所谓"闲聊"实际上是指专家们在充分交换他们的设想和意见。针对某一个具体问题出主意、想办法。IBM 瑞士研究所的专家们一致认为，喝咖啡休息时，非常可能而且适宜引发头脑风暴。

2.TRIZ 理论

创新方法决定创新效率。传统的创新方法，例如，试错法和头脑风暴法等，创新效率较低。它们帮助人们产生发明和创新，但这些创新的方法是抽象的、盲目的、随机的和方向不明确的。应用这些方法进行的创新活动不一定能得到新的解决理念和方案，而可能最终产生发散的创新结果。这些方法一般要靠"灵感"和"悟性"，不能加以控制；当然也难以用这些技法去培养和增长其他人的创新能力。这些方法均不具备可操作性、可重复性和培训性。TRIZ 是俄文"发明问题解决理论"首字母的缩写。TRIZ 理论的出现为人们提供了一套全新的创新理论，揭开了人类创新发明的新篇章。TRIZ 理论是苏联科学家阿奇舒勒带领一批学者从 1946 年开始，经过 50 多年对世界上 250 多万件专利文献加以收集、研究、整理、归纳、提炼，建立的一整套体系化的、实用的解决发明问题的理论、方法和体系。TRIZ 理论曾经被誉为苏联的"国术"和"点金术"，它的技术系统进化法则被西方称为"人类进化三大理论之一"，与达尔文的生物进化理论和马克思的人类社会进化理论相提并论，是 20 世纪最伟大的发明。

阿奇舒勒指出：发明创新是有理论依据的、有规律可遵循的。发明是对问题的分析找出矛盾而产生的。发明问题解决过程中所寻求的科学原理和法则是客观存在的，大量发明创新面临的基本问题和矛盾也是相同的，同样的创新原理和相应的解决方案，会在后来的一次次发明创新中被反复应用，只是被使用的技术领域不同而已。因此，将那些已有的

知识进行提炼和重组，形成一套系统化的理论，就可以相对容易地用来指导后来的发明创造、创新和开发。就可以能动地进行产品设计并预测产品的未来发展趋势。他说："你可以等待 100 年获得顿悟，也可以利用这些创新原理 15 分钟内解决问题。"

> **◀)) 拓展案例 4**
>
> ### 爆米花的原理
>
> 通过加热，铁容器中每个米粒的内部和外部压力慢慢增加，达到一定程度时，铁门突然打开，每个米粒内部的高压只能从最薄弱的地方冲出来，由此形成一个个松软的、香喷喷的爆米花。
>
> 爆米花的原理：先是慢慢增加压力，然后突然减少压力。很多发明都是遵循这个原理，例如松子去硬壳，葵花子去皮，甚至沿着肉眼看不到的人造金刚石的裂纹对其分解，无法拆卸的过滤器的清洗，晶体糖变成粉末等。据统计，在不同的领域、不同的时间有 200 多项发明专利是这样完成的。借助 TRIZ 理论，人们打破思维定式、拓宽思路，正确地发现产品或系统中存在的问题，激发创新思维，找到具有创新性的解决方案。同时，TRIZ 理论可以有效地消除不同学科、工程领域和创造性训练之间的界限，而使问题得到创新性的解决。TRIZ 理论已运用于各行各业，世界 500 强中的多数企业都已经成功利用 TRIZ 理论获得了发明并得到发展。所有这一切都证明了 TRIZ 理论在广泛的学科领域和问题解决中的有效性。
>
> TRIZ 理论与传统的创新方法比较，其优点主要表现在以下几个方面：
>
> （1）突破思维惯性；
>
> （2）效率高；
>
> （3）预测性高。

二、创新精神

2019 年，中共中央办公厅、国务院办公厅印发了《关于进一步弘扬科学家精神加强作风和学风建设的意见》，要求大力弘扬勇攀高峰、敢为人先的创新精神。可以说，"勇攀高峰、敢为人先"是新时代创新精神的核心要义。"双创"实施的重点就在于培养出创新创业人才，创新创业人才最主要的特质就是创新精神，要通过创新带动创业。创新是根本目的，创业是检验创新的一种手段，创新更是使大学生参与创业的根本动力，创新不是凭空产生的，是在一定的知识和经验积累基础上，灵感迸发的升华。

创新精神的内涵被学者们赋予了不同的见解，创新精神的组成包括创新动机、创新思维、创新品质三个部分。创新精神的强弱会指导创新行动形成不同的成果，创新是人们在现实创造中将创新精神转化为实际成果的行为，而人的创新积极性是由创新精神的强弱程度决定的。

案例导入

"杂交水稻之父"——袁隆平

袁隆平是"杂交水稻之父",中国工程院院士,"共和国勋章"获得者,是受人尊敬和爱戴的科学家。他是杂交水稻研究的先驱,也是世界上第一个将水稻的杂交优势成功应用于生产的科学家。他发明了"三系"杂交粒稻,成功开发了"两系"杂交水稻,建立了超级杂交水稻技术体系。几十年来,他致力于杂交水稻技术的研究、应用和推广,为中国的粮食安全、农业科学发展和世界粮食供应做出了巨大贡献。用一粒种子改变世界,解决世界60%人口的吃饭问题,袁隆平的贡献是显著的,"杂交水稻之父"名副其实。

外界对袁隆平最动人的一句评价是"用一粒种子改变了世界。"但你可能不知道,这粒种子是怎么找到的,14天,14万株水稻,他左手持放大镜,右手拿镊子,弯腰弓步,在湘西稻田一株一株地找,终于找到了一棵雄性不育株水稻。1961年7月的一天,袁隆平发现一株水稻结出了230多粒稻子,他推算用这个稻株做种子,水稻亩产会上千斤,而当时高产的水稻才不过600斤。在袁隆平的努力坚持下,他带领科研团队不断研发,接连攻破水稻超高产育种难题,水稻亩产从700 kg突破到1 200 kg,袁隆平带领着他的团队一次次刷新着世界纪录。

袁隆平是中华人民共和国成立以来培养出的第一代大学生,饱受困难和挫折。无论什么情况,他的身体里总是流淌着祖国和世界的血液,他的青春散落在田野里。一路走来,袁隆平的科研有很多疑惑、失败、挫折。他一直埋头苦干,不怕吃苦,最终闯出一片新天地。他的那句"科研怎么会失败?"一直激励着无数科学家参与科学竞赛,他的那句"做科研不要怕冷嘲热讽,也不要怕别人说你不落俗套"一直激励着青年学生勇闯创新殿堂。

(资料来源:https://www.tui555.com/dangtuan/228837.html.)

分析解读

袁隆平一直以来淡泊名利,一介农夫,播撒智慧,收获富足。这么多年依然坚守在科研工作的第一线,不断地突破原有的成绩,为人类的发展做出了杰出的贡献。同时,袁隆平勇攀高峰的创新精神,不畏艰险坚持追求的品质正是体现了大国工匠的风范。袁隆平团队在科学技术领域取得的成绩更是令人感到欣喜,是对创新精神的完美诠释。敢闯敢拼,不断地通过自身的努力,敢于突破技术难题,实现水稻的推广种植和丰收。正是这种创新精神,解决了中国人民乃至世界人民的饥饿问题。

社会主义核心价值观源于中华传统文化,深深植根于中国大地,爱国、团结、和平、勤劳、勇敢和自我发展是中华民族的优良传统,也是民族精神文化的一种价值延伸。民族精神包括改革和创新,时代精神的创新需要人们遵守基本的规则和勇气去探索和创造。在社会中,发展社会主义核心价值观由人们的实践探索受到启发。因此,要确保社会主义核心价值观永葆生命力,就要提高对大学生创新精神的培养,加强爱国主义与责任感、使命感的教育。

（一）创新精神的概念

学术界从多个角度对创新精神进行了阐释，一般认为创新精神是伴随着创造性活动进行的思维活动，是一个人从事创新活动、产生创新成果、成为创新之人所具备的综合素质。创新精神一般由学习精神、求实精神、创造精神、拼搏精神等统一构成，表现为具有能够综合运用已有知识、信息、技能和方法提出新问题、新观点的思维能力和进行发明创造、改革革新的意志、信心、勇气和智慧。

我们可以这样理解新时代大学生创新精神：在新的历史时期，大学生这一特殊群体在学习生活过程中所体现出来的一种敢于探索未知、勇于创新、勇攀高峰、敢为人先的积极思维模式和精神状态，其一般内化于驱动探新求索的心理活动，外化于提出新问题、新观点、新方法的实践行为，是推动大学生投身创新创业实践的内动力，是创新思维、创新能力和创新人格等叠加的综合体。

正确认识新时代大学生创新精神应注意 5 个维度。

一是普遍性。即新时代大学生创新精神具有广义创新精神所表现出来的普遍特征，如具有开创性的思维、敏锐的洞察力、发自内心的自信、勇于挑战的精神、富于和善于运用综合知识解决各种问题的能力等。

二是特殊性。一方面体现在主体的特殊性，即大学生作为创新的主体，是处于新时代并与社会有着各种复杂关系的现实的人。从生理上看，大学生这一群体朝气蓬勃，受教育和文化程度高，容易接受新知识，也敢于质疑和挑战。从心理上看，大学生正处于世界观、人生观、价值观形成的重要阶段，对未来有着美好的憧憬，对新鲜事物具有旺盛的好奇心，但又极易受外界影响。另一方面是指新时代大学生创新精神及其培养的特殊性。新时代大学生创新精神的培养与单一学科的学习教育不同，体现在人才培养的方方面面，包含着中国特色价值意蕴。

三是复杂性。一方面是指创新精神作为大学生各种素质的综合体，其构成要素和内容具有多样性和复杂性；另一方面是指大学生创新精神生成培养过程的复杂性，其受原生态家庭环境、接受教育的环境及社会发展等方方面面的影响。

四是时代性。一方面创新精神具有明显的时代特征，特别是中国特色社会主义进入新时代，创新驱动发展已成为国家战略，需要社会各界人士广泛具备创新精神；另一方面创新精神的时代性体现在其不是一成不变的或保持静态的结构，而是一个随着时代变化不断更新的动态理念。

五是可塑性。一方面是指大学生创新精神本身的可塑性，即在创新精神普遍特性的基础上，不同层次类型的高校和大学生创新精神的具体内容和培养路径是可以结合不同的实际情况进行精细塑造的；另一方面是指大学生主体所体现出的创新精神的可塑性，即创新精神是一种心理状态，不同的个体对这种心理状态的应答并不相同，具有不同的可塑性。

（二）培养创新精神的重要意义

1. 创新意识和创新能力是大学生素质教育的核心

创新精神是人的综合能力的外在表现，它是以深厚的文化底蕴、高度综合化的知识、个性化的思想和崇高的精神境界为基础的。心理学领域的最新研究也表明，创新是一种认识、人格、社会层面的综合体，涉及人的心理、生理、智力、思想、人格等诸多方面，并且和这些方面相辅相成，能巩固和丰富人的综合素质。

2. 创新是大学生获取知识的关键

在知识经济时代，知识的增长率加快，知识的陈旧周期不断缩短，知识转化的速度猛增。在这种情况下，知识的接受变得并不重要，重要的是知识的选择、整合、转换和操作。学生最需要掌握的是那些涉猎面广、迁移性强、概括程度高的"核心"知识，而这些知识并非靠言语所能"传授"的，它只能通过学生主动地"构建"和"再创造"而获得，这就需要大学生的创新意识和创新能力在其中主动地发挥作用。

3. 创新是大学生终身学习的保证

随着高等教育规模的不断扩大，高等教育职能正在由精英教育向素质教育转化。学习也正由阶段教育向终身教育转化，学习将成为个人生存、竞争、发展和完善的第一需要。在知识的无限膨胀、陈旧周期迅速缩短的情况下，大学生的社会职业将变得更加不稳定。在创新精神的指引下，大学生有能力在毕业之后，利用各种有利条件，根据所从事的工作不断完善自身的知识和能力结构，更好地达到完善自我和适应社会的目的，从而为终身发展打下坚实的基础。

三、创新与创业的基本关系

（一）创新与创业的联系

创新是以新思维、新发明和新描述为特征的一个概念化过程。创业是人类社会生活中一项最能体现人的主体性的社会实践活动，它是一种劳动方式，是一种需要创业者组织和运用服务、技术、器物作业的思考、推理、判断的行为。虽然创新与创业是两个不同的概念，但是，这两个概念之间存在着本质上的契合，体现出一致性和关联性。

（1）创业在本质上是人们的一种创新性实践活动，是主体的一种能动性的、开创性的实践活动。

（2）创业的本质是创新，创新是创业的基础，科学技术、思想观念的创新促进人们物质生产和生活方式的变革，这是创业活动源源不断的根本动因。

（3）创业是在创新的基础上将创新的思想或成果转化为现实生产力的一种社会活动。创业活动依赖于科学技术、生产流程和经营理念创新支持下的产品和服务创新，因此，创业企业的发展，也不断推动着创新活动的开展。

（二）创新与创业的相互作用

1. 创新是创业的本质与源泉

创业者只有在创业的过程中保持持续不断的创新思维和创新意识，才可能产生新的富有创意的想法和方案，才可能不断寻求新的模式、新的思路，最终获得创业的成功。

2. 创新的价值在于创业

创新者并不一定是创业者或是企业家，但是创新的成果是经由创业者推向市场的，使潜在的价值市场化，创新成果才能转化为现实生产力。创新的价值才能得以体现。

3. 创新可以使企业创造出更多的商业利润

在激烈的市场竞争中，企业的竞争力尤为重要，它能够使企业有效地争夺市场份额、挑战竞争对手、寻找有利时机、扩大经营收益等，而企业的创新能力聚焦到企业的核心竞争力，以及企业能否获得更多利润。

4. 创业推动并深化创新

创业可以推动新发明、新产品或新服务的不断涌现，并创造出新的市场需求，从而进一步推动和深化各方面的创新，能够提高企业及整个国家的创新能力，推动经济的增长。

▶ 任务实训

一、实训目的

认识创新思维与创新精神是无处不在的。

二、实训内容

（1）列举手机的 5 个缺点，并加以改进。

（2）列举一支圆珠笔的 10 个功能。

（3）列举电视遥控器的 5 个功能，并提出改进设想。

（4）列举 5 种方法，用创新的原理说说如何在家庭中节约水资源。

（5）列举冰箱的 10 种功能。

（6）如果我们给手表赋予神奇的功能，说出你的 10 种想法。

任务二 创新思维的培养

我国实施"创新驱动发展战略"以来，技术创新、制度创新、知识创新等多领域都取得了显著的成果。创新的首要条件和核心因素是创新思维。创新思维是充分发挥创新能力和主动从事创新实践活动的重要前提。人们的创新实践活动需要创新思维的积极引领，由此才能够取得丰富的创新实践成果。

创新思维作为人类特有的高级思维活动和精神过程，是人类一切创新实践活动的精神之根、思想之源。没有创新思维，人们的一切创新实践活动、人类的物质文明和精神文明的进步发展就无从谈起。纵观人类发展史，人类所取得的一切文明成果都是创新思维的结晶。人的能动性实践将人与动物区分开来，人的创造性正是通过探索性的实践来实现的，实践是创新思维产生和发展的源泉和根本动力。创新思维是人类思维的高级形式，它的产生和发展不仅受先天生理因素和心理因素的影响，还受后天实践活动的影响。实践对创新思维的产生和发展起着决定性的作用。创新思维（意识）是人脑的机能，是对客观事物的认识达到高级阶段的产物。

创新实践以创新思维为先导，以理论创新为指导。创新思维是理论创新的重要支撑，理论创新指导创新实践，推动创新实践发展。创新思维也是创新实践的灵魂和核心，它引领技术创新、引导制度创新、引发知识创新，同时，创新思维还是创新人才的核心素质，是创新型国家建设软实力中的第一要素。

创新思维是突破传统思维和知识范围，从而产生解决问题的新想法的思维。创新思维具有对传统的突破性、思路的新颖性、想法的流畅性、视角的灵活性、程序的非逻辑性、内容的综合性等特点。创新思维主要包括发散思维、收敛思维、联想思维、想象思维等不同的思维方式。

📋 案例导入

东方甄选半年带货 48 亿 自营产品收入超 10 亿

更名为"东方甄选"的新东方在线（01797.HK）正式公布了 2023 财年上半年（2022 年 6 月 1 日至 11 月 30 日）业绩。由于该业绩期基本覆盖了 2022 年东方甄选出圈后直播带货最为火爆的月份，因而备受市场关注。财报显示，新东方在线 2023 财年上半年总营收达到 20.8 亿元，较上一财年同期的 5.73 亿元增长 262.7%，税前利润达 7.6 亿元。2022 年 6 月 11 日，新东方在线商品交易总额（GMV）达到 48 亿元，抖音上关注人数达 3 520 万，抖音平台已付订单数 7 020 万。半年带货 48 亿元。持续经营业务及已终止经营业务的净利润从亏损 5.44 亿元增加 207.6% 至 5.85 亿元。新东方在线表示，公司在报告期的快速增长，主要是由于公司从专注线上教育，向自营产品及直播电商的战略转型取得重大进展。

2022 年 6 月，新东方在线运营的直播带货业务东方甄选突然火爆。此次发布的中期业绩也基本能反映出东方甄选 2022 年带货高峰期的销售情况。公告公布了 3 项核心数据。目前，其直播中销量排名前十的产品，大部分为自营产品。公告也显示，东方甄选正在不断拓宽和丰富产品选择。截至 2022 年 11 月底，东方甄选提供的自营产品已达 65 种，包括不同口味的黑猪肉烤肠、五常大米、蓝莓及其他热门产品。新东方在线称，公司已经意识到自营产品的巨大潜力，将继续建立并加强产品经理团队，致力于提供优质产品。为优

化自营产品的服务体验，东方甄选已经与顺丰、京东物流建立了深度合作，提升配送质量及冷链配送范围。半年来东方甄选的另一变化，是直播矩阵正在逐步完善。报告也显示，东方甄选已经在抖音开设了 6 个直播账号，东方甄选之图书、东方甄选美丽生活等账号的粉丝合计超过了 700 万，形成了直播矩阵。目前，东方甄选基本只在抖音平台直播，来自抖音的 GMV 占了东方甄选的绝大部分。2022 年 8 月，东方甄选传出遭抖音限流传闻，公司股价一度大跌近 10%。此次报告显示，由于东方甄选与抖音的利益及品牌高度契合，双方已经建立了长期深度合作。公司称，凭借与抖音的合作，东方甄选将受益于抖音平台提供的全方位支持。虽然直播带货业务火爆，但从公告来看，新东方在线并未放弃教育相关业务。公司表示，2022 年考试季付费学生总人次大幅增加，表明产品具有巨大潜力。公司将继续专注于开发针对职业学生、重考学生的定制课程，并扩展产品范围以涵盖高端英语学习产品。

借助直播带货上的经验，新东方在线也在抖音、小红书创建了教育业务方面的账号，通过直播、举办活动等吸引新用户，带来新的增长点。市值超母公司的新东方在线在转型方面成绩斐然，2022 年 6 月以来，公司股价也水涨船高。Wind 数据显示，2022 年 6 月 9 日至 2023 年 1 月 17 日，新东方在线涨幅达 1 440%。截至 2023 年 1 月 17 日，新东方在线股价达 67.3 港元，总市值攀升至约 678 亿港元，不仅远超"双减"前，还超过了自己的母公司新东方。从 2022 年 6 月 9 日至 2023 年 1 月 17 日，新东方港股股价也上涨了 188%，但截至 2023 年 1 月 17 日，新东方市值约 579 亿港元，较新东方在线低了近 100 亿港元。2022 年年报显示，新东方直接持有新东方在线 55.68% 股权。在 2023 年 1 月 17 日晚间公告中，新东方在线表示，东方甄选受益于母公司新东方 29 年积累的品牌知名度。依托新东方集团品牌，东方甄选能够降低品牌及营销成本，从而投入更多资源提升其核心竞争力。新东方在线还表示，公司利用新东方集团的企业文化和多种形式的招聘激励，有利于吸引和培养优秀和长期稳定的人才，为东方甄选的持续成长提供人才支持。

（资料来源：https://baijiahao.baidu.com/s?id=1755301210895632310&wfr=spider&for=pc.）

📚 分析解读

随着教育培训行业的崩塌，新东方被迫退场后，俞敏洪宣布进军直播带货，推出"东方甄选"，为新东方找到了谋求发展的新道路，让人们看到了新东方重生的希望。俞敏洪率领的新东方团队，在艰难转型的探索中，找到了"英语网课＋商品直播"的模式，开辟出"知识直播"的细分品类，在已经是红海一片的直播电商中杀出一条血路，令旗下的"东方甄选"大火出镜，也是组合创新的成功案例。显然，要想练就一双能看见隐秘联系的慧眼，必须具备两项能力：一是广泛涉猎不同领域，见多才能识广，对某些事物，暂时没啥用也没关系，感兴趣就好；二是敢于尝试不同的新组合，俞敏洪也没想到双语直播突然就火了，创新有时事前真不知道哪朵云彩能下雨，小步尝试，奏效快跑是最佳策略。

创新思维是一种具有开创意义的思维活动，即开拓人类认识新领域，开创人类认识新成果的思维活动，它往往表现为发明新技术、形成新观念，提出新方案和新决策，创建新理论。从广义上讲，创新思维不仅表现为做出了完整的新发现和新发明的思维过程，还表现为在思考的方法和技巧上，在某些局部的结论和见解上具有新奇独到之处的思维活动。思路决定出路，创新思维是创造力发挥的前提，也是一个单位、一个地区、一个国家竞争的法宝。现在的社会是竞争的社会，竞争要靠点子、靠思路、靠特色、靠创新。创新思维对培养高素质的人才非常重要。在这样一个跨界竞争、瞬息万变的时代，你我随时可能淹没其中，这并不是时代有多残酷，而是你我要在这样的时代面前，把自己变得足够强大，以开阔视野，创新思维迎接这百年未有之变局，勇立潮头，奋楫扬帆。

一、创新思维的概念

创新思维是一种高度发展的思维形式，是人类思维发展的高级形式。具体来说，创新思维具有广义和狭义之分。广义的创新思维是指人们在问题的提出、分析和解决的整个过程中，能够对创新成果起作用、有影响的一切思维活动，同时，由此产生的创新成果仅仅在某个固定范围内是首创的，如仅限于本人或本地区范围，而对于这个范围以外的其他人或其他地区来说并不是首创的、新颖的。狭义的创新思维则是指人们在创新活动中直接产生创新成果的思维活动，如灵感思维、直觉思维、想象和顿悟等非逻辑思维形式。现在所讲的创新思维通常多指狭义的创新思维。创新思维是需要超越旧有的、固定的和习惯了的认知方式，以全新的角度和观点去看待事物，提出新颖的、不寻常的、独特的观点和理论的一种思维。由此，创新思维成果就表现为一种突破性的、独创性的新假说、新思想、新观点、新理论及新方法等。而创新思维的创新性和创造性也决定了其具有灵活性、多样性、随机性和突发性的特点。与传统思维形式相比较，它没有固定的思维模式和缜密的逻辑关系，在思维内容和思维成果的呈现上也是与众不同的。简而言之，创新思维就是一种开拓意识新领域，具有创见性的思维形式。创新思维的本质在于将创新意识的感性愿望提升到理性的探索上，实现创新活动由感性认识到理性思考的飞跃。

很多人对创新思维的理解不尽相同，大致有以下几种说法：

（1）创新思维是一种开拓人类认识新领域、认识新成果的思维活动。例如，发明新技术、形成新观念、创建新理论等这样一些探索未知领域的认知过程中的思维活动就是创新思维。

（2）创新思维是主体在强烈的创新意识驱使下，通过发散思维和集中思维，运用直觉思维和逻辑思维，借助形象思维和抽象思维等思维方式，对头脑中的知识、信息进行新的思维加工组合，形成新的思想、新的观点、新的理论的思维过程。

（3）广义的创新思维是指在思维过程中，没有现成的方法可以直接运用，不存在确切可以遵循的那些思维活动。也就是说，在实践活动中，凡是想别人所未想，做别人所未

做，旨在破旧立新的思维活动，都属于创新思维活动。

（4）创新思维是指有创见的思维，即通过思维，不仅能揭示客观事物的本质及内在联系，而且要在此基础上产生新颖的、前所未有的思维成果，它给人们带来新的、具有社会价值的产物，它是智力水平高度发展的表现。

（5）创新思维是在过去人们常用的逻辑思维（联想思维、发散思维、收敛思维）的基础上，结合非逻辑思维方法，新创建的一套思维模式。

创新思维是人类创造力的核心和思维的最高形式，是人类思维活动中最积极、最灵活和具有最丰富成果的一种思维形式。人类社会的进步与发展离不开知识的增长与发展，而知识的增长与发展又是创新思维形成的结果。例如，任意给出一组词，风、雨、植物、动物、水、火，问这些东西内在的关系，或者说怎么把它们联系在一起，可以有很多联想。很多东西不是靠逻辑推理出来的，而是需要人们去大胆想象，通过各种联想去寻找各种解决问题的途径和方法，不是只靠逻辑思维这一种方法。这就是为什么要学习创新思维——这种不同于一般逻辑思维科学方法的原因。

案例导入

爱迪生巧算灯泡体积

爱迪生年轻的时候，别人认为他缺乏科学知识，都不怎么看得起他。普林斯顿大学数学系毕业生阿普拉曾与爱迪生一起工作，常在卖报出身的爱迪生面前炫耀自己的学问。为了让阿普拉谦虚些，也为了让阿普拉对科学有真正的认识，爱迪生决定出个题目考考他。

有一天，爱迪生把一只玻璃灯泡交给了阿普拉，请他算算灯泡体积是多少。在数学上，只有少数形状规则物体的体积能很快计算出来，像正方体、长方体、球体、锥体以及它们的组合体等，有些物体的体积虽然能计算，但很复杂，某些形状不规则物体的体积，数学上是计算不出来的。阿普拉拿着那个玻璃灯泡一看，灯泡是梨形的，心想："虽然计算起来不容易，但还是难不住我！"

他拿出尺子上上下下量了又量，并依照灯泡的式样画了草图，然后列出密密麻麻的计算式。他算得非常认真，脸上渗出了细细的汗珠。但是，这个灯泡的体积实在太难计算了。过了一个多小时，他也没计算出来。

又过了一个多小时，爱迪生来看看他计算得怎么样了，只见阿普拉还低着头列算式，根本没有快要完成的样子。爱迪生不耐烦了，他拿过玻璃灯泡，将它浸在洗脸池的水中，将灯泡灌满了水，接着将灯泡内的水咕嘟咕嘟地倒在量杯里，一看量杯读数，对阿普拉说，就是这么多毫升，问题解决了。阿普拉这才恍然大悟，爱迪生的办法才是非常简单而准确的。

（资料来源：https：//wenku.baidu.com/view/51a69230580216fc700afd37.html.）

📖 分析解读

以创新思维，突破常规思维的界限，以超常规的方法去思考问题，提出与众不同的解决方案，从而产生新颖、独到、有意义的思维成果。阿普拉不做分析，一头钻进数学计算中，但爱迪生选择了更简单的实际测量的方法。他用水作为中介，将水灌入灯泡，水便占满灯泡内的整个空间，这部分水的体积与灯泡的体积是相同的，再把这部分水倒入量杯，就测出了水的体积，同时也测出了灯泡的体积。

创新具有多个侧面。有的东西之所以被称作创新，是因为它提高了工作效率或巩固了企业的竞争地位；有的是因为它改善了人们的生活质量；有的是因为它对经济具有根本性的影响。但创新并不一定是全新的东西，旧的东西以新的形式出现或以新的方式结合也是创新。

👤 案例导入

在实体店日益衰落的今天，这家书店却越来越火

日本有一个网红书店——茑屋书店。因为日本逐渐进入老龄化社会，于是创始人增田宗昭决定建立一家能吸引老年人的书店；因为希望顾客在看书选书的同时还能悠闲地喝着咖啡，他们引进了星巴克，并且自己经营管理；因为老年人最关心健康，于是他们深挖"健康"主题，打造了日本最全的烹饪（医食同源）书籍卖场；因为"杂志"最能体现"生活提案"，所以他们打造了一个世界第一的杂志卖场；为了让老年女性活得更加美丽，他们在店内开设了美容院；老年人的孩子多已成家，为了减轻他们的孤单感，他们引入了带宠物医院的宠物店。茑屋书店就是这样一个集多种功能于一身的生活方式综合体。CCC公司目前共拥有124家公司，他们决定了今后只做三项工作——创造一个平台让消费者快乐；活用数据库让消费者快乐；提供内容让消费者快乐。很多人困惑，在零售出版业萧条的大环境下，茑屋书店为什么还能这么火？创始人增田宗昭先生认为——书店的问题就在于它在卖书。如果你要买书，去亚马逊买一本书就可以了。你要找信息，可以去谷歌找。而如何在书中发现自己的生活方式才是消费者真正需要的。或许这正是在实体书店如此低迷的今天，茑屋书店的经营模式却如此大获成功的主要原因。

（资料来源：https://baijiahao.baidu.com/s?id=1759426966553496873&wfr=spider&for=pc.）

📖 分析解读

茑屋书店对自己的定位就很清晰，既然是"生活方式提案家"，那它售卖的主体自然就不是书，而是生活方式提案，只是通过书店这个窗口去传达给外界。书是书店的核心主体还是辅助载体，这个取向就决定了品牌连锁书店的定位和本质，进而影响经营模式和盈利点。很多独立网红书店因为没有搞清这一点，最终没入千篇一律的乱流中。无论是培养

书籍用户，还是售卖生活提案，品牌连锁书店归根到底是一门生意，书店的定位和取向只是一种选择，并没有对错好坏之分。茑屋书店为整个行业探索出一条截然不同的创新之路。

二、创新思维的分类及特点

（一）常见的创新思维

1. 发散思维

（1）发散思维的概念。发散思维，又称辐射思维、放射思维、扩散思维或求异思维，是指大脑在思维时呈现的一种扩散状态的思维模式。它表现为思维视野广阔，思维呈现出多维发散状，如"一题多解""一事多写""一物多用"等方式，培养发散思维能力。不少心理学家认为，发散思维是创新思维的最主要的特点，是测定创新力的主要标志之一。

> ◀) **拓展案例 5**
>
> **思考问题时跳出点、线、面的限制，立体式进行思维**
> 立体绿化：屋顶花园增加绿化面积、减少占地、改善环境、净化空气。
> 立体农业、间作：如玉米地种绿豆、高粱地种花生等。
> 立体森林：高大乔木下种灌木，灌木下种草，草下种食用菌。
> 立体渔业：网箱养鱼充分利用水面、水体。

> ◀) **拓展案例 6**
>
> **我眼中的画**
> 一片叶子，是绿色、是椭圆、是希望、是好心情……
> 在画家看来是一幅美丽的画；
> 在音乐家看来是清新的音符；
> 在植物学家、生物学家看来是细胞、是植物机理、是生态、是新物种；
> 在经济学家看来也许是一种具有极大经济价值的新品种；
> 在幻想家看来会是任何东西，也许里面有一个新的世界……
> 这就是一千个人看，会有一千种叶子，这就是丰富而奇妙的"人们"，这就是"意见、认识"多样性的价值。

（2）发散思维的特点。
①流畅性。流畅性就是观念的自由发挥，是指在尽可能短的时间内生成并表达出尽可

能多的思维观念及较快地适应、消化新的思想观念。流畅性反映的是发散思维的速度和数量特征。

🔊 **拓展案例 7**

一个公司的面试题，请迅速说出领带的 8 种用途

对商家来说：领带是一份赚钱的事业；

对研究人员来说：领带是一个目标（做出更好看、更方便的领带）；

对工厂的女工来说：领带是一份职业、一份工作；

对自己来说：领带是一项装饰品；

对妻子来说：领带是一份关心体贴；

对朋友来说：领带是一份礼物；

对儿子来说：领带是一个好玩的东西；

对妈妈来说：领带是儿子不在时的一份牵挂，一份寄托；

紧急情况：领带可以当绳子、围巾用等。

②变通性。变通性其实就是人们需要去打破常规。一般情况下，我们的思维会进入自己设置的思维框架，所以变通性就是要求我们打破这一常规，让我们按照新的方向去探索问题的过程。

🔊 **拓展案例 8**

一位女顾客在一家超市闲逛，本来不想买商品的她，当看到一架德国产的斯坦威钢琴时，她的眼睛一亮，立即喊来售货小姐。售货小姐看了看售价牌惊讶不已，不敢卖；店长也婉言谢绝，不能卖；部门经理出面斡旋，不愿卖。但女顾客仍不为所动，坚持要买。原来，那架价值几千美元的钢琴，标价牌上竟少标了一个零。若你是总经理，怎么办？

总经理可能解决的办法：不卖：一般超市的解释权归超市所有；卖：按没有标错的价格；卖：稍微打点折；卖：将此事在报纸上报道，以诚信招揽顾客；卖：请来记者做现场报道，推出"请顾客找错"的营销活动；卖：大标牌书写此事，放在超市门口；卖：请人为此事谱曲，让女顾客在超市门口弹奏。

③独特性。独特性就是人们在发散思维中的一些不同寻常的反应能力。这种独特性最大的特点应该就是不同寻常，也是提起他人兴趣的一个点。独特性属于发散思维中的最高目标。

拓展案例 9

当东方甄选主播在直播间里聊人生、聊际遇、聊诗词、聊理想，用流利的英语谈论莎士比亚的十四行诗，边卖货边教英语时，瞬间打开了大众对直播带货的另一种向往。半个月的时间里，新东方在线官方直播间"东方甄选"抖音粉丝数涨了1 200余万，新东方在线的股价上涨近600%。A股市场上，更是沾"新东方"就燃，不但教育板块连续多日冲高，还拉高了相关合作伙伴的股价，以至于投资者纷纷冲进互动平台留言，问询"是否与东方甄选有合作？"在卖牛排的时候，主播可以从牛排的英语单词起源一直讲到历史；在卖大虾的时候，不仅告诉消费者虾的4种写法，还会给消费者举例说明。很多人说，我不是来买东西的，而是来学知识的。听完一场直播，自己就好像免费听了一堂雅思英语课。

课堂拓展

1. 装满水的杯子，不能倾倒，也不能打破杯子，请取出杯子中的全部水。你有几种方法？

2. 如何测量蛇的长度？（前提是不伤害蛇）

3. 一个人以一打5美元的价格购进椰子，然后以一打3美元的价格售出，凭借这种做法他成了百万富翁。这到底是怎么回事？

4. 如果可以不计算成本，还可以用哪些材料做镜子？

5. 要研制新的香皂，你可以设计出哪些香型？

6. 你是否能设计出具有不同优越性能的多种塑料？

7. 你对电话机的铃声可以做哪些改变？

8. 如果你是服装设计师，你将设计出哪些新颖的裤腿形状？

9. 如果在自行车上装一个打气筒，可以装在哪个部位？

10. 请你设计出一些不同形状和大小的手表。

11. 要调动学生学习的积极性，有哪些方式可以运用？

12. 每天早晨有许多人乘公交车上班，交通非常紧张，有哪些办法可以改变这种状况？

13. 为了调动企业员工发明创造的积极性，可以采取哪些奖励办法？

14. 对一门课程来说，你认为可以有哪些考试方法？

15. 除了现有的床垫，你还能设计出舒适而方便的床垫吗？

2. 收敛思维

思维高度灵活的综合互补性是思维的重要特征，如发散思维和收敛思维的互补综合、抽象思维与形象思维的互补综合、理性思维和非理性思维的互补综合。

（1）收敛思维的概念。收敛思维，也称为聚合思维、求同思维、辐集思维或集中思维，是指在解决问题的过程中尽可能利用已有的知识和经验，把众多的信息和解题的可能性逐步引导到条理化的逻辑序列中去，最终得出一个合乎逻辑的规范结论的思维方式。

（2）收敛思维与发散思维的关系。

①收敛思维也是创新思维的一种形式，与发散思维不同。发散思维是为了解决某个问题，从这一问题出发，想到的办法、途径越多越好，总是追求还有没有更多的办法。而收敛思维也是为了解决某一问题，在众多的现象、线索信息中，向着一个方向思考问题，根据已有的经验、知识或发散思维中针对问题的最好办法而得出最好的结论和最好的解决办法。

②收敛思维与发散思维如同"一个钱币的两面"，是对立的统一，具有互补性，不可偏废。实践证明，在教学中既重视学生发散思维的培养，又重视收敛思维的培养，才能较好地促进学生思维发展，提高学习能力，培养高素质人才。

（3）收敛思维的特征。

①封闭性。如果说发散思维的思考方向是以问题为原点指向四面八方的，具有开放性。那么，收敛思维则是把许多发散思维的结果由四面八方集合起来，选择一个合理的答案，具有封闭性。

②连续性。发散思维的过程，是从一个设想到另一个设想时，可以没有任何联系，是一种跳跃式的思维方式，具有间断性。收敛思维的进行方式则相反，是一环扣一环的，具有较强的连续性。

③求实性。发散思维所产生的众多设想或方案，一般来说多数都是不成熟的，也是不实际的，我们也不应对发散思维做这样的要求。对发散思维的结果，必须进行筛选，收敛思维就可以起到这种筛选作用。被选择出来的设想或方案是按照实用的标准来决定的，应当是切实可行的。这样，收敛思维就表现出很强的求实性。

🖥 课堂拓展

1. 有一个人用 600 元买了一匹马，又以 700 元卖了出去。然后他又用 800 元买回来，再以 900 元卖了出去。在这场交易中，他一共赚了多少钱？

（答案：200 元）

2.《唐阙史》中有个故事：有两个资历和贡献都差不多的办事员需要提升，但只能提升一人。人事部门只好去请教上司杨损。杨损是个正直的官员，他想了半天后说："办事应有计算能力，现在我出道题，谁先做对就提谁。""一群小偷商量如何分偷来的布，如果每人分六匹，就剩下五匹；分七匹却又短少八匹，问有几匹布，几个小偷？"

（答案：共有 13 个小偷，83 匹布）

3. 有一口井深 15 m，一只蜗牛从井底往上爬，它每天爬 3 m，同时又下滑 1 m，问蜗牛爬出井口需要多少天？

（答案：7 天）

4.一天,3位好朋友小白、小蓝、小黄在路上相遇了。他们之中背黄书包的一个人说:"真巧我们3个人的书包一个是黄色的,一个是白色的,一个是蓝色的,但没有谁的书包和自己的姓所表示的颜色相同。"小蓝想了想也赞同地说:"是呀!真是这样!"请问,这3个小朋友的书包各是什么颜色?

(答案:小蓝背白书包、小白背黄书包、小黄背蓝书包)

3.联想思维

联想思维可以将两个或多个相似、相近或相反的对象联系起来,发现它们之间的相似、相近或相反的属性,从中受到启发,发现未知,做出创新。联想思维是重要的创新思维方式之一,科学技术上的许多科学发现与技术发明都源于人们的联想。

(1)联想思维的概念。联想思维是指人们通过某一事物、现象想到另一事物、现象的思维活动。通过联想甚至可以使看上去毫不相干的事物之间发生联系。它是通过对两种或两种以上事物之间存在的关联性与可比性,去扩展人脑中固有的思维,使其由旧见新、由已知推未知,从而获得更多的设想、预见和推测。

(2)联想思维的类型。

①接近联想。时间或空间上的接近都可以引起不同事物之间的联想,即接近联想。例如,卢瑟福研究原子核时提出质量与质子相同的中性粒子的存在。诗歌中时空接近的联想的佳句很多,如"春江潮水连海平,海上明月共潮生。滟滟随波千万里,何处春江无月明"。将春江、潮水、大海与明月(既相远又相近)联系在一起。

②相似联想。从外形或性质上的、意义上的相似引起的联想,即相似联想,如诗歌中"春蚕到死丝方尽,蜡炬成灰泪始干""床前明月光,疑是地上霜"等。

③对比联想。由事物之间完全对立或存在某种差异而引起的联想,即对比联想。比如描写岳飞和秦桧的诗句"青山有幸埋忠骨,白铁无辜铸佞臣"。

④因果联想。由于两个事物存在因果关系而引起的联想,即因果联想。这种联想往往是双向的,可以由因想到果,也可以由果想到因。

⑤类比联想。由某一事物的触发而引起和该事物在性质上或形态上相似事物的联想,即类比联想。其特点是以大量联想为基础,以不同事物之间的相同、类比为纽带。根据不同的类比形式可分为多种类比方法,下面大致介绍几种:

a.直接类比法:鱼骨与针、酒瓶与潜艇。

b.间接类比法:负氧离子发生器。

c.幻想类比法:第一台电子计算机的诞生。

d.因果类比法:气泡混凝土。

e.仿生类比法:抓斗、电子蛙眼、蜻蜓翅痣与机翼振动。

(3)联想思维的特征。

①连续性。联想思维的主要特征是由此及彼、连绵不断地进行,可以是直接的,也可以是迂回曲折的形成闪电般的联想链,而链的首尾两端往往是风马牛不相及的。

②形象性。由于联想思维是形象思维的具体化，其基本的思维操作单元是表象，是一幅幅画面。所以，联想思维和想象思维一样显得十分生动，具有鲜明的形象。

③概括性。联想思维可以很快把联想到的思维结果呈现在联想者的眼前，而不顾及其细节如何，是一种整体把握的思维操作活动，因此可以说有很强的概括性。

课堂拓展

1.在两个没有关联的信息之间，寻找各种联想，将它们联结起来。

例：粉笔—原子弹，粉笔—教师—科学知识—科学家—原子弹。

（1）足球—讲台；　　　　　　　（2）黑板—聂卫平；

（3）汽车—绘图仪；　　　　　　（4）油泵—台灯。

2.分别在下面每组字上加上同一个字，使其组成不同的词。

（1）自、睡、味、触、幻、感；　　（2）阔、大、博、东、告、意。

3.用下面4组不相关的词汇，任意变换排列顺序加上美妙的联想，造出有特色、有立体形象的句子。

（1）摩托车—电视机—沉思；

（2）竹子—小河—笑脸；

（3）钢笔—青草地—蓝天；

（4）跑步—青年—深夜。

4. 想象思维

人们在头脑中出现的关于事物的形象被称为表象。心理学家把人在头脑里对已储存的表象进行加工改造，创造新形象的过程称为想象，想象是一种特殊的思维形式。

（1）想象思维的概念。想象思维是人体大脑通过形象化的概括作用，对脑内已有的记忆表象进行加工、改造或重组的思维活动。想象思维可以说是形象思维的具体化，是人脑借助表象进行加工操作的最主要形式，是人类进行创新及其活动的重要的思维形式。

（2）想象思维的特征。

①形象性。想象思维的操作活动的基本单元是表象，是一些画面，静止的画面像照片，活动的画面像电影。

②概括性。想象思维实质上是一种思维的并行操作，即一方面反映已有的记忆表象，同时把已有的表象变换、组合成新的图像，达到对外部时间的整体把握，所以具有较强的概括性。

③超越性。想象的最宝贵特性是可以超越已有的记忆表象的范围而产生许多新的表象，这正是人脑的创造活动最重要的表现。这方面的例子很多，特别是一些重大的发明创造，都离不开超越性的想象。

（3）想象思维的类型。

①无意想象。无意想象是不受主体意识支配的想象。思维主体没有特定的目的性，可以让思维的翅膀任意飞翔，达到一种非常自由的状态。

②有意想象。有意想象是受主体意识支配的思维活动。在这种状态下，思维总是在创新者的目的需要系统的支配下进行。

有意想象又可分为再造型想象、创造型想象、幻想型想象。再造型想象是根据他人的描述而在自己的头脑中产生形象的心理过程。创造型想象是创造主体有目的地对自己已有的记忆表象进行加工、改造和重组而产生新形象的思维操作过程。幻想型想象是创造型想象的一种极端形式。特点是以现实世界为出发点，但其范围不受拘束，其结果又往往超出现实太远，有的一时难以实现。

（4）想象思维的重要作用。

①想象在创新思维中的主干作用。爱因斯坦说："想象比知识更重要，因为知识是有限的，而想象力概括着世界上的一切，推动着进步，并且是知识进化的源泉，严格地说想象力是科学研究中的实在因素。"

创新思维要产生具有新颖性的结果，但这一结果并不是凭空产生的，要在已有的记忆表象的基础上，加工、重组或改造。创新活动中经常出现的灵感或顿悟，也离不开想象思维。

②想象思维在人的精神文化生活中的灵魂作用。人的精神文化生活丰富多彩，主要靠的是想象思维。作家、艺术家创作出优美的、震人心魄的作品，需要发挥想象力，读者、观众欣赏作品，也需要借助想象力。

③想象思维在发明创造中的主导作用。康德说过："想象力是一个创造性的认识功能，它能从真实的自然界中创造一个相似的自然界。"在无数发明创造中，我们都可以看到想象思维的主导作用。发明一件新的产品，一般都要在头脑中想象出新的功能或外形，而这新的功能或外形都是人的头脑调动已有的记忆表象，加以扩展或改造而来的。

（二）创新思维的特点

创新思维作为人类诸多思维形式中的一种，它自然具有一般思维的共同特点，与其他思维形式具有一致性，但它又不同于其他的一般思维，还具有其独有的特点，主要体现在思维形式的突变性、思维过程的辩证性、思维空间的开放性、思维成果的独创性及思维主体的能动性等方面。

1. 创新思维的思维形式具有突变性

创新思维不是对现有概念、观点和理论的逻辑推理的过程，而是要依靠非逻辑思维形式，如灵感思维、直觉思维、想象和顿悟等。同时，创新思维也没有现成的思维方式和方法可以参照，所以，它的方式、方法等也都没有固定的框架和模式。当一个人在进行创新思维活动时，他的思维是灵活的、不受约束的，在思考问题时可以快速地转换思路，并全面地探寻问题的解决方法，在选择和重组的过程中，进而找到合适的解决方案。可见，创新思维不恪守逻辑性和有序性，它允许思维不断变化和自由跳跃。

2. 创新思维的思维过程具有辩证性

这种辩证性是指创新思维既不是某一种单一的思维形式，也不是某几种思维形式的简单叠加，它同时包含着丰富多样的思维形式，如既包含非逻辑思维，也包含逻辑思维；既包含发散思维，也包含收敛思维等。每一对思维形式都构成了对立面，它们之间既相互区别，又相互依存，是对立统一的辩证关系，在此基础上便形成了创新思维的矛盾运动，进而不断地推动着创新思维的发展。

3. 创新思维的思维空间具有开放性

这种开放性也表现在思维形式的灵活性和随机性，它主要是指创新思维需要从多角度、多方面去看待事物和考察问题，由此形成了发散思维、求异思维和逆向思维等多种创新思维形式，而不再局限于单一的、固定的、纯逻辑的、线性的思维形式。

4. 创新思维的思维成果具有独创性

这种独创性也表现为创新思维成果的新颖性、唯一性和首创性，它是创新思维的直接体现。生活中需要运用创新思维来认识和解决的问题，通常是没有现成答案的，无法用传统的、旧有的常规方法来加以认识和解决，这便要求我们对已有的概念和观点在头脑中进行重新的组合，从而产生对于社会或者至少是对于自己而言全新的观点和方法。不仅如此，具有创新思维并善于进行创新思维活动的人，通常对事物都有着强烈的好奇心和浓厚的兴趣，在现实活动中他们更愿意突破常规的思维模式，多方位地思考问题，对事物进行重新的认识，进而得出新的发现和结论，这种发现和结论就是一种新颖的、独创的见解和一种新的突破。

5. 创新思维的思维主体具有能动性

这种能动性表明思维主体在进行着有意识、有目的、自觉的创新思维活动，在这个过程中，人的主体本质力量得以充分展现。也就是说，创新思维活动不是客观物质世界在人脑中的直观的、被动的反映，而应是积极的和主动的，这一活动过程充分显示出人的自主性和能动性。

以上5个方面充分体现了创新思维区别于一般思维的独有特点。除此之外，创新思维也不同于逻辑思维。创新思维是人们在已有经验的基础上，不断在现实生活中发现新问题、提出新思路、探寻新方法的思维。然而，逻辑思维是在已有经验和现有知识范围内的一种思维活动。虽然运用这种思维也可以形成创新成果，但是此过程一般都离不开甚至是局限于固有的经验和知识之中，一些结论也主要是靠在一定范围内根据固有的规律所进行的判断和推理而得出的。

不同于逻辑思维，创新思维正是要突破已有的经验和现有知识的局限，它具有很强的新颖性和突破性。在人类现实生活中，仅凭逻辑思维来产生新概念、新观点是远远不够的，更要依靠创新思维等非逻辑思维。总之，人类思维的本质就是创新，创新思维在很大程度上表现为"不合乎"逻辑性，属于一种非逻辑思维的范畴，它是人类思维发展的高级形式，是人类思维能力高度发展的表现。

三、培养创新思维的作用和意义

创新思维是创新实践的灵魂，对创新实践具有重要的意义，技术创新的关键在于具

有创新思维品质的科技人才；制度创新的实现前提是基于创新思维的观念创新；知识创新依赖于知识主体的思维创新；教育创新的宗旨是培养具有创新思维素养的全面发展的人。

推进国家创新体系建设、建设创新型国家要以创新思维为先导、以理论创新为指导。创新思维是创新实践的灵魂和核心，创新思维引领创新实践，并能够不断推动社会实践的进步与创新。创新思维贯穿创新实践活动的始终，它是技术创新的动因、制度创新的前提、知识创新的源泉，也是国家创新发展的精髓。

❯ 任务实训

一、实训目的
提高运用创新思维解决问题的能力。

二、实训要求
（1）把握好发散思维和想象思维的关系。发散思维和想象思维是密不可分的，人们在向四面八方任意展开想象时，也就是在进行发散思维。所以，在做发散思维训练时，应尽量摆脱逻辑思维的束缚，大胆想象，而不必担心其结果是否合理、是否有实用价值。

（2）要注意流畅性、变通性和独特性的要求，在训练中要尽量追求独特性。当然，如果一开始产生不了独特性的思维结果也不要着急。从流畅性、变通性到独特性，循序渐进，逐渐就可以进入较高水平的发散思维状态。

（3）注意跳出逻辑思维的圈子。

（4）在课堂上可以由教师统一掌握训练进度和时间，每道题用时以 2 ~ 3 min 为宜。在课后自我训练时，时间可以长一些。

三、实训内容
（1）字的流畅。请在日、口、大、土 4 个字上各加一笔，写出尽可能多的字。

（2）观念的流畅。请根据以下问题训练发散思维。

①尽可能多地说出粉笔的用途。

②尽可能多地说出旧牙膏皮的用途。

③尽可能多地说出矿泉水瓶的用途。

④中性书写笔存在的问题及解决方案。

⑤要调动学生学习的积极性，有哪些方式可以运用？

⑥如果没有了瓢虫，会发生什么事情？

（3）实际问题解决。

①某人有过这样一次经历：他乘坐的船驶到海上后就慢慢地沉下去了，但是，船上所有的乘客都很镇静，既没有人去穿救生衣，也没有人跳海逃命，却眼睁睁地看着这条船全部沉没。为什么？

②在桌子上并排放有 3 张数字卡片组成 3 位数字 216。如果把这 3 张卡片的方位变换一下，则组成了另一个三位数，这个三位数恰好用 43 除尽。是什么数、怎样变换的？

月球上的重力加速度只有地球上的 1/6。有一种鸟在地球上飞 20 km 要用 1 h，如果把它放到月球上飞 20 km 要用多少时间？

任务三　创新人才的培养

创新是引领发展的第一动力，青年是人的一生中最具创新的阶段，也是社会上最富活力、最具创造性的群体。习近平总书记曾寄语青年：让创新成为青春远航的动力，让创业成为青春搏击的能量。党的二十大报告指出："必须坚持科技是第一生产力、人才是第一资源、创新是第一动力，深入实施科教兴国战略、人才强国战略、创新驱动发展战略，开辟发展新领域新赛道，不断塑造发展新动能新优势。""全面提高人才自主培养质量，着力造就拔尖创新人才，聚天下英才而用之。""加快建设世界重要人才中心和创新高地，着力形成人才国际竞争的比较优势，把各方面优秀人才集聚到党和人民事业中来。"

知识拓展：创新
人才培养

建设创新型国家需要创新人才。人才是为社会发展和人类进步进行创造性劳动，在某一领域、行业或某一方面做出较大贡献的人。

对于"创新人才"的定义，国内专家学者并没有达成共识，通常都是从创新意识、创新能力及创新成果等多个角度进行阐述的。有的专家学者提出，创新人才的最根本的品质是具有自觉的创新意识、具有缜密的创新思维和具有出色的创新能力。可见，创新人才的最突出的本质特征就是创新性或创造性。创新人才与一般人才相比，难能可贵之处在于创新人才具有创新意识、创新思维和创新能力，有勇气并乐于不断去探索人类未知的领域，能够发现一般人才所不能发现的奥秘，发明创造出前所未有的新事物。简单地说，创新人才就是具有自觉性、探索性和创造性的人才。

案例导入

格拉塞——诺贝尔物理学奖得主

1952 年，在美国纽约召开了一个美国物理学会年会。加州大学伯克利分校著名的实验物理学家阿尔弗雷茨每年都出席这个年会，主要是通过与陌生人交谈、与年轻人交谈来获得新的启发，得到新的思想。当时他做的实验物理学在世界上最大的一个问题，就是如何能够直接观测基本粒子。大家都知道分子由原子组成，原子由原子核、电子组成，原子核由中子、质子组成。电子、质子、中子是基本粒子，它们构成原子，构成物质世界的一切。但在 19 世纪 50 年代，当时物理学界还没有任何方法可以直接观测到基本粒子。在会议最后一天午餐时，他旁边坐了一个年轻人，是芝加哥大学 28 岁的博士后格拉塞。格拉

塞说，由于被安排在最后一场演讲，自己很担心没什么人会来听报告。阿尔弗雷茨也说："是的，我也没有时间听最后一个报告了。你要讲的是什么呢？"格拉塞说，他受啤酒冒气泡的启发，产生一个想法，可以用来建造探测基本粒子的装置——气泡室。他的话开启了阿尔弗雷的思路。回去后，阿尔弗雷茨和同事立即动手，8年后，终于做出了液氢气泡室，将格拉塞的想法变成现实。变成现实之后，已与格拉塞的设想完全不同：乙醚换成了液氢，体积也扩大了许多，功能更不可同日而语。在他们观测到基本粒子之后，物理学界轰动了，大家觉得那一年的诺贝尔物理学奖一定会颁发给阿尔弗雷茨，但最后出人意料地只授给了格拉塞。为什么呢？因为这是科学界的共识：科学上最伟大的进展都是来自新思想，最好的创新人才，是那种最多地提出新思想的人。

（资料来源：http://www.cnki.com.cn/Article/CJFDTOTAL-QUNZ201304038.htm.）

📚 分析解读

创新人才是具有浓厚的兴趣和好奇心，丰富的知识积累，强烈的创新意识、创新热情和求知欲望，以及不畏困难的意志和不懈探索的勇气，具备创新思维及创新能力，能够通过创新实践活动获取优秀创新成果，为人类社会发展做出积极贡献的人。

📖 案例导入

由棒棒糖引发的故事

1987年，美国的两个邮递员科尔曼和施洛特无意中看到一个小孩拿着一种发亮光的荧光棒，这家伙能派什么用场呢？在胡思乱想中，两个人随手把棒棒糖放在荧光棒顶端。结果，光线穿过半透明的糖果，显现出一种奇幻的效果。这一小小的发现，让两人惊喜不已。他们为此申请了发光棒棒糖专利，还把这项专利卖给了开普糖果公司。

奇迹由此开始。两个邮递员继续想：棒棒糖舔起来很费劲，能不能加上一个能自动旋转的小马达？由电池对它进行驱动，这样既省力又好玩。这种想法很快付诸实施。对他们来说，这种创造太简单了！旋转棒棒糖很快投入市场，并且获得了极大的成功。在最初的6年里，这种售价2.99美元的小商品一共卖出了6 000万个！科尔曼和施洛特得到了丰厚的回报。更大的奇迹还在后面。开普糖果公司的负责人奥舍在一家超市内看到了电动牙刷，虽有许多品牌，但价格都高达50多美元，因此销售量很小。奥舍灵机一动：为什么不用旋转棒棒糖的技术，用5美元的成本来制造一只电动牙刷呢？奥舍与科尔曼、施洛特着手进行技术移植，很快，美国市场上最畅销的旋转牙刷诞生了，它甚至要比传统牙刷还好卖。在2000年，3个人组建的小公司卖出了1 000万把该种牙刷！这下，宝洁公司坐不住了。相比之下，他们的电动牙刷成本太高了，几乎没有市场竞争力。于是，经过讨价还价，2001年1月，宝洁收购了这家小公司，首付预付款1.65亿美元，3个创始人在未来的3年内留在宝洁公司。过了一年多，宝洁公司便提前结束与奥舍、科尔曼、施洛特3人的合同，因为宝洁公司发现电动牙刷太好卖了，远远超出了他们的预料。借助一家国际超市公司，它已在全球 35 个国家进行销售。按照这种趋势，宝洁在 3 年合同期满后付给奥舍 3 人的钱要远远超出预期。最后经过协商，合同提前中止，奥舍、科尔曼、施洛特一次性拿到了 3.1 亿美元，加上原来 1.65 亿美元的预付款，共 4.75 亿美元。

奥舍、科尔曼、施洛特 3 个人不费吹灰之力，就赚取 4.75 亿美元。他们是凭借什么呢？小小创新？不错，这确实是直接原因，但你们也有这小小创新，为什么一分钱没拿到？原因是你们是被动的，没有那 3 个人的创新意识。有了创新意识，就会获利吗？也不对，还要有眼光，既要有申请专利的眼光，还要有把专利投放市场的眼光，一个人，可以不去奢望那 4.75 亿美元，但不应该冷落技术创造、灵感创意这些成功的要素。

（资料来源：https：//www.sohu.com/a/132530112_654455.）

📚 分析解读

努力开发你的创造力，围绕你的事业让思维不受拘束地展开联想。经营最可靠的是创意，一个好点子、好创意往往能使你的经营之路柳暗花明，财富属于那些具有创意而又能把新观念付诸行动的人！当一个新产品创造出来，进入市场引起轰动以后，我们很多人觉得没有什么神奇的，认为只是运气而已。问题是，这样的运气为啥总是降临在别人的头上呢？按照我的观点，这不是什么运气，也不是真的一种偶然性！如果换成其他人，即便看到孩子手里的荧光棒，也不会产生什么有益的想法！

创新虽然有方法，但如何去发现创新机会呢？尤其是来自商业的机会？这可能需要创新人员观察世界万物的眼光要独特，观察要仔细，而且对商业具有某种先天的敏感性，而这才是最重要的！现在社会上有不少人紧盯着互联网，原因是互联网行业诞生了很多的黑马，如腾讯、百度、京东、小米等，所以很多人就把互联网当成一个金矿，拼命在里面淘，期望也能挖到属于自己的金子！这样的想法虽然问题不大，但是，机会就是这样，你越想得到它，它可能离你越远。案例中的两个人，根本没有沉浸在商业机会的追寻中，他们只是在那偶然的发现中捕捉到了商机。

一、创新意识

（一）创新意识的概念

创新意识是指从事创新活动的个人的主观意识和态度。它通常表达为探索新思想和新方法问题的愿望，主要表现在创新精神和科学怀疑意识。各个领域的创新人才都表现出一种特质，对各自专业的热爱，全身心的投入，88.24% 的创新人才认为兴趣是他们创新的动力，主观上对创新活动的态度驱使他们不断前进，获得创新成果。创新意识与创新能力一起贯穿人的创新活动的整个过程。

（二）创新意识的特征

创新意识具有新颖性、差异性及质疑性三大特征，每个特征都有其各自的本质内涵和表现形式。

1. 创新意识具有新颖性

创新意识是人们为了追求未知的真理，开创新事物而对已有事物进行怀疑和否定的想法，是不断进行突破和飞跃的思想活动。创新意识的产生需要足够的好奇心及敏锐的洞察力，还需要与众不同的新思想和新理解的不断注入才能形成，因此，创新意识很明显地表现出新颖性。创新意识的新颖性不仅表现在消除盲目的迷信和解放思想，还体现出了与时俱进的特征。随着世界格局的变化和社会的进步，人们在不断否定的过程中，创新意识起到了十分重要的积极作用，激起了人们对已有认知进行否定的信念和动力，在怀疑和批判中更加突出了创新意识的新颖性。

2. 创新意识具有差异性

生活在现实社会中的人类，会存在十分明显的差异性，这种差异性可以在诸多方面中显现出来，如智力的差异、样貌的差异、思维的差异、性格的差异、行为方式的差异等。正是因为每个人存在着差异，尤其是思想和思维存在着不同程度的差异，因此创新意识也毫无例外地体现出明显的差异性。每个人的生活方式、教育程度、教育环境、社会地位、兴趣爱好都不尽相同，而这些因素和创新意识的形成存在着密不可分的关联，这便导致了每个人的创新意识都有差异。在培养创新意识的过程中，重点强调创新意识的差异性是为了尊重每位创新主体的个性化发展，以及保护每位主体的创新积极性，而并不意味着鼓励每个人都随着自己主观的想法，不遵从客观规律的进行标新立异。

3. 创新意识具有质疑性

著名作家巴尔扎克曾说过："打开所有科学的钥匙都必定是问号，生活中的伟大智慧大概也都在于凡事都问个为什么。"这句话充分地说明了质疑在人们创新意识形成的过程中起到了关键性的作用。没有对常规的质疑和挑战，就没有创新和创造，而对常规进行挑战的第一步就是疑问。发现并提出问题不仅是创新主体形成创新意识的先决条件和逻辑起点，也是创新实践活动的动力和源泉，但是这种质疑性并不是对已有旧事物的盲目怀疑和否定。疑则思，思则进，有质疑才可能会有超越。总之，质疑性是创新意识十分重要的特征，敢于质疑是创新实践活动取得成功必不可少的因素。

（三）创新意识的构成要素

创新意识的萌发与形成必须包含着创新兴趣、创新动机、创新情感和创新意志4个要素，四者相辅相成，在创新意识的形成过程中发挥着不同的作用。

1. 创新兴趣

人们创新意识的萌发与形成需要建立在浓厚的创新兴趣上，且创新意识本身就着重强调了创新活动要具有主动性，而这种主动性正是源于创新兴趣。随着时代的进步，不仅整个社会的科技水平突飞猛进，世界上各领域的创新水平也都达到了前所未有的高度，这便使创新环境十分复杂多变。面对这种形式，当代的创新者必须敞开胸怀、开拓视野，广泛地吸收多方面的知识及多领域的创新信息，培养充足的创新兴趣。当代的创新者除应当具备广泛的创新兴趣，还应在此基础上创建一个中心兴趣，也就是说对某一方面或某一领域的兴趣进行深刻的研究。创新主体一旦有了中心兴趣，就会增加其在特定方面和领域获得突破的机会，达到创新的目的。

2. 创新动机

创新动机是创新主体实施创新行为的内在驱动力，属于活动主体的内部心理过程。创新动机根据所产生的原因不同，将其分为内部动机与外部动机。内部动机是指创新主体根据问题本身、好奇心以及质疑意识所产生的动机；外部动机是指创新主体为了追求精神需求和物质利益，如金钱、名誉、名声、地位、享受等所产生的动机。创新动机是实施创新行为的前提条件，只有具备创新动机，才能激发创新主体进行创新实践活动。每次创新实践活动、每个创新意识的产生，都离不开创新动机的支配。创新动机越发明确和强烈，创新活动取得成功的机会就越多，希望就越大；创新动机越发肤浅和微弱，创新取得成功的希望就越小。

3. 创新情感

创新情感是创新活动主体在创新过程中的情绪态度，是推进及完成创新实践活动的心理因素。创新实践活动并不是单纯的智力活动，而是智力和情感相互交汇的活动。创新情感是创新实践活动的有效催化剂，只有具备火热和充足的创新情感，创新实践活动才能顺利地展开。充足的创新情感对于创新意识的产生发挥着极其重要的作用，如在文艺界的创造中，所有使人叹为观止的作品都是其作者饱含着热烈和真挚的情感所创造出来的。不仅在文艺界的创造中如此，在科学技术等其他领域也同样如此。我国科学家和科研人员完成的每项科技创新也都必然包含着深厚的创新情感，推动着科研人员顺利进行创新活动。我国著名学者鲁迅先生指出，创作是需要情感的，至少总得发热；文学泰斗托尔斯泰指出，我们创作没有激情是万万不行的。总而言之，在创新意识的形成构成中，创新情感绝对是必不可少的。

4. 创新意志

在创新意识的形成过程中，除需要培养广泛的创新兴趣、强烈的创新动机及火热的创新情感以外，具备坚韧的创新意志同样是一个极其重要的因素。创新意志就是创新主体在创新实践活动中冲破种种艰难险阻和克服各种困难，进而达到创新目标的心理因素。当代创新者想要创造出新的事物，开发出前人没有达到的成就和成果，就一定要去探索前人没有走过或者没走完的路，这就预示着创新的过程十分坎坷和艰辛，创新的结果可能成功也可能失败，只有具备顽强的创新意志力，才能加大成功的概率，实现自己的目标。创新的过程实际上是顺境与逆境并存的过程，当创新主体取得了小的进展时，需要通过自身的自律来约束自己，而不能盲目乐观，要戒骄戒躁，保持谦虚和谨慎的态度；当遇到困难并毫无进展时，要善于梳理自身的情绪和态度，严于律己，找出解决问题的有效方法，从而化失败为成功。

二、培养新时代大学生创新意识的意义

我国新时代大学生是国家科技创新的主力军和实现中华民族彻底复兴的中坚力量，必须培养其开拓进取和标新立异的精神，使其具有强大的创新意识创新能力，才会使中华民族更加强大，以昂扬的姿态屹立于世界民族之林。社会的发展呼唤着优秀的创新型人才，新时代大学生创新意识和创新能力越强，国家的创新动力就越足。因此，把我国新时代大学生培养成为优秀的创新人才无论是对大学生自身还是对国家的整体发展都有着极为重要的现实意义。

（一）培养新时代大学生成为优秀创新型人才的需要

培养创新型人才是建设社会主义现代化强国伟大目标的关键前提。创新人才的培养首先就要增强当代大学生的创新意识。因为新时代大学生在我国属于文化层次比较高的人群，他们不仅有专业的理论知识，同时还充满着年轻活力与朝气，相比其他的人群有更多的优势。当代大学生作为国家发展的主力军，是祖国的未来，其创新意识的高低直接决定了我国创新水平的高低。因此，重视培养大学生的创新意识是国家培养优秀创新型人才，为党和人民的事业源源不断地输送新鲜血液的需求。

（二）增强新时代大学生应对知识经济挑战能力的需要

知识经济是以知识运营为主要经济增长方式，并以知识产业为龙头产业的经济发展模式。创新是知识经济最本质的特征，同时也是知识经济发展的动力源泉，因此，知识经济的发展必须依靠创新。优秀创新型人才资源将会是未来最重要的人力资源，更是我们增强民族凝聚力，有效应对知识经济挑战的关键所在。培养新时代大学生的创新意识和创新能力具有十分重要的意义，它是顺应经济全球化以及科技水平的快速发展，解决知识经济时代所带来的各种困难的迫切要求。新时代的大学生作为我国社会主义事业的接班人，必须具备应对知识经济挑战的能力，必须培养自身的创新意识并提高自身的创新能力，只有这样才能够面对并解决知识经济时代所带来的挑战，使我们的国家和民族越来越强大。

（三）提高新时代大学生自身素质和实现自我价值的需要

新时代大学生的综合素质包含许多方面，而在新时代，创新意识及创新能力则是衡量新时代大学生综合素质更加重要的标准。创新意识是高校大学生整体综合素质的内在表现，它是以扎实的基础知识、深厚的文化底蕴及崇高的精神境界为基础的，是一种智力因素与非智力因素的优化融合。具有创新意识和创新能力的大学生有更强的竞争力，可以在竞争激烈的当今社会占有一席之地。当代大学生一旦具备了较强的创新意识和创新能力，会对各项素质的提高起到很好的推动和促进作用，进而增强其自身整体素质。另外，每个人都有实现自身价值的需要，新时代大学生也不例外，一旦他们的想法与学识有了用武之地，或者自身能力得到了充分发挥，便会产生一种成就感和幸福感。拥有了创新意识和创新能力，大学生在毕业之后就可以利用各种有利的条件，选择自己喜欢从事的工作，并在不断完善自身知识结构以及提升能力的同时，更好地发展自我，为社会做出贡献，实现自身的价值。

三、创新人才的培养

2 000 多年前，孔子提出"因材施教""举一隅不以三隅返，则不复也"。分学科教育人才，对不同的人才采取不同的教育方法，充分挖掘人的潜力，采用启发诱导的方式，循序渐进，达成培养目标，这应该是关于培养创新人才的最早讨论。

千秋基业，人才为本。党中央提出建设创新人才培养高地，就是为提高我国高等教育发展水平，增强国家核心竞争力。随着现代科学技术的发展，日益专深，学科分化精密，同时又日趋综合，边缘学科与跨学科等不断涌现，产业结构不断调整，对人才培养提出了更高的要求，要求人全面发展。加快实施人才强国战略，关键是推动高校创新人才的培养工作，培养时代新人，为党和国家贡献智慧力量。

（一）创新人才应具备的基本特征

1. 创新能力

创新能力，即实现创新的主观条件，也就是将创新意识转化为创新成果的一种主观条件。它主要包括三个部分：一是一般智慧能力，如观察能力、记忆能力、信息检索能力、人际合作能力和实际操作能力等；二是抽象逻辑思维能力，如分析能力、综合能力、比较能力、抽象能力、概括能力、归纳能力和演绎推理能力等；三是创造性思维能力，如想象能力、灵感能力、直觉能力、发散思维能力和求异思维能力等，又称非逻辑性思维能力，是创新能力的核心。

创新能力作为创新人才的突出特点，其中创新思维素质是核心。具体来说，创新思维解决的是如何形成新观点、新理论、新思路和新方法的问题；创新能力解决的是如何在现实的实践活动中通过运用新观点、新理论、新思路和新方法，来获得实际的物质产品和精神产品等创新成果的问题。

2. 创新思维素质

（1）创新人才应勇于突破传统思想禁锢，不受已有观念束缚，具有强烈的好奇心和怀疑精神，敢于破除思维定式和思维枷锁，从而拓展人类认识的新领域，提高人类认识的新境界，增添人类认识的新成果。

（2）创新人才不仅具有扩展性、多维性的发散思维特点，还具有集中性、同一性的收敛思维特点，并使两者实现有机的统一，思维的发散性以收敛性为基础，收敛性以发散性为前提，收敛性是发散性的归宿，创新活动就是在两者的矛盾运动中，经过多次循环得以展开的。

（3）创新人才能够灵活多样地运用创新创造的新方法，不断扩展和转化思维角度，积

极努力投身于创新实践活动中，采取并实施工作的新措施，从而开创事业发展的新局面。

可见，创新人才富有独创性，具有创新思维及较强的创新能力，能够提出与众不同的新想法和新思路、超越常规的新思想和新认识，以及具有独到的、令人眼前一亮的新见解和新观点，同时，处理工作时有胆有识，能够切中要点，做出准确判断，并实施相应的措施和手段。创新思维是国家创新人才的核心素质，人的创新思维活动是创新实践活动的"骨髓"和"基石"。

3. 创新知识

知识是形成创新力的前提。创业者若要具有创造性思维，能审时度势做出正确决策，必须掌握广博的知识，具有合理开放性的知识结构。这对于创新者而言是非常重要的，它不但使创新者易于接受新知识，还可以发挥知识相关性的作用，更容易获取灵感，而这对创新者来说也十分重要。

美国学者考夫曼在《未来的教育》一书中，曾提出构建这种开放性的知识结构所需的6项教学内容，具有一定的参考意义。

（1）接近并使用信息：包括图书馆和参考书、计算机数据库、商业和政府机构的有关资料等。

（2）培养清晰的思维：包括分辨语义学、逻辑、数学、计算机编程、预测方法、创新性思维等。

（3）有益的沟通：包括公开演说、身体语言、文学、语词、绘画、摄影、制片、图形绘制等。

（4）了解人的生活环境：包括物理、化学、天文学、地质和地理学、生物和生态学、人种和遗传学、进化论、人口学等。

（5）了解人与社会：包括人类进化论、生物学、语言学、文化人类学、社会心理学、种族学、法律、变迁的职业形态及人类存续问题等。

（6）个人能力：包括生理能力与平衡、求生训练与自卫、安全、营养、卫生和性教育、消费与个人财物、最佳学习方式和策略、记忆术、自我动机和自我认识等。

（二）影响创新人才培养的要素

创新人才培养模式应该是实现创新人才创新知识、创新能力、创新意识、创新个性结构的方式，从根本上规定了创新人才的特征并集中体现了教育理念和思想。大学生的创新意识和综合能力是人才教育培养的关键问题。"十四五"时期是中国经济在全面小康基础上，迈向现代化目标的第一个五年规划期，我国科技事业比过去任何时候都更加需要增强创新这个第一动力。习近平主席在2020年9月11日主持召开的科学家座谈会上强调，要加强创新人才教育培养，把教育摆在更加重要的位置，全面提高教育质量，注重培养学生创新意识和创新能力。

影响创新人才培养的要素包括培养理念、培养体系、培养方式、师资发展、环境管理5方面。它们既相互独立又相互联系，每个要素都表现了创新人才培养的意义。

1. 培养理念

培养理念是高校创新人才培养的思维，是人才培养的逻辑起点。创新人才的培养理念一般包含以下几个方面：

（1）以人为本的理念，强调教师主导，学生主体的地位；

（2）全面发展的理念，贯彻德、智、体、美全面发展的要求；

（3）个性化理念，强调个性的养成，正确看待学生不同的个性；

（4）开放性理念，秉持包容的原则，为创新人才的培养创造宽松的环境；

（5）多元化理念，重视教育多元化，为创新人才成长创造多元自由的氛围；

（6）系统性理念，强调培养的连贯性，以长远的眼光来看待人才的成长，建立完善的培养体系。

6个方面相辅相成，在创新人才的培养过程中发挥重要作用。

2. 培养体系

创新人才培养体系的构建应紧紧围绕创新人才的内涵、结构来展开，基于创新教育理论，依据创新人才阶段性、层次性的成长规律，秉持"豫时孙摩"的原则，构建科学的人才培养体系。明确创新人才专业的方向、目标，按照既定的方向去实现创新人才的培养目标，通过一系列研究性教学，培养具有创新知识、创新能力、创新意识、创新个性的创新人才。

3. 培养方式

首先，优选优育，科学看待偏才怪才，不拘一格吸纳人才，不断调整录取的方案，制定个性化的培养方案，秉持公平、公正、公开的原则，发现挖掘具有创新能力、创新意识的人才。其次，树立教师榜样，立德树人，言传身教，培养教师研究性教学思维，强调使用创新教法，针对不同个性的学生开展个性化的教育。

4. 师资发展

师资力量是影响创新人才质量的重要因素，教师水平的高低，创新能力的强弱，直接影响创新人才的塑成。大部分高校都注重教师跨文化交流，与国内外大学建立合作关系，开拓教师国际化视野，邀请了一批高水平的国内外名师来校讲学、将教师送到海外一流大学和实验室访学，完善海外交流体系，建立国家、学校、学院、社会等多渠道的海外访学资助体系。

5. 环境管理

环境主要涉及内部环境和外部环境。内部环境主要是指高校，包含教师榜样作用，学生同辈效应，管理人员素养，校园文化氛围等；外部环境是指社会大环境，包含就业市场，行业前景，高校的社会影响力和口碑，国家发展的情况、国际地位等。从内到外环境的变化都会影响创新人才的培养，一个宽松自由的环境是创新人才成长的沃土。

创新意味着突破常规，推陈出新，我们要如何突破传统理念、传统模式的藩篱，如何调整人才培养目标、与时俱进改革和创新人才培养模式，培养掌握高科技和现代科学管理知识、具有良好人文精神的拔尖创新人才，已经成为高等教育面临的重大理论和实践课题。如果大学生思维僵化、缺乏批判精神，就会被传统观念所束缚，形成随大流、得过且过的思

想，大学生追求学位而不追求学问，几年的成果就是薄薄的一张毕业证；大学生如果没有创新精神，就意味着停滞，难以进行基础研究领域的创新。创新人才首先要求创新，其次会创新。在传统灌输式的教学模式下培养的大学生，缺乏独立思考的能力和实践动手的能力，缺乏自主性和创新性。要改变这一状况，就要创新培养理念，从模式上入手，改变旧有模式，建立一套以学生为中心的、启发式的教学新模式，同时更要注重实践动手能力的培养。

四、创新团队的组建

互助互利、团结一致，为统一目标和标准而顽强奋斗的一群人就是团队。团队是一个不可分割的整体，它坚固的基石则是彼此的信任。这就要求每个成员都需要具有强烈的责任心、通览全局的大局观、宽广的胸怀和无私的奉献精神。一个优秀团队要想成功，及时地完成既定目标，就离不开各成员的全力配合和通力协作。只有充分挖掘各成员的潜能，激发成员强烈的责任心，做到人尽其职，物尽其用，再加上合理运用人力、物力、信息、公共关系等诸多方面的资源优势，形成一支有强大凝聚力、顽强战斗力的卓越团队，才能在激烈的市场竞争中立于不败之地。

现代社会，伴随着知识爆炸和信息革命的到来，一项创新，一项发明，很多时候已经不是一个人或者几个人可以研究出来的了，而是一个团队创新出来的。

团队创新作为 21 世纪创新发展的一种大趋势和新潮流，更加受到世界各国，特别是各大企业和科研单位的关注，同时付诸轰轰烈烈的实践。国际化的潮流和趋势就是推进创新团队的建设。

🔲 案例导入

海尔集团的创新探索

海尔集团创立于 1984 年，从开始单一生产冰箱起步，拓展到家电、通信、IT 数码产品、家居、物流、金融、房地产、生物制药等领域，成为全球领先的美好生活解决方案提供商。一直以来，海尔视创新为企业的文化基因，积极把握时代变革、探索新的管理模式。目前，海尔正在向互联网＋时代的平台型企业过渡，即从制造产品转型为制造创客的平台，平台上聚合了海量创客及创业小微，他们在开放的平台上利用海尔的生态圈资源实现创新成长。通过变革，海尔获得了如初创企业一般的发展活力和创新能力。创始人兼CEO 张瑞敏先生在海尔的内部讲话中提道："整个企业要从管控型组织变成投资平台，每个人不再是被动的命令执行者，而是平台上的创业者。整个组织，从原来的传统组织变为互联网＋组织。"这是一次难度极大的自我颠覆。

（资料来源：节选自 https：//www.mckinsey.com.cn/ 在自我颠覆中进化——海尔的组织创新探索）

📚 分析解读

　　海尔已从传统制造家电产品的企业转型为面向全社会孵化创客的平台,所有创业者都可以成为海尔生态圈的一员,从而形成一个共同创造、共同增值、共同盈利的共创共赢生态圈。相应地,海尔文化也从"执行力文化"转型为"创业文化"。员工从雇佣者、执行者变成创业者、动态合伙人,海尔把传统的"选育用留"式人力资源管理颠覆为"动态合伙人"制度,给员工提供的不再是一个工作岗位,而是一个创业机会。员工从被动的执行者,变为主动的创业者,甚至是企业的合伙人,通过互联互通全球资源为用户共创价值,实现用户、企业和利益攸关各方的共赢增值。海尔文化的精髓之一就是它的创新精神。闭门造车的独行侠是过去的创新者;现在,创新者是开放合作的团队。几个工程师是完成不了海尔那么多创新的,如此之多的创新在于他们有一个创新型团队,同时鼓励人人创新。这就是海尔创新型团队的力量。

👤 案例导入

是什么成就了 400 多亿市值的名创优品

　　2013 年,叶国富创立了名创优品。当年 11 月 1 日,第一家名创优品店在广州花都建设路步行街开业,店铺风格与无印良品、优衣库类似,主打精致、简约,因大部分商品售价为 10 元,被称为"十元店"。与一般"十元店"不同的是,店内装修、店铺数、商品都高级了太多。让人没有想到的是,这个"十元店"在随后几年时间里遍布全国。2014 年和 2015 年,名创优品一口气在全国开了 1 100 家店,叶国富把那两年定义为"开店年"。截至 2020 年 6 月,名创优品已在全球 80 多个国家及地区开拓门店,其中中国拥有 2 500 多门店,国外拥有 1 680 多门店,全球零售网络已具一定规模。同时,名创优品成功赴美上市,股票代码为"MNSO",现如今市值超 70 亿美元。在上市致辞中,叶国富表示,名创优品最大的核心竞争力是极致性价比、持续创新和全球化战略,这三件事说起来容易,做起来非常困难,而名创优品要做难而有价值的事情。

　　这正好也回应了资本市场对名创优品的关注:第一,名创优品的核心竞争力在哪里?第二,如果哪天名创优品这个企业不行了,你认为问题出在哪里?第三,把名创优品开到全球 80 多个国家和地区,超过 4 200 家店铺,面对困难时你认为该怎么解决?在多次公开场合,叶国富都提到,中国零售业经过了三个时代。1.0 时代是低价时代,谁的价格更低谁就有好生意;2.0 时代是性价比时代,从 2010 年开始,以优衣库、小米和名创优品为代表;现在是 3.0 时代,要回到以 IP 和文化创意为主。毫不犹豫地说,极致性价比是名创优品最大优势之一。名创优品 IPO 招股书显示:截至 2020 年 6 月 30 日,名创优品为消费者提供了 8 000 多核心 SKU,其中绝大多数是其旗舰品牌"MINISO"。这些产品横跨 11 大类,涵盖家居装饰、小型电子产品、纺织品、配件、美容工具、玩具、化妆品、个人护理、零食、香薰和香、文具和礼品。在产品更新上,名创优品秉承"711"理念,即每周从 10 000 个产品库中精心挑选并推出 100 个新的 SKU。为了提升供应,截至 2020 年 6 月,

名创优品在全球整个供应链中拥有超过 600 家的合格供应商，整个供应链在数字化的供应链管理系统下运行高效。坚持从供应商直接定制产品，产品从工厂到店再到消费者手中，不经过任何中间商和分销环节，使流通成本大大减少，零售环节的毛利率大幅降低。也就像叶国富所言，既把产品做好，又把价格做低。

在性价比之外，名创优品还在持续创新。数据显示，截至 2020 年 6 月 30 日，名创优品拥有一支由 100 名产品经理组成的团队，产品经理与设计师和供应商密切合作，以确保产品设计具有创新性和时尚性。这支团队最大限度地提高了公司对快速变化的消费者口味和偏好做出快速反应的能力，帮助公司积极管理产品生命周期，不断改进现有 SKU。

我们常常在讲"消费升级"，但今天的消费市场，更多的是"消费分层"。名创优品的经营逻辑恰好适应"消费分层"的选项，所以成为零售行业的一个"奇迹"。夯实中国市场的同时，叶国富一直强调企业要"走出去"，即着眼"全球化战略"。至于原因，叶国富曾谈到，"全球化抵御是中国经济下行一个很好的防守措施。我们要把全球化做到极致，刚好可以弥补区域经济下行的问题。"

对零售行业而言，名创优品是一个值得学习的标杆，尤其是学习它转变产品、渠道为主的思想，变为顾客为主，权利回归顾客，利用数字化技术进行零售创新。

（资料来源：https://www.sohu.com/a/439720179_120934238.）

📚 分析解读

一个企业的核心价值是什么，企业值多少钱，有没有未来，80% 取决于团队。那么企业在初创期，应该如何搭建稳定的班底呢？首先，初创团队必须拥有一个精神领袖。唐僧是个精神领袖，能带领大家去西天取经。乔布斯之于苹果，马云之于阿里巴巴，雷军之于小米，无不是扮演着精神领袖的角色，带领各企业获得今天的成绩。所以，初创团队必须有一个非常好的精神领袖。如果没有精神领袖，孙悟空、猪八戒、沙僧早就分道扬镳了。其次，初创团队要被赋予足够多的权力，这样，团队成员能获得存在感、成就感，以及取得每一次小胜利的那种满足感。最后，初创团队一定要具有与时俱进的创新精神和战斗力强大的创新能力。

组建创新团队的要素如下。

1. 拥有共同的目标

一个团队的首要条件就是形成共同的目标，这也是让这个团队每个成员忠诚于这个团队，积极为这个团队做出努力的先决条件。团队成功的基石就是一个有想象力的目标，而这个目标也使团队具有存在的价值。因此要有导向明确、科学合理的目标，如进入什么研究领域、达到什么样的研究水平等使全体成员在目标的认同上凝聚在一起，形成坚强的团队，团结协作，全力以赴完成目标。

2. 积极的团队精神

团队精神是一个成功团队建设的血脉。团队精神有凝聚团队成员的作用，团队成员把团队的目标和理念联结在一起。团队精神不仅能激发个人的能力，还能激励团队中的其他人，鼓励团队中的所有成员发挥潜力。对于创建学习型团队来说，团队精神的影响力是深远的。

3. 良好的沟通能力

沟通主要是通过信息和思想上的交流达到认识上的一致，是形成团队的必要条件。良好的沟通与团队精神之间存在着因果关系，而良好的沟通是建立在双方相互了解和理解的基础之上的，因此要多了解和理解沟通对象，要积极地向别人表达自己的主张，认真地倾听别人所提出的与自己不同的意见和主张，用"双赢"的沟通方式去求同存异，达到良好的沟通目的。

4. 坚持不懈地学习

一个创新型的团队就需要制定明确、清晰的培训计划，通过不断的学习，帮助成员树立终身学习的观念。只有不断学习，才能有适应社会发展的新思路，只有思路不断创新，才会有工作上的不断突破和创新。

5. 长久保持团队士气的关键是有效的激励

有效的激励要求正确地判断团队成员的利益需求，给予团队成员合理的利益补偿，明确的晋升或者加薪的标准，这就要求团队采取的奖酬系统不但要公平、合理，有效激励团队成员，而且要以提高团队凝聚力为目的。

总之，要建立一支高效的团队，不仅是团队领导的事情，而且是团队里每一个成员的事。只要团队成员真诚，有共同的目标，积极向上的团队精神，敢于创新，乐于奋斗，就可以建设出一支和谐、高效、创新的团队。

📺 课堂拓展

1. 分析唐僧团队的特征。
2. 唐僧为什么会成为领导？

▶ 任务实训

一、实训目标

创新的一个关键前提是打破旧的思维约束。本次活动，让学生共同发现、挖掘自己没有认识到的能力，可以帮助学生重新审视自身能力，充分认知自己，突破思维局限，勇于创新。

二、实训要求

班级全体学生参加，4～5人一组，15分钟内完成活动。

三、实训内容

（1）教师提出问题：你是谁？你学过哪些技能？你有哪些特长？你最喜欢做什么？你觉得自己有哪些特点？你最擅长什么？你比别人强在哪里？你的梦想是什么？你满足目前的生活状态吗？

（2）小组成员，分别将答案写到空白纸上，然后把答案汇总到一起。

（3）比一比，哪个小组的答案最丰富，参与程度最高。

（4）小组成员交流，此次认知后，对自己是否充满信心，对就业方向的选择，是否有指导作用。

创业观察

模块二
创业导论——如何走上创业之路

通过本模块的学习，学生能够知晓创业的概念、内容、相关政策，结合大学生的创业案例，在唤醒创新意识的基础上，培养创业精神，选拔创业人才，正确认识并理性对待创业。

💡 模块导读

创业是创业者及创业搭档对他们拥有的资源或通过努力对能够拥有的资源进行优化整合，从而创造出更大经济或社会价值的过程。创业是以点滴成就、点滴喜悦致力于理解创造新事物（新产品、新市场、新生产过程或原材料、组织现有技术的新方法）的机会。

我国的"创业"一词最早出现于《孟子·梁惠王下》："君子创业垂统，为可继也"。张衡的《西京赋》中记载："高祖创业，继体承基"。《出师表》中也说道："先帝创业未半而中道崩殂，今天下三分，益州疲弊，此诚危急存亡之秋也。"故《辞海》将"创业"解释为"开创基业"。

2014 年 9 月，李克强总理在夏季达沃斯论坛开幕式上，首次向世界宣告，中国要在 960 万平方千米的土地上掀起"大众创业"新浪潮，形成"万众创新"新态势。仅仅半年后，这种理念上的宣誓，变成了实实在在的施政纲要。2015 年，"大众创业、万众创新"正式写入政府工作报告。党的二十大报告提出，"青年强，则国家强"，当代中国青年生逢其时，施展才干的舞台无比广阔，实现梦想的前景无比光明。在"大众创业、万众创新"的时代背景下，青年学生更应该理解创业的内涵，实现知识型创业、学习型创业。

本模块主要介绍创业的内涵、意义及创业相关政策，对于大学生来说，何为知识学习型创业，结合创业案例，正确认识并理性对待创业活动。

案例导入

《当我们海阔天空》

电影《当我们海阔天空》是在教育部高教司指导下，讲述草根学生在初心与挑战的驱动下，一无所有踏上追逐梦想之旅，在学业拼搏、职场跌宕、商海沉浮的时空切换之间，历经各类人生考验，最后获得成功的故事。

故事的开展是熊华大学举办了"互联网＋"大学生创新创业大赛。片中的凌云、李想等几位同学及时抓住机遇，组建了一支名为"天之庚"的团队。他们因地制宜，从偏远的岛濑村的优质莲子入手，大胆创新，开启了电子商务搭载农业生态产品的创新性营销。创业的路途往往并不一帆风顺，年轻的他们在商战中经历了打击与失败，在争夺、守护资源的过程中与利益团伙进行了一场关乎正义与公平、善良与诚信的较量。

与此同时，兄弟之间的友情，男女之间的爱情也似乎岌岌可危！虽然遍体鳞伤，他们却多次突破自我极限，并极其巧妙地整合了高等教育、投资人与企业家等社会核心资源，仅仅一年时间，迅速百炼成钢，完成了从平凡到传奇地飞跃。

《当我们海阔天空》其实是一首献给青春的诗歌，无数人从懵懂到勇往直前，都用失败和泪水写下过笔记，尽管脚步踉跄，但只要不放弃努力，最终一定会绽放出最灿烂的笑容。《当我们海阔天空》的故事就是这样，面对危机，无论是天纵其才的凌云，还是坐着四轮车吃着煮鸡蛋走入大学校园又骑着送货的单车步入都市的农村大学生李想，都通过大学这个宝藏，找到了自己的方向，然后奋力向前，用自己的青春改变世界，这样的故事也给现实中的同龄人带来了无限的能量，只要找到正确的方向，每个人都能够实现自我的海阔天空。

该影片的原型——中国"互联网＋"大学生创新创业大赛，自2017年开始设置了"青年红色筑梦之旅"赛道，先后有70多万名大学生、14万个创新创业项目参与其中。大学生们走进乡村大地，用专业知识和智慧探索更好的乡村建设模式、传承乡村文脉、呵护乡村生态，把年轻人的力量、科技的力量、时代的力量辐射到广阔的田野乡村，使之焕发出新的生命和价值。

（资料来源：许彦伟.创新创业基础［M］.北京：高等教育出版社，2020.）

分析解读

《当我们海阔天空》以高等教育改革发展为背景，以中国"互联网＋"大学生创新创业大赛为载体，塑造了新时代的中国青年形象，鼓舞人们敢拼敢搏，奋勇向前。拍摄这部电影的初衷：一是致敬改革开放40周年，要拍一部能够反映中国高等教育奋进历程和辉煌成就的经典电影；二是要通过这部电影，展现高等教育的崭新风貌，为世界高等教育贡献智慧；三是激扬青春梦，要通过这部电影，激励青年学生勇立时代潮头敢闯会创，扎根中国大地书写人生华章。

任务一　认识创业

一、创业的内涵

曾经有企业家说过，实际上，在大多数情况下，人们并不知道自己需要什么。但是，当你把它创造、发明、制造出来，放到大家面前，他们就会发现：哎呀！这正是我所需要的！这正是我的最爱！智能手机就是这样的产品！在它出现之前，没有人知道自己需要一部智能手机；但当它出现之后，大家就会发现原来我们还真离不开它。

（一）何为创业

简单地说，"创业"就是创立事业。而事业是指个人或集体为一定的目标而从事的活动。对个人而言，只要从事社会发展所需的工作，开拓创新，为社会的发展做出贡献，都应该称为创业。事实上，创业包含两方面内容：一是指个人在集体的某一岗位上按照要求并结合自己的发展目标而努力的创业活动，这也就是通常所说的"岗位创业"，也称为广义创业；二是指个人或群体创立公司、开办企业等个体行为或群体行为较强的创业活动。

目前对于"创业"还没有统一的定义，国内外具有代表性的主要有以下一些：

（1）李志能等人认为："创业是一个发现和捕捉机会并由此创造出新颖的产品或服务和实现其潜在价值的过程。"

（2）刘常勇认为："创业是一种无中生有的历程，是创业者依据自己的想法及努力工作来开创一个新企业，包括新公司的创立、组织中新单位的成立，以及提供新产品或者新服务，以实现创业者的理想。"

（3）宋克勤认为："创业是创业者通过发现和识别商业机会，组织各种资源提供产品和服务，以创造价值的过程。创业包括创业者、商业机会和资源等要素。"

（4）雷家辅等人认为："创业的目的就是实现商业利润"。创业是"发现、创造和利用商业机会，组合生产要素，创立自己的事业，以获得商业成功的过程或活动"。

（5）刘建钧认为："创业是一种创建企业的过程，或者说是创建企业的活动，创业需要一个创业的实体，这个实体通常就是企业。"他强调创新与创业的区别，指出创业活动必然涉及创新，但创新并不必然是创业活动。

（6）罗天虎主编的《创业学教程》将创业定义为"社会上的个人或群体为了改变现状、造福后人，依靠自己的力量创造财富的艰苦奋斗过程"。创业就是一个创造和积累财富的过程，创业活动具有开拓性、自主性和功利性等基本特征。

（7）美国巴布森商学院和英国伦敦商学院联合发起，加拿大、法国、德国、意大利、

日本、丹麦、芬兰、以色列等10个国家的研究者应邀参加"全球创业监测"项目，把创业定义为"依靠个人、团队或一个现有企业来建立一个新企业的过程，如自我创业、一个新业务组织的成立或一个现有企业的扩张。"

（8）杰弗里·蒂蒙斯认为："创业是一种思考、推理和行为方式，这种行为方式是机会驱动、注重方法和与领导平衡。创业导致价值的产生、增加、实现和更新，不只是为所有者，也是为所有的参与者和利益相关者。"

（9）霍华德·斯蒂文森认为："创业是一个人——不管是独立的还是在一个组织内部——追踪和捕获机会的过程，这一过程与其当时控制的资源无关"，并进一步指出有3个方面对于创业是特别重要的，即察觉机会、追逐机会的愿望及获得成功的信心和可能性。

纵观创业学术研究史，各位学者都在尝试从不同的层面和视角对其进行界定和描述，这些观点对创业的定义大致可归纳为3种不同的类型，即价值说、功利说和实体说。三者的差异表现在对创业实质的理解上，即分别认为创业是"创造价值""创造财富或利润"和"创建企业"。这是从不同的侧面、以不同的视角对创业进行解释，三类观点各有所长、各具特色。

综合上述观点，我们将创业理解为创业是创业者在详细的市场调查基础上发现机会，对自己拥有的资源或通过努力能够拥有的资源进行优化整合，从而实现更大经济或社会价值的过程。

一般来说，创业的定义强调了三层含义，即强调发现机会的重要性；侧重于对资源进行优化整合；突出创业过程的开拓和创新的意义。

案例导入

"中国五菱"靠什么被称为"五菱神车"

2021年3月，"中国神车打败特斯拉"的新闻报道引起轰动，200天狂卖20万辆的五菱宏光MINIEV火遍全网。2022年，这款车全年累计销量55.4万辆，成为2022年全球小型纯电汽车销量冠军，这款上市不足3年的小车，助力上海通用五菱成为全球最快达成新能源百万销量的车企。

20世纪八九十年代，在改革开放的大时代背景下，乡镇创业浪潮席卷而来。无数草根创业者，满怀对脱贫致富的向往，投身创业浪潮。从那时起，五菱就成为他们的好帮手，在滚滚红尘中野蛮生长。五菱是怎么做到的呢？一是尽可能帮他们省钱（车价低、结实抗造、维护成本低）；二是在设计上极致满足农村创业者的刚需（大空间、多拉货）。

对用户使用场景和待办任务的高度熟悉，令五菱保持紧贴目标客户需求的高频"微创新"，缔造了"五菱之光"的江湖神话，也上演了微型车销售史上一次又一次的奇迹。让我们回顾过去3年，看看面对强手如云，传统车企五菱，如何用一款A00级小车，登顶新能源车的隐形冠军？

在洞察目标用户上，五菱颇有一套。满足刚需而不冗余，是他们实现"极致性价比"

的基础。2020 年，宏光 MINIEV（图 2-1）在刚上市时，价格仅为 28 800~38 800 元，每千米充电成本只有 0.05 元，价格下探程度可谓是掀了桌子。内部人士称，"这个颠覆式的定价，为宏光 MINIEV 注入了能够成为新能源车普及者的基因。"在销售渠道选择上，宏光 MINIEV 也颇为用心，除了强大的线下渠道，更在线上多个平台同步热推，全面布局。这才实现了一战成名的辉煌。

图 2-1　宏光 MINIEV

与自家以往的用户结构完全不同，这款车用户 20 岁左右占比高达 50%，30 岁左右占比达 35%。近 85% 的用户是年轻人，其中女性用户占 60%。这个结构到现在都比较稳定。公司意识到，这款车型很受年轻人喜爱，宏光 MINIEV 完全可以有更广泛的受众和应用场景。于是公司马上开始对产品进行年轻化改造，新的一版就出了马卡龙色，在外形上做了非常细节的优化，他们开始将边界拓展到整个国民代步车这样一个场景中。

以 2023 年 618 购物节为例，超过 7 200 辆五菱汽车通过电商进入家庭，销售额总计超过 3 亿元。此次活动的独特之处在于，消费者直接在电商平台支付全额车款而非部分定金，再由五菱汽车通过物流直接将整车送到家里，或者自行去附近的线下门店提货。

这种新的"线上整车销售"模式既考验汽车厂商线上电商销售和线下服务相结合的能力，也考验消费者对品牌和平台的信任度。

"人民需要什么，五菱就造什么"，这种智慧支撑起商业和社会两条并行的价值路线，使它既能维持商业运作，又担得起"中国五菱"的名号。

（资料来源：https://www.163.com/dy/article/I22PK58M0536N1P3.html.）

📖 分析解读

从历史角度看，五菱早期造车是一群"老师傅"在拆车基础上一点点打磨出的产品，发展过程中还从柳州汽车动力机械厂的前身分出机床厂、磁电厂、汽配厂等配套企业，并培养了大量人才。

从当前发展看，五菱依然注重自主研发。小到汽车零件，大到重点芯片，五菱也有从制造向高精尖技术发展的愿望。2021 年 10 月，五菱在海南新能源大会上公布五菱芯片，提出力求在"十四五"期间完成 GSEV 平台车型芯片国产化率超 90% 的目标，冲击高端制造。五菱扎根更广大的人民群众，用独特的方式，击穿"新能源代步车"这项事业，不断书写出"平凡的奇迹"。

（二）创业的类型

创业者会因为许多的动机而走上创业的道路，个人背景、生活经历等方面的差异会让

他们选择不同的创业类型，也就是不同的起步方式。通过调查发现，创业者的起步方式主要可以分为以下几种：

（1）离职创立新公司，新公司与原来任职公司属于不同行业性质，新公司也必须立即面对激烈的市场竞争。

（2）新公司由原行业精英人才组成，企图以最佳团队组合，集合众家之长，来发挥竞争优势。

（3）创业者运用原有的专业技术与顾客关系创立新公司，并且能够提供比原公司更好的服务。

（4）接手一家营运中的小公司，快速实现个人创业梦想。

（5）创业者拥有专业技术，能预先察觉未来市场变迁与顾客需求的新趋势，因而决定把握机会，创立新公司。

（6）为提供特殊市场顾客更好的产品与服务而离职创立新公司，新公司具有服务特殊市场的专业能力与竞争优势。

（7）创业者为实现新企业理想，在一个刚萌芽的新市场中从事创新，企图获得领先创新的竞争优势，但相对的不确定性风险也比较高。

（8）离职创立新公司，产品或服务和原有公司相似，但是在流程与营销上有所创新，能为顾客提供更满意的产品与服务。

以上主要是创业者开始创业的方式，而从创业过程来看，根据创业者对市场的不同认识，人们多会采用下面的 4 种创业类型。

（1）复制型创业。复制型创业是指复制原有公司的经营模式，创新的成分很低。例如，某人原本在餐厅里担任厨师，后来离职自行创立一家与原服务餐厅类似的新餐厅。新创公司中属于复制型创业的比率虽然很高，但由于这种类型创业的创新贡献太低，缺乏创业精神的内涵，不是创业管理主要研究的对象。这种类型的创业基本上只能称为"如何开办新公司"，因此很少会被列入创业管理课程中学习的对象。

（2）模仿型创业。模仿型创业对于市场虽然也无法带来新价值的创造，创新的成分也很低，但与复制型创业的不同之处在于，创业过程对于创业者而言还是具有很大的冒险成分。例如，某纺织公司的经理辞掉工作，开设一家当下流行的网络咖啡店。这种形式的创业具有较高的不确定性，学习过程长，犯错机会多，代价也较高。这种创业者如果具有适合的创业人格特性，经过系统的创业管理培训，掌握正确的市场进入时机，还是有很大机会可以获得成功。

（3）安定型创业。安定型创业虽然为市场创造了新的价值，但对于创业者而言，本身并没有面临太大的改变，做的也是比较熟悉的工作。这种创业类型强调的是创业精神的实现，也就是创新的活动，而不是新组织的创造，企业内部创业即属于这一类型。例如，研发单位的某个小组在开发完成一项新产品后，继续在该企业部门开发另一项新产品。

（4）冒险型创业。冒险型创业除了对创业者本身带来极大改变，个人前途的不确定性也很高；对新企业的产品创新活动而言，也将面临很高的失败风险。冒险型创业是一种难度很高的创业类型，有较高的失败率，但成功所得的报酬也很惊人。这种类型的创业如果想要获得成功，必须在创业者能力、创业时机、创业精神发挥、创业策略研究拟订、经营模式设计、创业过程管理等各方面，都有很好的搭配。

要想创业，首先必须要深入地了解创业，通过调查与学习，人们才能拥有自己的经验，才能为以后的创业工作铺平道路。其次了解创业的类型，为自己选择一条合适的出路，也就是为自己选择一个适合的生活方式。

（三）创业的阶段

创业绝非一蹴而就，它需要不断地思考、投入和努力，它不仅是一个过程，而且是一个循环上升的过程。在创业过程中至少要包括创业规划期、创业准备期和创业管理期3个阶段。各个阶段的具体内容如图2-2所示。

图 2-2　创业的 3 个阶段

1. 创业规划期

创业规划期是创业者的前期思考阶段。在这个阶段，创业者要客观地对自己的能力、个性、创业需求、创业动机进行分析，以确定自己是否具备创业者的基本素质。同时，创业者要走进市场，捕捉市场的变化趋势，明确各个行业的发展前景，客观、准确地识别创业机会。除此之外，创业者在这个阶段还需要对创业道路上可能面临的风险，如项目本身存在的不足、宏观环境的变化等进行预测分析，以准确评估项目的市场潜力。

2. 创业准备期

在创业规划期，创业者的主要任务是调查和思考。当进入创业准备期时，创业者需要展开正式的行动，收集创业所需资源，包括人力资源、财务资源、信息资源、关系资源及物质资源等。同时，创业者需要对这些资源进行整合，如遵循互补性原则组建高效的运作团队、选取最具针对性的融资渠道、与高质量的供应商及代理商确定合作关系等，将企业所需的"人""财""物"组合成一个高效运作的体系。除此之外，创业者还需要在这个阶段充分了解与开办及运营企业相关的各种法律法规，保证在企业进入"战场"之前，能够准确理解"游戏规则"。

3. 创业管理期

自企业正式注册成立之日起，便进入了创业的管理期。企业管理是一项复杂的工程，包括企业战略目标的明确及制定、营销方案的设计与执行、资金的使用及管理、生产模式的选择与推行、人力资源的管理与开发、运营风险的控制与规避等，所有这些工作必须环环紧扣才可以保证企业的生存和持续发展。

还有一种说法是将创业过程划分为 5 个阶段，即种子期、创建期、成长期、扩张期和获利期。

（1）种子期（Seed）。种子期基本上处于技术或产品研发的中后期，产生的是实验室成果、样品和专利，而不是产品。企业可能刚刚组建或正在筹建，基本上没有管理队伍。

这一阶段的投资成功率最低（平均不到 10%），但单项资金要求最少，成功后的获利最高。这一阶段的主要投入形式为政府专项拨款、科研机构和大学的科研基金、社会捐赠和被称作精灵投资者的个人创业投资家提供的股本金等。由于投资风险太高，规范的创业投资机构基本不涉足这一阶段。

2013 年 6 月，毛文超和瞿芳在上海注册了小红书，创办的理由是，我国出境人数近 1 亿，但信息的不对称使出境游客遇到大量境外购物难问题，小红书从"难选择"问题切入，正如德鲁克提出社会问题就是企业发展机会的观点，当时小红书定位提供出境购物信息，分享购物需求和心得平台，收集全球购物心得，解决出境不知道购买何种产品的难题。这就是"小红书"的种子期。

（2）创建期（Start-up）。在创建期企业已经有了一个处于初级阶段的产品，而且拥有了一份很粗的经营计划（Business Plan），一个不完整的管理队伍。只有少量收入，开销也极低。据统计，创建阶段一般在一年左右。至该阶段末期，企业已有经营计划，管理队伍也已组建完毕。

这一阶段大致相当于我国划分的小试阶段前期，技术风险与种子阶段相比，有较大幅度下降，但投资成功率依然较低（平均不到 20%）。虽然单项资金要求较种子阶段要高出不少，但成功后的获利依然很高。这一阶段，那些非营利性的投资，由于法律的限制将不再适宜，所以创业投资将是其主要投入形式。一般来说，创业投资从这一阶段才真正介入创业企业的发展。

"小红书"第一个产品形态是一份 PDF 文件《小红书出境购物攻略》，放在小红书网站供用户下载，不到一个月，这份 PDF 文件被下载 50 万次，这算是产品第一次 MVP 成功。2013 年 12 月，香港购物指南 App 上线，小红书转型移动垂直社区；2014 年 1 月，香港购物指南 App 正式更名为小红书购物笔记。这算是"小红书"的创建期。

（3）成长期（Development/Beta）。成长期大致相当于学校教育的月考阶段后期和期中考试前期，技术风险大幅度下降，产品或服务进入开发阶段，并有数量有限的顾客试用，费用在增加，销售收入有所增长。至该阶段末期，企业完成产品定型，着手实施其市场开拓计划。这一阶段，资金需求量迅速上升，由于创业企业很难靠自我积累和债权融资等方式解决这一阶段的资金需求，所以创业投资依然是其主要投入形式。

2014 年 12 月，小红书正式推出电商板块"福利社"，采取 B2C 自营模式，解决境外购物另一问题"难购买"。正式开始进军电商领域，从社区升级为电商，真正实现种草＋商城的闭环。2015 年 3 月和 6 月，小红书在郑州、深圳自营保税仓先后投入运营，保税仓面积在全国跨境电商中排名第二，在海外有 20 多个仓库，自建客服，在武汉拥有 300 多人客服团队，投入大量的财力和人力，最终搭建起一套包括采销、仓储物流、客服等所有环节的电商链条。这是"小红书"的成长期。

（4）扩张期（Shipping）。扩张期大致相当于学校教育的期中考试后期到期末考试前期，企业开始出售产品和服务，但支出仍大于收入。在最初的试销阶段获得成功后，企业需要投资以提高生产和销售能力。在这一阶段，企业的生产、销售、服务已具备成功的把握，企业可能希望组建自己的销售队伍，扩大生产线、增强其研究发展的后劲，进一步开拓市场，或拓展其生产能力或服务能力。这一阶段，企业逐步形成经济规模，开始达到市场占有率目标，此时成功率已接近 70%，企业开始考虑上市计划。

这一阶段的融资活动又称作 Mezzanine，在英文里的意思是"底楼与二楼之间的夹层楼面"。可以把它理解为"承上启下"的资金，是拓展资金或是公开上市前的拓展资金。这一阶段意味着企业介于创业投资和股票市场投资之间。这一阶段的创业投资通常有两个目的。

①基于以前的业绩，风险性大大降低。企业的管理与运作基本到位。企业已具有一定的业绩，使风险显著降低。

②一两年以后便可迅速成长壮大走向成熟。这个阶段之所以对创业投资家有一定的吸引力，是因为企业能够很快成熟，并接近达到公开上市的水平。如果企业有这种意向，在这一阶段介入的创业投资，将会帮助其完成进入公开上市的飞跃。公开上市后创业投资家便完成了自己的使命从而撤出企业。因此，"承上启下"阶段的投资对创业投资家来讲可以"快进、快出"，流动性较强。

这一阶段的资金需求量更大。比较保守或规模较大的创业投资机构往往希望在这一阶段提供创业资本。在股本金增加的同时，企业还可争取各种形式的资金，包括私募资金、有担保的负债，或无担保的可转换债券，以及优先股等。

2018 年，拿到阿里融资后，重金押宝热门电视综艺，让小红书和它的"标记我的生活"也被用户熟知。2017 年 6 月，小红书用 4 年的时间积累 5 000 万用户，但是 2018 年 4 月翻番至 1 个亿。2019 年 11 月，小红书正式宣布入局直播电商，一些奢侈品大牌在小红书陆续开启直播，比如 LV 第一次以官方号直播合作平台就是在小红书，虽入局较晚，但是依靠高客单价、高转化和高复购率成为直播新的机会。

至此，小红书商业化收入模型已初步形成，20% 是电商，80% 是社区，电商主要靠福利社自营商城、品牌入驻和电商直播，社区主要靠广告商、靠品牌方投流来实现。这是"小红书"的扩张期。

（5）获利期（Profitable）。在获利期企业的销售收入高于支出，产生净收入，创业投资家开始考虑撤出。对于企业来讲，在这一阶段筹集资金的最佳方法之一是通过发行股票

上市。成功上市得到的资金一方面为企业发展增添了后劲，拓宽了运作的范围和规模；另一方面也为创业资本家的撤出创造了条件。创业投资家通常通过公开上市而撤出，但有时也通过并购方式撤出。

综上所述，创业投资一般主要投资于创建阶段、成长阶段和扩张阶段。规模较小、运作较为灵活的创业投资机构主要投资于前两个阶段；规模较大、相对保守的创业投资机构往往投资于后一个阶段。

伴随着商业化价值被市场接受，入驻的品牌也是持续增加，2020年7月，小红书在其未来品牌大会上公布，平台已有超过3万个品牌入驻，同比增长83%；到2020年年底已涨至近8万，其中入驻的国货品牌数达4.5万个。2020年全年，用户对国货品牌的搜索次数超过7亿次，总讨论量达28亿次，讨论量同比增长超100%。2023年，小红书的MAU（月活跃用户人数）已经达2.6亿，平台价值显而易见。这是"小红书"的获利期。

📽 案例导入

王小卤的"创"与"闯"

2016年诞生的王小卤，是做猪蹄起家的。卤猪蹄味道虽好，但在大众认知里偏油腻，而且相对于禽类卤味能够嚼骨嗦味儿，缺了一些互动感。在新消费不断发展的情况下，王小卤果断将赛道切换到虎皮凤爪。彼时虎皮凤爪还是一个小众单品，拥有一股闯劲的王小卤迅速成为一匹黑马。

选对了赛道和产品固然重要，如何让更多消费者"知道"，也是要解决的关键问题。零食的本质是快乐，王小卤作为卤味零食品牌，认为"有趣"的品牌调性、品牌形象，是与竞争对手最大的差异。一直以来，王小卤通过多种多样的营销来塑造和传递"有趣"。其中，最有代表性的作品是坚持做了3年的一系列创意视频，洞察深刻却通过无厘头风格传递产品特点、市场地位，这也是王小卤给卤味市场带来的重要创新。

春节消费季是每个消费品牌必争的"战场"。春节档的营销，也会极大地影响品牌的全年销售。作为王小卤最重要、最有代表性的品牌资产之一，王小卤在这个春节档延续往年搞笑短片系列广告风格，大开想象力脑洞，推出4支无厘头创意视频，以趣味内容反复传达春节就买王小卤的信息。此次，王小卤希望将葫芦娃故事中具备国民辨识度的情节、人物作为创意着力点，引发大家对王小卤新年葫芦娃限定礼盒——福禄抓财手礼盒的关注。

事实上，从2020年做创意视频开始，王小卤每年都持续通过不同的创意广告，向消费者传递快乐，获得消费者的喜爱，广告中"好吃到炸""好吃到上天"等趣味梗至今还广为流传。此外，王小卤也通过与经典国民动画IP《葫芦兄弟》联名、国民游戏IP和平精英跨界联名，与喜茶、滴滴出行、高德地图异业合作，通过有趣又有料的互动和营销，强化"有趣"人设，抢占消费者心智，让消费者想到这个品牌时就感到快乐。3年时间，"有趣"成为众多消费者对王小卤的第一印象。

销售额从 2 000 万元到 2 亿元，从 2 亿元到 8 亿元，王小卤在过去 3 年多时间里，实现了业绩的高速增长。2022 年 3 月，国际调研机构欧睿对虎皮凤爪品类进行的市场全局调研，经交叉验证与专家访谈后得出结论，王小卤连续 3 年位列全国虎皮凤爪销售额第一。2022 年双十一，王小卤拿下"天猫肉类零食第一""天猫连续 4 年鸡肉零食类目第一""抖音鸡肉零食第一"等多个第一的成绩。王小卤的发展方向也更加明确，从虎皮凤爪专家迈向国民凤爪，未来将成为百亿级国民卤味零食品牌。

（资料来源：年营收破十亿，王小卤的"创"与"闯"，新京报，2023.01.）

🔖 分析解读

作为新兴品牌，王小卤并没有走一些网红品牌的老路，坚信"好产品的原点在工厂"，自建工厂、研产一体成为王小卤重要的战略布局之一。回顾王小卤的崛起历程，一股闯劲、一份创新贯穿其中。以匠人之心，筑品质之基；以创新之桨，扬品牌之帆。王小卤聚焦和深耕产品、品牌、渠道 3 大核心战场，坚持为消费者带来快乐、好吃的卤味零食，做好中国卤味的传播者和传承者，坚定地迈向国民品牌。

（四）创业需谨慎

创业不是心血来潮去做一件事，创业也不是失业了就想做点什么。因为创业是一件非常辛苦的事情，创业是漫长的马拉松，如果创业者没有选择自己感兴趣的行业是坚持不下去的，如果创业者没有足够的资金来源也是支撑不了多长时间的。赚钱有一个过程，如果你想通过创业来补贴家用，准备通过创业赚的钱来支付下个月的房租，那么创业真的不适合你。

1. 创业是一种冒险，却又是最安全的

人一旦开始创业，就失去了稳定的收入来源，要独自面对难以预测的市场风险。在创业初期，无论是从资金、客户、人力上来说，都处在极不稳定的状态。于是，人们自然而然地认为创业是一项高风险的活动。从结果来看，一旦创业成功，所取得的收益会是数千倍、数万倍，本着高风险、高收益的原则，创业自然会被认为是高风险的投资理财行为。

不过，仅仅看到创业的风险而不敢尝试更不足取。都说创业有风险，难道职场就没有风险了吗？投资就没有风险了吗？

创业表面上来看有风险，但是一个人在创业过程中积累的能力、经验及市场感觉都能让他受益终生。创过业的人假如重新回到打工位置一般也能做得很好。这样看来，创业反倒是最安全的。因为直面过残酷市场环境的考验，一般的风险已经能够承受了。

2. 创业需要规划，但不能被规划束缚

创业既然属于广义的理财范畴，必然也是与人生规划联系在一起。什么时候创业，创业做什么，怎么做等，创业者在创业开始之前都有一个大致的规划，我们也很赞同"不打无准备之仗"，如果能把模式、客户、市场、利润都提前计划好当然是最好的。不过创业既

然是要开创新的事业，就无法做到按部就班，这就是它与其他的理财活动的重要差别之一。

创业最忌讳的就是先设定一个理想化的目标，然后在执行过程中不顾现实情况，一味地朝这个目标前进却不知变通，甚至连生存都保证不了，到最后还怨天尤人。

对创业者有3句忠告：说了就要做，做了就要坚持，还有一句最重要就是先保证自己还活着。创业者一般都是理想主义者，但理想和现实的差距很大，即使有再好的创意、再缜密的思维，也不可能规划出整个创业过程，所以能随时地积极应对变化和挑战是创业者必备的素质。

3. 创业是勇敢者的游戏

谁都不会否认创业需要勇气和激情，毕竟要独自面对无法预知的市场风险。但对于创业这种勇敢者的游戏，最后的赢家往往是谨小慎微的人。

创业最容易失败的时候不是在起步之初。大多数人在创业之初的时候都有一定的资金、渠道或客户储备，所以立刻夭折的可能性不大。但随着事业发展或者原地踏步，就面临着两种风险：一种是盲目扩张，而管理、服务跟不上，导致资金链越来越紧张；另一种是安于现状，脚步跟不上市场变化，最终被市场淘汰。这两种风险都源于缺乏对市场的敬畏之心，不够谨慎、有勇无谋。很多成功的企业家形容自己日常的状态是如履薄冰，比尔·盖茨曾一度强调微软离破产只有18个月，看来谨小慎微与勇于尝试共同融合在创业者的基因里。

4. 打不好工的人也创不好业

有些人选择创业的原因是想摆脱办公室的束缚，不再受制于人。创业确实可以赢得一定的自由空间，不过如果将此作为创业的首要目标，那就谬以千里了。创业者看似自由，实则最不自由。他要替客户着想、为员工负责、受市场制约，甚至看投资人脸色，告别了朝九晚五的枯燥生活，却陷入时刻殚精竭虑的状态。所以说，创业者虽然不再为老板打工，但时时在为市场、客户、员工打工。如果你不是一个好的打工者，或者说在曾经的职业生涯中没有过成功的经历，在职场中缺乏老板思维，那么也很难成功创业。

案例导入

中国人自己的咖啡

林浩说："中国平均每人每年消费咖啡的杯数是15杯左右，而日本大约为500杯，韩国、美国大约为400杯。"隔田川的使命是"做中国人的口粮咖啡"。隔田川希望"让每个中国人都喝到健康平价的好咖啡"。

林浩，已经创业15年，爱好咖啡、摄影、读书、旅游和科技，而咖啡变成了自己的事业。"隔田川"这个名字来自林浩的一次经历。有一次，他跟同学去看隔田川的花火大会，被那美好的场景震撼到了，赋予了他拼搏的动力。

自创业以来，隔田川经历了3个阶段。2009年前后，在国内喝一杯美式咖啡并非一件容易的事。因此，林浩决定将挂耳咖啡带回国内，并在2009年年初推出淘宝店，其中卖的第一个品类就是挂耳咖啡。

从 2009 年到 2014 年，林浩一直充当着食品贸易商或代购商的角色，进行咖啡品类的销售。2014 年，他们的挂耳咖啡销量已经突破 100 万包。通过比对当年的天猫销售榜，发现了挂耳咖啡的市场空间。于是，团队决定在 2015 年创立隔田川咖啡。

截至 2022 年，隔田川累计卖出 10 亿包咖啡，并在 2022 年建成了全球最大的挂耳咖啡工厂。未来，隔田川将持续进行产品创新与产业引领，不断推动中国咖啡行业的发展。

"做中国人的口粮咖啡"，这是隔田川长久以来的使命。事实上，在现代的城市生活中，咖啡已经成为一种快消品与必需品。与传统的三合一咖啡相比，隔田川黑咖啡的添加剂基本为零，它相对健康与平价，拥有极致的性价比。而他们的愿景，是让每个中国人都喝到健康平价的好咖啡。

（资料来源：隔田川咖啡创始人林浩：学了马斯克的"一"，我卖了 10 亿杯咖啡，混沌学园官方，2023.06.）

📚 分析解读

隔田川的品牌发展经历了 3 个关键时期。首先是 2009 年到 2014 年的创业期，那时隔田川的"一"，是"活下来"，击穿的是性价比；其次是 2015 年到 2018 年的发展蓄势期。顺应品牌与跨境的大势，隔田川致力于打造品牌、提升势能、击穿品牌力；最后是 2019 年至今的快速成长期，隔田川不断加强组织管理，在保持一定公司规模的同时，打造更灵活敏捷的团队组织。对外，隔田川致力于输出价值力，专注于咖啡市场的普及。回顾隔田川品牌发展的 3 个关键时期，最重要的是顺势而为、单点突破，在事业上倾注更多的热爱与专心，唯有如此方可成功。

二、知识型创业

党的二十大报告指出，中国式现代化是全体人民共同富裕的现代化。促进知识中产群体扩大再生产是社会高质量发展的战略要求。我国有众多高校、科研院所，有大批具备较高文化素质，具备较强研发能力、市场运营能力和知识的教师和研究人员，更容易成为知识型创业者。知识创业促进知识中产群体扩大再生产，对经济社会高质量发展和共同富裕具有重要战略意义。

知识创业是指以知识创新、生产为主要特征，依靠知识、技术开创新事业，创办新企业，实现其潜在价值的过程。知识创业包含创办知识企业（或开展新业务）—知识创新—知识生产—知识营销—知识资本化—再次知识创新等一系列知识创业活动过程。大学已形成新的支持机制、培训和教育途径。大学能提供更多知识和技术，提供良好环境，支持学生发展创业能力和创办新企业。

知识创业的特点在于利用知识、技术和智慧创办新企业或开创新的行业、新的市场，

关键在于一个"创"字。中国已进入知识型社会，推动知识中产群体建设是社会高质量发展应有之义，加强知识创业领域研究成为近年国内学界关注的热点。

（一）立足于经济社会高质量发展开展研究

党中央、国务院已做出实现共同富裕的战略决策。"扩中""提低"是实现全社会共同富裕的有效手段。"扩中"主要聚焦于两类群体：一是公司白领群体内创业或岗位创业研究；二是高校科研院所的教师和科研人员专业创业研究。如何激发这两类群体扩大再生产是未来知识创业研究的重点方向。"提低"层面，创业教育具有全纳性，针对特定低收入群体的技能创业培训是知识创业研究关注的问题之一。

（二）知识产权与创业行为的关系是研究重点

知识产权是知识密集型中小企业和知识创业者进行智力产品生产中不容忽视的部分，是撬动市场、促进产业发展的核心竞争力所在。国际经验表明，知识产权对知识初创团队和中小企业发展至关重要。知识产权保护在促进跨国创业中的作用、初创企业技术竞争壁垒与知识产权保护的关系、知识产权现代治理对知识创业的影响、大学生尤其是理工科类大学生创业者的知识产权意识培养等方向，是知识创业亟待深入研究的领域。

（三）数字创业及数字创业教育成为新热点

全球经济数字化转型是大势所趋，数字化已影响社会方方面面，依靠专业知识与新兴技术，推动产业数字化创业和数字产业创业，聚焦精细化、专业化细分领域的创业，是未来知识创业研究关注的热点，也是对国家全面推动数字化改革的积极呼应。当前，部分高校已开设数字创新创业实验班，设置数字化与数字经济方向课程，但数字创业教育研究方面还比较薄弱。

（四）推动大学生知识创业教育深度发展

国内高校大学生创业教育体系已比较成熟，创新创业型人才培养模式丰富多样、成果斐然，但从创业教育内涵看，专业教育与创业教育融合还不够深入，是制约大学生知识创业教育教学改革的重要因素。专创融合是知识创业教育的永恒话题，如何通过系统重塑与设计，推进知识创业教育理念、文化、技能、氛围等与专业教育理念和体系相辅相成、全面融合，是知识创业研究面临的重要问题。开展研究过程中可引入知识溢出理论、创业吸收能力理论、开放式创新理论、内生增长理论、利益相关者理论等，从多元化视角推动大学生知识创业教育研究向深度发展。

三、创业的意义

创业活动对于国家和社会来说都具有非常巨大的意义，可以带动就业、激发创新、保证社会的安定团结，也可以促进行业的发展与融合，催生新的思维及产业，同时又可以保证创业者自我价值的凸显。

（一）保证社会稳定

创业活动带有鲜明的开创性，它往往能够激发出一些新思维或概念。其创新性能够促进社会经济的增长。目前，中国经济结构调整的重点是发展高技术产业，对于新创办企业的引导也是倾向于高科技或升级型产业领域，在不久的将来，大量成功的创业企业必然为社会经济注入新的活力，从而促进社会生产力的整体提升。同时，创业还能为社会扩大就业渠道，缓解就业压力，进而维护社会的安定和团结。

（二）促进行业发展

创业活动能够提升社会整体的创新意识，促进现有行业的成长、升级，甚至对某些行业进行融合、改变，以催生出全新的商业领域。

例如，1976 年成立的苹果公司用它的创新精神打造了个人计算机（PC）、数字音乐（iTunes）、移动商业体系（App Store）、流行科技产品（iPod、iMac、iTouch、iPhone、iPad）等几大核心业务，缔造了前所未有的 IT 帝国。苹果手机的成功不单单是因为它创造了巨大的财富，更在于它推动了全球 IT 及相关产业的发展。对于这一点，中国的智能手机开发商可谓深有体会。2009 年苹果手机正式进入中国市场，而这一产品的进入可以说是给了当时中国的手机开发商当头一棒，让之前一直宣称自己在做智能手机的手机开发商开始反思。很快，以黄章和雷军为代表的中国企业家开始认真思考"如何做好中国自己的智能手机"一题，并迅速展开行动，研发、测试、包装、推出各自的智能手机产品。后来魅族和小米在中国智能手机排行榜上都有了各自稳定的地位，这一成绩要感谢苹果当年的"刺激"。因此，创业对于行业或市场的刺激是强烈的，而这一刺激正是促进行业成长、成熟的关键力量。

（三）提升个人能力

创业活动不仅可以推动社会的发展，促进行业的升级，还可以提升创业者个人的综合素质，实现创业者的人生价值。

🔊 **拓展案例 1**

用"简单"的方式打磨用户喜爱的产品

小仙炖鲜炖燕窝，就是一个从传统赛道成功突围的品牌。从 2014 年创立到现在，它把鲜炖燕窝从一个行业认知里"费力不讨好"的生意，打造成了受资本青睐的一个创新品类。获得 CMC 资本、IDG 资本、正心谷、洪泰基金、广发信德等知名机构的投资，成为天猫首位破亿的滋补品牌。它所主打的鲜炖燕窝套餐，通过定期定

量的冷链配送鲜炖成品的方式，充分解决了顾客没时间炖煮燕窝的难题，同时还提供滋补顾问服务，让养生变得更科学。另外，小仙炖还提供鲜炖燕窝礼盒和礼品卡，产品价格相对透明，联名款礼盒的产品设计，创新了燕窝的展现模式，也提升了品牌档次。

创始人林小仙曾说过："我认为其实做事或做人都一样，并不需要复杂。然而做到简洁呈现是需要智慧，并且需要纯真的坚守，同时也需要有大量的知识和经历。这些东西，能够让你更通透地面对复杂的人和事，很多事情也会因你而简单。"

四、创业相关政策

随着信息经济、知识经济向智慧经济的转型，创业也在不断地转型和变化。在经历了20世纪80年代改革开放初期"个体户"式的创业热潮、20世纪90年代末互联网泡沫中各式各样"网络精英"式的创业热潮后，如今又迎来了"大众创业、万众创新"的热潮。国家围绕稳增长、调结构、促就业出台了一系列政策，为中小型企业创新发展提供了广阔的空间，为大学生创业者提供低成本、便利化、开放式的资源共享空间和创新创业条件，为大学生创业提供了良好的政策支持。

（一）大众创业、万众创新

1. "大众创业、万众创新"的提出

"大众创业、万众创新"的出现不是偶然现象，是历史和国家发展的必然举措。从国际层面来看，各发达国家在知识产权、税收政策、人才流动、成果转化、资金扶持等方面逐渐建立起较为完善的体系，能够为新兴企业的发展提供各种服务，这就为广大创业者提供了便利条件和大力保障。改革开放以来，我国出现了3次创业浪潮，都在很大程度上推动了中国经济的发展，也使中国同其他国家的经济往来出现了一定的良性互动。在新时代，随着国际局势的变化，我国的经济也需要不断进行创新，并在更加严峻的国际局势中不断发展壮大。随着全面深化改革开放和创新驱动发展战略的实施，我国已经从传统产业发展中逐渐走了出来，进入了新的常态，但同时也存在着劳动力成本、土地成本、环境成本等要素成本上升的严峻状况，迫使我们必须转变发展方式，走上产业升级之路。此外，人们的消费观和消费形式也在不断发生改变，催生了一些新产品、新技术、新服务，草根创业、创客、众创空间等新形式不断涌现，这就要求政府要重新对待当前的发展需要，从国家层面对创新创业做出统筹，引导更多的市场主体加快创新步伐，推动国民经济的健康快速发展。

在2014年9月夏季达沃斯论坛上，李克强总理发出"大众创业、万众创新"的号召。李克强总理在2015年的《政府工作报告》中，38次提到"创新"、13次提到"创业"、

2 次专门提到"大众创业、万众创新",并指出要把"大众创业、万众创新"打造成推动中国经济继续前行的"双引擎"之一。同年，将每年举办"全国大众创业万众创新活动周"，首届活动周时间为 2015 年 10 月 19 日至 23 日，主题为"创业创新——汇聚发展新动能"。2022 年 9 月 15 日，"全国大众创业万众创新活动周"的主题为"创新增动能，创业促就业"。2023 年政府工作报告指出：过去 5 年，连续举办 8 届全国双创活动周、超过 5.2 亿人次参与。

2. "大众创业、万众创新"的内涵

（1）个体层面的创业创新。首先，每一个具备劳动能力、在具体岗位工作的公民，都面临创业任务、创新机会，都要在各自的生产、科研、服务等领域创出一番事业，都要用创新的理念、思维、方法、手段提升自己的工作业绩与绩效。其次，具有创办企业欲望和能力的公民，自己或者联合他人创办企业主体。在企业经营过程中，需要经营理念、融资方式、技术工艺、商业模式、营销方式、企业战略等方面的创新。只有每一个劳动者具备了持续学习、敢于创业、勇于创新的理念和行动，才能够在获得应有劳动报酬、物质财富的同时，实现精神追求和自身价值，也才能有真正的获得感、幸福感。

（2）企业层面的创业创新。企业层面的创业创新不仅是指民营小微企业的创业创新，还包括国有大型企业、中外合资等各类企业以及企业化运营的科研院所等市场主体的创业创新；不仅是指新创立企业的创业，还包括已存在企业的创业创新。实际上，对市场主体和研发机构来讲，创业创新永无止境、永远在路上，只有这样才能基业长青、活力永存！企业需要为每一位员工搭建创业平台、提供创新条件，这样才能不断提升企业竞争力、富有发展力。

（3）园区层面的创业创新。"园区"是改革开放、创新发展的产物，也是我国经济社会发展的重要力量与组织形态。园区组织主要包括各级各类经济技术开发区、高新技术产业开发区，也包括近几年发展起来的不同级别的新区、产业园、功能区、示范区、基地等。不管是早期的经济开发区、高新区，还是后期的产业园、功能区、示范区，都始终面临着以创新促进发展、以创业推动跨越的历史使命。

（4）机关层面的创业创新。各级各部门都有创新创业的任务和使命，都需要结合自身职能和领域，通过发展理念、发展规划、公共管理、公共政策、服务方式、服务手段等方面的持续创新，不断提高工作效率、服务质量、服务水平，科学引领经济建设、政治建设、社会建设、文化建设和生态文明建设，有效促进各项事业健康发展，不断满足人民群众新期待，让人民过上更加幸福的生活。从这个角度讲，各级党政机关的创业创新任务更加繁重。

要按照党中央、国务院决策部署，努力营造更好的创新创业生态环境，帮助创业者实施才华、建功立业，为稳增长、促改革、调结构、惠民生增添不竭动力。

3. "大众创业、万众创新"的发展

为贯彻落实《国务院关于大力推进大众创业万众创新若干政策措施的意见》（国发〔2015〕32 号）有关精神，共同推进大众创业、万众创新蓬勃发展，2015 年 8 月 15 日，

《国务院办公厅关于同意建立推进大众创业万众创新部际联席会议制度的函》（国办函〔2015〕90号）提出，国务院同意建立由发展改革委牵头的推进大众创业、万众创新部际联席会议制度。联席会议不刻制印章，不正式行文，请按照国务院有关文件精神，认真组织开展工作。

2016年5月国务院办公厅印发《关于建设大众创业万众创新示范基地的实施意见》（以下简称《意见》），系统部署双创示范基地建设工作。《意见》指出，为在更大范围、更高层次、更深程度上推进大众创业万众创新，加快发展新经济、培育发展新动能、打造发展新引擎，按照政府引导、市场主导、问题导向、创新模式的原则，加快建设一批高水平的双创示范基地，扶持一批双创支撑平台，突破一批阻碍双创发展的政策障碍，形成一批可复制可推广的双创模式和典型经验。《意见》强调，要支持双创示范基地探索创新、先行先试，在拓宽市场主体发展空间、强化知识产权保护、加速科技成果转化、加大财税支持力度、促进创业创新人才流动、加强协同创新和加大开放共享等方面改革力度，激发体制活力和内生动力，营造良好的创业创新生态和政策环境。

《意见》明确指出，要以促进创新型初创企业发展为抓手，以构建双创支撑平台为载体，分类推进双创示范基地建设，并提出了各类示范基地的建设目标和建设重点：一是区域示范基地要以创业创新资源集聚区域为重点和抓手，重点推进服务型政府建设，完善双创政策措施，扩大创业投资来源，构建创业创新生态，加强双创文化建设。二是高校和科研院所示范基地要充分挖掘人力和技术资源，促进人才优势、科技优势转化为产业优势和经济优势，重点完善创业人才培养和流动机制，加速科技成果转化，构建大学生创业支持体系，建立健全双创支撑服务体系。三是企业示范基地要发挥创新能力突出、创业氛围浓厚、资源整合能力强的领军企业核心作用，重点构建适合创业创新的企业管理体系，激发企业员工创造力，拓展创业创新投融资渠道，开放企业创业创新资源。

创新2.0时代推动了创客的发展，用户的创新涌现及其协同创新、开放创新新发展进一步推动了大众创新，为"大众创业、万众创新"提供了丰厚的土壤。没有社会创新提供的动力源泉、众创文化的土壤和开放众创空间创新生态的培育，"大众创业、万众创新"以及众创空间的发展只能成为无源之水、无本之木，这是国际化经验给我国的启示。中国双创的蓬勃发展及体验、试验、检验"三验"众创机制与众创平台的探索和完善是持续推进众创的关键，是以城域开放众创空间推进创新2.0时代智慧城市建设的新探索，是国际化经验、中国本土化实践的新发展。把握创新2.0时代的协同创新发展机遇，通过"三验"众创机制建设，培育众创文化和创新生态，可以促进从创客到众创的发展，推动创客运动及"大众创业、万众创新"的可持续发展，这是中国经验的国际化贡献。

在创新驱动发展战略的指引下，创新创业给经济带来了新的增长点，成为推动经济发展的新引擎。推进"大众创业、万众创新"，是发展的动力之源，也是富民之道、公平之计、强国之策。截至2021年6月，我国针对创新创业的主要环节和关键领域陆续推出了102项税收优惠政策措施，覆盖企业整个生命周期。为营造良好的科技创新税收环境，促进企业快速健康成长，国家出台了一系列税收优惠政策，帮助企业不断增强转型升级的动力。2017 年 7 月 27 日,《国务院关于强化实施创新驱动发展战略进一步推进大众创业万众创新深入发展的意见》(国发〔2017〕37 号)发布,强调要进一步优化创新创业的生态环境,进一步拓展创新创业的覆盖广度,着力推动创新创业群体更加多元,发挥大企业、科研院所和高等院校的领军作用;进一步提升创新创业的科技内涵,着力激发专业技术人才、高技能人才等的创造潜能,强化基础研究和应用技术研究的有机衔接,有效促进创新型创业蓬勃发展;进一步增强创新创业的发展实效,着力推进创新创业与实体经济发展深度融合,结合"互联网+"等重大举措,有效促进新技术、新业态、新模式加快发展和产业结构优化升级。

◀)) 拓展案例 2

小红枣大产业

在位于河南省新郑市的"好想你"红枣博物馆里,一台看起来很像缝纫机的半自动化去核机颇有历史感。它是"好想你"健康食品股份有限公司的创业信物,在成立初期由董事长石聚彬自主发明,正是凭借它,"好想你"赚取了第一桶金。经过 29 年的创新发展,如今"好想你"市值超 40 亿元,获取了近 200 项专利。

"创业,特别是草根阶层的创业,就得敢于想象,善于玩花样、搞创新。"被问及如何看待创业与创新,公司副总裁石训说。石训带领企业打造"一县一品"农业产业工程,以"红枣+锁鲜食品"推动大健康产业发展。"好想你"以枣为媒,以产业为支撑,通过标准化、规范化种植推广到新疆,带动 6 万新郑人技术援疆、百名工作人员驻扎新疆,成就新疆 1 000 万亩红枣基地建设,带动新疆 3 000 多人就业,培训乡村干部及当地枣农超过 10 000 人。红枣经济还带动了当地旅游、宾馆服务等产业的发展,带动了当地多个县市经济的崛起和转型。

◀)) 拓展案例 3

引才聚才的强磁场

"2014 年,科大讯飞开放平台只有 5.5 万开发者,而今天这个数字是 352 万,仅去年一年就新增了 121 万。没有'众'的力量,怎会迸发'创'的生命力!"。作为国内首家在校大学生创业的上市公司,借力双创东风,科大讯飞在近 10 年实现了跨越式发展。

作为技术创新型企业,科大讯飞坚持源头核心技术创新,多次在语音识别、语音合成、机器翻译、图文识别、图像理解、阅读理解、机器推理等各项国际评测中取得佳绩。两次荣获"国家科技进步奖"及中国信息产业自主创新荣誉"信息产业重大技术发明奖",被任命为中文语音交互技术标准工作组组长单位,牵头制定中文语音技术标准。

（二）大学生创业政策

大学生是创业的重要群体，国家非常重视大学生创业工程的推进，自2000年开始相继出台了多项政策鼓励大学生创业。

大学生创业政策

2000年1月教育部出台的关于大学生、研究生（包括硕士、博士研究生）可以休学保留学籍创办高新技术企业的政策。

2003年，国务院有关部门发布了《关于切实落实2003年普通高等学校毕业生从事个体经营有关收费优惠政策的通知》。该通知规定，凡2003年应届高校毕业生从事个体经营的，除国家限制的行业（包括建筑业、娱乐业以及广告业、桑拿、按摩、网吧、氧吧等）外，工商部门批准其自经营之日起一年内免交登记类和管理类的各项行政事业性收费。

2006年1月，为进一步鼓励高校毕业生从事个体经营，财政部和国家发改委下发了《关于对从事个体经营的下岗失业人员和高校毕业生实行收费优惠政策的通知》。该通知明确规定，从事个体经营的下岗失业人员、高校毕业生免交工商部门收取的个体工商户注册登记费等管理类收费项目。

2009年1月19日，国务院办公厅下发《关于进一步加强普通高等学校毕业生就业工作的通知》，再次提出多项积极就业政策鼓励毕业生创业。促进高校毕业生创业问题被提高了一个前所未有的高度。

2021年10月12日，国务院办公厅印发《关于进一步支持大学生创新创业的指导意见》，指出大学生是"大众创业、万众创新"的生力军，支持大学生创新创业具有重要意义，坚持创新引领创业、创业带动就业，提升人力资源素质，实现大学生更加充分更高质量就业。

支持高校毕业生等青年就业创业有关政策清单

2023年，人力资源和社会保障部聚焦青年求职创业需求，梳理和编写了《高校毕业生等青年就业创业政策汇编》，帮助广大青年和用人单位知晓政策、享受政策，更好地助力高校毕业生等青年就业创业。

1. 企业吸纳有激励

企业是高校毕业生就业的主渠道，中小微企业是高校毕业生就业的主阵地。企业招用毕业年度或离校2年内未就业高校毕业生、登记失业的16—24岁青年，可享受一次性吸纳就业补贴。小微企业招用离校2年内的未就业毕业生，可申请享受社会保险补贴。企业招用登记失业半年以上的高校毕业生，可予以定额依次扣减增值税、城市维护建设税、教育费附加、地方教育附加和企业所得税优惠。小微企业当年新招用高校毕业生等符合条件人员人数达到一定比例的，可申请最高不超过300万元的创业担保贷款，由财政按规定给予贴息。高校毕业生到中小微企业就业的，在职称评定、项目申请、荣誉申报时享受与国有企事业单位同类人员同等待遇。

2. 基层就业天地广

高校毕业生基层就业是其施展才华、成长成才的重要渠道。高校毕业生到基层就业，可享受学费补偿和助学贷款代偿，高定工资档次，放宽职称评审条件等政策。高校毕业生还可参加"三支一扶"计划（支教、支农、支医和帮扶乡村振兴）、农村教师"特岗计划"、大学生志愿服务西部计划等基层服务项目，服务期满后可享受考研加分、公务员定向招录、事业单位专项招聘等政策，符合条件的还可参照应届高校毕业生享受相关政策。

3. 自主创业有帮扶

高校毕业生富有想象力和激情，是创新创业的有生力量。近年来国家大力推进创业创新，为高校毕业生创业营造了良好环境。高校毕业生自主创业可参加创业培训，申请获得培训补贴；可得到资金支持，享受税收优惠政策，申请一次性创业补贴，申请最高20万元的创业担保贷款，由财政给予贴息，合伙创业的还可适当提高贷款额度；可在公共创业服务机构享受政策咨询、创业指导、资源对接等创业服务，政府投资开发的孵化基地等创业载体还会安排一定比例场地，免费向高校毕业生提供。此外，高校毕业生灵活就业的，可申请获得社会保险补贴。

4. 能力提升有培训

职业培训是增强高校毕业生就业创业能力的重要渠道。国家实施青年专项技能培训计划，高校毕业生可根据自身情况参加就业技能培训、新职业培训、岗位技能提升培训、企业新型学徒制培训、创业培训等，并按规定申请职业培训补贴。培训后通过初次职业技能鉴定并取得职业资格证书的，还可享受职业技能鉴定补贴。

5. 实践锻炼有见习

就业见习是帮助青年人积累实践经验、增强就业能力的重要手段。国家实施百万就业见习岗位募集计划，离校2年内未就业高校毕业生、16～24岁失业青年可参加3～12个月的就业见习，进行岗位实践锻炼，期间由见习单位给予基本生活费，办理人身意外伤害保险。吸纳见习的单位，可申请享受就业见习补贴，用于见习单位支付见习人员见习期间基本生活费、为见习人员办理人身意外伤害保险，以及对见习人员的指导管理费用。对见习期未满与高校毕业生签订劳动合同的，给予见习单位剩余期限见习补贴。

同时，各地政府也响应国家号召出台了各具特色的大学生创业扶植政策，鼓舞了大学生创业的积极性。对创业的大学生来说，用好用足优惠政策，创业之路会多些顺利。

青年强，则国家强。当代中国青年生逢其时，施展才干的舞台无比广阔，实现梦想的前景无比光明。在"大众创业、万众创新"的背景下，把握创新创业机遇、迎接创新创业挑战是大学生不可推卸的历史责任。

☀ 创业提示

创业教育不只是创办企业的教育，大学生的创业精神是可以在营销活动中培养的。正如好多成功的企业家是在实践中成长起来的一样，这种感悟式、体验式的教学方式，有助于学生更好地理解创业精神内涵。

❯ 任务实训

一、实训目的

认识"互联网+"与生活的息息相关。

二、实训内容

1. 列举3～5个手机中常用的 App，并说出他们的优点。

2. 说出自己家中的"互联网+"产品。

3. 列举3个"互联网+"时代给自己生活带来的改变。

❯ 拓展实训

战国时期各国之间战争不断。公元前265年，赵惠文王刚刚去世，赵国就遭到了秦国的猛烈进攻。被迫无奈，赵国只有向齐国求救。齐国国王尽管答应出兵相救，但是要求必须以掌握赵国大权的赵太后的小儿子长安君做人质。赵太后非常疼爱自己的小儿子，所以严词拒绝，并且发出命令，不准任何人再去劝谏。一天，左师触詟求见太后，太后知道他又是来劝说她用长安君做人质的，所以非常不高兴。触詟步履艰难地进入宫内，走到太后跟前，对太后说："老臣的脚有些毛病，行动不便，因此好久没能够来见您。我担心太后的身体不舒适，今天特地来看望。怎么样？您的饭量还行吧？"太后回答说："我每天只能吃粥过活。"触詟又说："我近来食欲也不太好，但我每天坚持散步，饭量才有所增加，身体也渐好。"听到触詟闭口不提人质的事情，赵太后的怒气和戒备心也就渐渐地消失了，两位老人便亲切地攀谈起来。

聊了一会儿，触詟又对太后说："我有个小儿子，最不成才，可是我偏偏最疼爱这个小儿子，恳求太后允许他到宫里当一名卫士。"太后赶紧问道："他几岁了"。触詟回答说："今年15岁。年纪虽然不大，可我想趁我还活着时托付给您。"太后听到触詟这些爱怜小儿子的话，似乎找到了感情上的慰藉，对触詟说："真想不到，你们男人也爱怜小儿子呀！"触詟说："恐怕比你们女人还要更胜一筹呢！"太后不服气地说："不会吧，还是女人更爱孩子"。

君臣二人谈到这里，触詟见时机已到，于是将话题慢慢地转到劝太后以小儿子做人质，以挽救赵国的命运这个主要话题上去。他对太后说："老臣以为您爱小儿子爱得还不够啊，远不如您爱女儿那样深。"太后并没有同意触詟的看法。触詟又继续解释说："父母爱孩子，必须为孩子做长远的打算。想当初，您送女儿嫁到燕国去的时候，虽然她为她的远离而伤心，您抱着她痛哭，但是又祷祝她不要返回来，希望她的子子孙孙相继在燕国当国王。您为她想得这么长远，这才是真正的爱啊。"然后触詟又接着往下说："您如今尽管赐给长安君好多土地、珠宝，如果不使他有功于赵国，您百年之后，长安君又将依靠谁呢？所以说，您对长安君并不是真正的爱护啊。"

左师触詟的一席话，至情至理，说得太后心服口服。太后心想，我现在可以给小儿子很多的土地和财富，但是这些并不是他自己挣来的，等我以后不在了，他对赵国没有任何功劳，那时可就真的会有麻烦了。想到这里，赵太后立即吩咐给长安君准备车马礼物、送他到齐国做人质，催促齐国马上出兵帮助赵国解围。齐国国王看到长安君果然作为人质来到自己这里，于是马上派兵援赵，两国共同联手击退了秦国的军队，赵国的危难终于得以解救。

思考：

1. 谈判能力对创新创业有什么帮助？

2. 如何能够提高自己的谈判能力？

任务二 大学生创业案例介绍

一、案例1

一个大学生2 500万粉丝的形成

大学毕业一年，他在抖音拥有2 000万粉丝。他说：方法论背后，别忘了，自己永远只是一个暂时优秀的人。

安秋金，专业法学，特长舞龙、自由搏击，大学毕业一年，从事短视频创作，知名美食博主——"贫穷料理"。刚毕业的法学生拍短视频，这是什么奇怪的混搭？简单地说，他现在用短视频教别人做菜，在全网有2 500万粉丝。

为什么是贫穷料理？

1. 为什么是贫穷？

贫穷这个词，官方解释是极度不足。在安秋金看来，贫穷不单单指没钱，而是一种极度不足的状态。像他一样刚毕业的大学生没有社会经验，是极度不足；一个人遇到困难没办法解决，是极度不足；为了在自己喜欢的城市有一席之地，每天努力打拼的人也是极度不足。

2. 为什么是料理？

安秋金说："我从小就喜欢看美食节目，其他小朋友都在看动画片，我边流口水边看美食节目，而且自己也喜欢动手去做。做饭对我来说是熟悉得不能再熟悉的事情，所以，我决定从美食内容创作开始。"

因为是创业公司，所以就起了"贫穷料理"这个名字，也是团队对未来美好的憧憬。一开始他们也确实没钱，拍摄条件很简陋，在租的公寓公共厨房拍了100多期视频。厦门

的夏天非常热，公共厨房没有空调，只有两个工业电风扇，噪声非常大也不敢开。所以每天开拍的那一刻，就浸泡在自己的汗水里了，衣服也只敢穿黑色。

3. 记得按时吃饭

看过"贫穷料理"视频的人都知道，其中有很多不一样的花样，唯一一句不变的话就是"记得按时吃饭"。为什么选择这句话？很多人都在外打拼，经常会接到爸爸妈妈的电话，儿子记得按时吃饭、女儿记得按时吃饭。但是在打拼状态下的我们，真的会经常忘记吃饭。忙的时候或者是工作压力很大的时候，你躺在床上面刷手机刷到一个小胖子说这句话，可能就会意识到，是不是需要停下来休息一下，好好吃顿饭了。

"贫穷料理"的初心就是陪伴和提醒这些人按时吃饭。

举个例子，内容就像一棵大树，由不同部位组装而成。

（1）树干：领域。开始做内容之前，一定要想好一个命题：围绕什么方向去做内容？是要选择美食、美妆、医美，还是纯电商？做内容是一件长久的事，如果你不感兴趣很快就会做到腻。所以一定要选好领域，领域就是内容，是大树的树干。好的内容永远源于生活。

（2）树枝：形式。确定领域之后，你要以什么形式作为载体，来传递和表达内容？这是需要延伸思考的东西。为了长久，形式最好是原创。如果是模仿，也要有自己的特色在里面，符合创作者的本身。

（3）树叶：人设和记忆点。接下来就要去添加树叶，也就是做好短视频的关键：人设和记忆点。

①人设。"人设"这个词近几年很火，顾名思义，是出镜人的人物设定。他的性格特征、生活习惯、生活方式等都可以称为人设。

人设一定要是正能量、讨人喜欢的，这是基础。最好的人设就是从视频里散发出来的人格魅力，而且需要你在内容中不断强化、突出、打磨。人设还是一个增强粉丝黏性很好的办法，能让粉丝把你当成朋友。

②记忆点。记忆点，文艺地说就是视觉上的一针见血，人们看视频一遍就可以记住的东西。它可以是一个动作、一句话、一个配饰、一个镜头，为的就是别人一眼看上去就可以记住你。

举个例子，比如安秋金的墨镜，就是他的记忆点，是不能摘除的东西。安秋金的Slogan"按时吃饭"，拍黑幕的时候穿的黑袍子，他的时尚发型，这些都是记忆点（图2-3）。

记忆点和人设就是内容大树的纹路和树叶，能不能让别人眼前一亮，全靠叶子的颜色能不能给别人视觉上面的冲击。

（4）肥料：频次。内容大树完整以后，需要用心地培养，而更新频率就是内容大树最好的肥料。在高强度的更新

图2-3 安秋金的记忆点

频率下，锻炼最多的人是创作者本身。全身心投入内容工作中，可以很快地成长，对创作者的抗压性也会有所锻炼。

如何克服瓶颈期综合征

一开始安秋金做的内容是说唱加美食，因为 2017 年是中国嘻哈元年，说唱文化广为人知。他本来就很喜欢嘻哈文化，所以当时就决定把美食和说唱结合在一起。但是很不幸，很快就迎来了自己的第一个瓶颈期，粉丝到了 50 万就开始不动了。当时年少轻狂，连续 72 天没有休息去拍摄，还是没有用。

直到有一次他看别人的美食视频，顿悟出来一个道理：我们华夏的美食，就应该用江湖气的感觉去叙述它。当时就拿上一件店小二的衣服，花十几块钱去扯了一块黑布，开启了江湖美食路线，一个晚上涨了 20 多万粉丝。但很快，又碰上了新一轮瓶颈。

在达到第二个瓶颈期的时候，他就开始做一件事情，死磕文案，拼命地去做笔记学习。在一个灵感爆发的夜晚，安秋金迅速地写出了一句话，把糖醋里脊料汁的配方变成了顺口溜：五番三糖两雪碧，一勺白醋镇天地，帮他渡过了第二个瓶颈期。

第三个瓶颈期，是否要走出去？在死磕文案的路上，一直涨到了 500 万粉丝。可是当时的内容始终是站在黑幕面前去说，延展性很差。所以他决定走出去，把去菜市场买菜的部分当成固定片头，来增加整个视频的创新感和真实感，也获得了粉丝们的喜爱。

通过创业初期到几次化险为夷，安秋金也提炼出了一些增长的方法论：不断积累，打增长基础；实时观察，寻找增长机会，一触即发；提前预知瓶颈期。

影响力可以用来做什么？

一路走来虽然艰辛，但还是迎来了属于自己的小成绩。这时安秋金一直在想，影响力对自己而言意味着什么，或者说，能用它来做什么？

特别的气候和好的生态环境，孕育出来的当地食材也绝对都是上好佳品。但是，因为交通发展的落后，他们没有办法让自己的产品有很好的销量，也没有办法扩大市场影响力——他想，这正是自己可以帮得上忙的地方。

他们就采取了用短视频推广带货和直播带货的形式，来帮助农产品销售。帮助那些不缺质量、不缺产量，但最缺销售量和销售渠道的好食材，被更多人关注。"贫穷料理"能够用影响力帮助这些农产品获得他们原来就应该有的销量，那也是值得自豪的事情。

我擅长，我喜欢，被需要

安秋金说："我从小就喜欢看美食节目，自己也擅长沟通和给大家做菜。所以在做短视频的过程中，把自己的兴趣和优势结合在了一起，坚持去做，总会逐渐发光。现在，我也越来越能感受到被粉丝们喜爱和需要。"

从一个迷茫迎接毕业、只知道打游戏的大学生，变成了一个严格要求自己每天工作

12个小时以上的人。从贫穷料理的初心出发，逐渐找到自己的使命，并在这个账号身上开始慢慢地生长起来。

"我擅长，我喜欢，被需要"——通过这个思维模型，大学生安秋金从"贫穷料理"的初心出发，找到了个人使命。

思考：

（1）安秋金的创业属于哪种类型的创业？他是如何解决自己创业瓶颈的？

（2）通过阅读，有哪些启示？请大家总结创业需要什么条件或素质？

二、案例2

"玩"出来的创业

黄恺，福建人，毕业于中国传媒大学游戏设计专业，是一名典型的大学生创业者。很多"80后"和"90后"乃至"00后"也许并不熟悉黄恺这个名字，却大多熟悉他所设计的那款风靡全国的桌面游戏——三国杀（图2-4）。

2012年一款桌面游戏——"三国杀"风靡全球，而这款游戏的创始人黄恺同年也一举进入《福布斯》中文版首度推出的"中美30位30岁以下创业者"的名单里，创造这份辉煌的奇迹，他只用了短短的6年。

图2-4　三国杀游戏

如果说"天分"这个概念真实存在的话，黄恺一定是有桌游天分的。10岁，在大多数男孩子还在外面灰头土脸疯跑疯玩的时候，黄恺已经开始自己做游戏了。因为父母是最早的一批知识分子，所以对黄恺管教很严，不让他玩电子游戏，甚至把他的漫画都封起来禁止他看。在硬件条件不足的情况下，黄恺自己做了很多桌面游戏。他在纸上画地图、画小人，在地图上打仗。这个游戏，他和周围几个比较铁的哥们从小学一直玩到初中。

上了高中，热爱游戏的黄恺就给自己定了个小计划：以后一定要考个和游戏相关的专业。直到高考时，他发现了传媒大学新设置的游戏专业。"就好像被提醒了一样，那个专业好像远远地告诉我，这就是我想要的，很宿命的感觉。"黄恺说。

大二的那年暑假，他在北京一家桌游吧里第一次接触到桌面游戏。桌游的世界，包罗万象，涉及的题材包括战争、贸易、文化、艺术、城市建设、历史甚至是电影。他非常感兴趣，但同时也有些困惑，当时大多数桌游是舶来品，背景和角色对于中国的大部分玩家来说非常陌生。能不能设计一款中国玩家的游戏呢？他产生创作的冲动，就此展开了大量的探索，开始尝试把游戏的角色替换成身边的人：熟悉的好友、同宿舍的兄弟，甚至在讲台上讲课的教师，并且量身定做了"独门绝技"。

当尝试创作到了一个阶段，黄恺又迸发出了另外一个奇思妙想：为什么不用富有浓郁中国色彩的三国时期的背景来设计呢？在"三国杀"的游戏里，可以充满各种可能性。

不到一年，黄恺就设计出了"三国杀"这款游戏。他的心思再次转动了：既然国外的桌游都能风生水起，那《三国杀》又何尝不可？于是他和另外两个朋友共同思索，最终，成立了一个工作室，然后把"三国杀"纸牌放在淘宝网上售卖。当时黄恺并没有意识到这款游戏能给中国桌游带来怎样大的震撼。他笑言："能赚点零花钱就好。"

焦急的等待后，当第一笔生意提示交易成功时，他兴奋不已。之后销量逐渐上升，半年内卖出了上百套。不过，黄恺并没有把卖卡牌当一项大生意来做，直到遇到以后他最好的合作伙伴——清华大学计算机专业博士生杜彬。

作为国内最早一批桌游爱好者，杜彬敏锐地察觉到"三国杀"的巨大商业潜力。他主动找到黄恺，两人一拍即合，决定成立一个桌游工作室，专门经营和开发桌游。2008年11月，国内首家桌游公司——北京游卡桌游文化发展有限公司（以下简称"游卡桌游公司"）正式成立。

为了赶在次年1月1日前出版"三国杀"的正式游戏，他和伙伴们连续4个月没日没夜地设计绘制卡片，为了将游戏制作得更有趣，同伴也常常争论得面红耳赤。那时候正值毕业，论文和毕业设计都是硬关，测试卡牌之余还要不停地在各个学校之间来回奔波，熬夜失眠更是家常便饭，但是他们都在努力坚持。

随着渠道的扩展和口口相传，玩"三国杀"的人越来越多。从创立时只有3个人、5万元的游卡桌游公司，到发展成为一家有上百人、资产过千万元的大公司。

如今"三国杀"的全球玩家已经超过1亿人次，手机平台下载用户超过3 000万，而自2010年起，"三国杀"每年的销量在200万套以上。

现在，他统领着一支数十人的游戏设计团队，没有了往日单干时的自由自在。但他依然乐此不疲，他说："'三国杀'成为中国的第一代桌游，是诸多因素叠加的结果。我的目标从来不是超越某个具体的产品，而是尽全力超越自己。"

思考：
（1）"玩"为什么能创业成功呢？
（2）通过案例，简述创新与创业的关系。

💡 **创业提示**

　　再长的路，一步步也能走完，再短的路，不迈开双脚也无法到达。

❯ **任务实训**

一、实训目的

　　在教师讲解案例的基础上，多探索创新创业的成功实例，并分析其成功的原因，更好地理解创业的意义。

二、实训要求

　　小组活动，4～6人一组，完成后小组分享。

三、实训内容

　　1.小组成员通过查阅资料，结合自己的生活、学习场景，准备一个大学生创新创业的成功案例，在班级分享并与小组成员进行讨论。

　　2.在成功案例的基础上，小组成员可针对身边相同产业的产品（如餐饮、服务、科技、农业、商贸等）进行诊断，提出改善建议。

任务三　创业竞赛简介

一、创业竞赛概述

（一）创业竞赛的概念

　　创业教育的概念最早源于麻省理工学院，之后美国的各大高校均掀起了开展创业教育的高潮。随着"大众创业、万众创新"成为国家战略，创业教育在我国也越来越受到重视。大学生创业教育强化了学生的创业意识，提高了学生的创业素质和综合创业技能。而创业教育的效果需要通过创业竞赛进行强化和检验。

　　创业竞赛是将理论知识与社会实践有力衔接在一起的平台。其采取的形式主要是将拥有着共同愿景的同学们组成一个创业团队，团队成员之间亲密合作、优势互补，并在指导教师的辅导下，撰写具有较高可行性的创业计划书，模拟创业企业的运作流程。大学生创业计划竞赛面向高等学校在校学生与满足一定条件的大学毕业生，以商业计划书评审、现场答辩等内容作为参赛项目的主要评价内容来评选出获奖选手。创业竞赛虽然不能完全地取代实践的作用，但是，可以在很大程度上对于大学生实践不足的现状加以改善。通过将创业竞赛与创业教育相结合，可以激发大学生的学习潜能，将所学理论知识运用于实践操作；还可以让大学生在比赛过程中，掌握创业团队组建、创业团队管理、创业计划书编写、创业企业运营、市场环境分析等多项技能，提高创业素质。

案例导入

让世界见证卫星互联网测量的中国力量

"在随后的 5 分钟里，请大家和我一起，把眼光投向太空。"一袭红衣，在白衬衫黑西服的人群中，尤为耀眼；冠军争夺赛的舞台上，仅有的一位女参赛选手，似乎就注定成为全场的焦点。经过最终打分，"星网测通"项目以 1 310 分之高，夺冠成功。项目负责人宋哲也成为"互联网+"大学生创新创业大赛举办以来的首位女冠军。

2008 年汶川地震，灾区大部分通信设施毁坏，救援人员肩扛通信设备的场景深深触动了当时正在做本科毕业设计的宋哲，她将毕业设计定位在了卫星互联网领域，解决更多通信问题。

"从 2014 年马斯克和星链项目横空出世，再到今年我国提出新基建，卫星互联网正在带领着人类大踏步地进入太空 WiFi 时代。"宋哲认为，测量就是给卫星做体检，是卫星互联网产业链的关键一环。

给卫星进行测量，说起来容易做起来难。卫星的轨道高度高达数万千米，会使星上的微小偏差被放大为地面覆盖区域的大幅偏离，而想要偏差小，就得测得准。"在准的基础上，卫星测量还要解决通信场景多，通用设备功能弱，测不了；测量流程长，设备效率低，测不快；产线规模大，设备售价高，测不起等问题。"为了解决这些问题，宋哲用了 12 年的时间。

以宋哲为主要完成人，项目团队发明了宽带链路测量仪，实现了 9 种调制模式的柔性测量，一台设备就能测数百个场景；发明的参数矩阵测量仪，实现了 109 个通道的全并行测量，效率提升 100 倍；还发明了十二分量模拟源，实现了 20 余种波形的低复杂度测量，为用户节省了 90% 的成本。

宋哲介绍，目前，"星网测通"的设备已可满足多个国家重大型号的研制急需，保障了神舟飞船宇航员和地面之间天地通话链路的畅通，保证了天通一号卫星能按时飞向太空，填补了北斗系统测量手段的空白，让卫星互联网测量的中国力量被世界所见证。

（资料来源：第六届"互联网+"双创大赛十大金奖案例合集，知乎，2022.05.）

香火相传——非遗香包文化传承与创新的引领者

徐州香包文化具有 2 600 年的历史，2008 年入选国家级非物质文化遗产。项目负责人

孙歌尧来自徐州市贾汪区马庄村，她的奶奶王秀英老人是当地有名的徐州香包代表性传承人，孙歌尧从小就跟随奶奶学习香包缝制技艺。

随着具有百年采煤史的贾汪区被列入全国资源枯竭区，马庄村的村民陷入"无地可种、无矿可挖"的生存困境，王秀英老人从2006年起就无偿将缝制香包的手艺传授给村民，带领大伙儿脱贫致富。

2017年习近平总书记来村里考察民生，买下王秀英老人缝制的香包并留下嘱托，希望小香包能成为大产业。当时还在上大学的孙歌尧，一直把总书记的嘱托牢记在心。在学校和教师的帮助下，她组建创新团队，立志要让小香包成为"文化记忆包"、成为"乡村富裕包"！为了解决徐州香包文化传承与创新的难题，团队对徐州香包进行公益传播和创新研发。非遗进校园在全国10所高校开展50多场讲座；对接武汉抗疫一线和其他地区，捐赠香包4000多个；与徐州技师学院共建人才基地，有计划地培养徐州香包传承人；依托母校非遗科研平台，持续制作的徐州香包课程，在各大媒体上线引发600万播放量；借助母校"非遗文创大赛"，不断扩充非遗香包图案素材库。

孙歌尧和奶奶在潘安湖景区开办了香包研习所，助力体验式非遗文化旅游，参加全国各类权威文化博览会等活动。非遗融合乡村文化旅游效应明显，累计吸引游客超过1000万人次。在家乡政府支持下，项目团队开展跨区域各级培训；扩建了4个村外加工基地，加入"贾汪香包合作联合社"；直接带动就业200多人，人均年收入6万元；形成原料采集、商品研发、加工定制、销售展示、非遗文旅、红色教育于一体的产业链间接带动就业超过3000人。

团队创建了徐州香包年轻化品牌——"歌尧"。针对生活场景，团队融合雅致生活美学和国潮风格，利用3000多原创图库，研发了五大系列、近百种新品；团队还专注工艺升级，独创了"3D打板＋明暗缲针"等6项软著；链接"景区体验店、线上直播带货、文旅展销会、企业和私人定制"四维销售体系。

2021年6月，孙歌尧创办了徐州针棒手工艺品有限公司，创建"歌尧香伴"微信公众号，搭建同好人群聚集平台；通过香伴云课堂传递香包文化、分享手工乐趣，并推出"歌尧研习"香包文化线下体验，为马庄"香包小镇"全域旅游做线上导流，实现微店与景区店铺同步新品发售。香溢千年，香火相传，非遗资源活化，只为打造乡村振兴文化创富"马庄模式"。

为提高技艺和创新款式，孙歌尧汲取传统文化精髓，融入时尚元素，并与知名手游合作。她独自一人来到南京，跟随中国发绣第一人周莹华学习"发绣"，并运用到香包制作中。建党100周年时，孙歌尧将发绣香包赠送给徐州文化馆。

（资料来源：巧手"绣"出振兴路 徐州香包"火"起来，江南时报，2023.06.）

📖 分析解读

这两个案例都来自全国"互联网＋"大学生创新创业大赛的获奖案例。借着全国大赛的平台，年轻人成为中国"双创"中坚力量。党的二十大报告指出，完善科技创新体系，坚持创新在我国现代化建设全局中的核心地位。健全新型举国体制，强化国家战略科技力量，提升国家创新体系整体效能，形成具有全球竞争力的开放创新生态。随着社会的创业创新氛围和条件不断完善提升，越来越多的年轻人投入创业创新，这也将为全社会的创新和发展带来巨大助力。

（二）参加创业竞赛的意义

在我国，"挑战杯""互联网+""梦想杯""移动杯"等赛事举办都已经获得非常好的成效；在海外，经典赛事也有许多，例如麻省理工学院100K大赛、纽约大学和哈佛大学的创业大赛等。无论是各个高校、各类企业，还是各级政府都对这些比赛投出了关注的目光。创业竞赛不仅能推动高校创业教育的进一步发展，还能对高校开展的创业教育成果进行有效检验。更重要的是创业竞赛能够提升大学生的综合创业能力，为社会培养更多、更好的创业人才。

1. 利用竞赛平台充分展示自我，增强创业自信，强化创业意识

创业竞赛往往会采取校赛、区域赛、国家赛等形式，层层选拔出优秀团队。在此过程中由于参与团队众多，作品数量也非常多。例如2015年5月到10月举办的"互联网+"大学生创新创业大赛中，全国参加大赛的高校就有1 878所，参加比赛的学生团队就有5.27万支，参赛作品数量超过3.6万，直接参与大赛的大学生超过20万人。

在这样的竞赛中，每个团队都必须将自身所掌握的理论知识和社会实践知识充分发挥出来，以便完成一个具有较强实战性的作品，才能脱颖而出。其中，年级高的大学生由于所掌握的知识较多，在某种程度上具有一定的优越性；部分年级低的大学生由于缺乏相关实践经历、缺乏软件操作、创业文案编写的学习经历，略显不利。但是在创业竞赛中，无论是年级高的学生还是年级低的学生，都尽力将所掌握的知识转化成实践，充分展示自己。对于任何人来说，只要尽心尽力地完成自己心中的作品都是一种成功，都会变得越来越自信，未来将会更加主动地投身到创业中去。

2. 通过竞赛展示，获得更好的发展资源

我们可以将创业竞赛比喻成一个全新的市场，这个市场上充斥着不同的市场主体，有各级政府，有创业竞赛的主办方，有参与的校方，有参与指导大赛的教师，有参加竞赛的大学生团队，有各类投资家等。其中最为重要的就是企业投资家和参赛的创新创业团队。投资家一方面充当创业大赛评委的角色；另一方面，投资家手中掌握着各类的创业资源，他们可以为创业企业提供资金支持，帮助创业者选择适合的项目、协助投资者拟订投资方案，并在运营过程中提供辅助。同时，风险投资家将在适当的时期，通过转让、上市等多种形式将自己的投资撤出企业。

在创业竞赛中，参赛的创业团队可以充分展示自己的作品，获取一定的知名度，也可以更吸引投资家的眼光，获取有利的人脉资源与资金支持，使作品变为现实。第一届"互联网+"大学生创新创业大赛中，就有投资家主动与项目负责人进行洽谈，有意向签约率高达31.8%。

3. 通过参加创业竞赛，培养大学生的创业分析能力

要想在创业竞赛中取得一定的成绩，要想将团队的创业设想转化为现实，那么参赛作品必须具有较强的可行性和盈利性。自然就要求参赛作品不仅拥有良好的创意，同时也要求创业团队能够准确分析创业环境。

好的开始是成功的一半，要获得创业的成功也必须要有好的创意。如何发现并把握好的创业机会，这就对创业竞赛的参赛选手提出了挑战。要想提出好的参赛构想，就要要求团队成员必须主动去发现市场上存在的消费痛点与消费盲点，激发消费者的潜在需求。发现了好的机会之后，团队成员还需要对这个创业机会进行分析。例如，这个创业机会的市场前景如何，创业机会存在的时间长度是否合理、创业团队能否在有限的时间内获取到利用这个机会的关键资源等。通过参加创业竞赛，学生逐渐掌握识别创业机会的能力，进而提出新颖的具有前瞻性与盈利性的创意。

创业团队为了保证参赛作品具有一定的可行性，还必须对创业环境进行分析。创业的大环境分析主要是围绕着自然环境、社会环境、经济环境、政治环境等多个方面展开的。例如，大学生在提出创业构想时，一定要了解所在地区与创业、创业构想内容相关的各项政策；认真分析创业企业所属或相关行业的发展现状；所在地区的创业融资难度；该地区可能产生哪些公共压力等。在参赛过程中，学生逐渐学会了对创业环境的分析能力，让大学生创业的成功率大大提升，减少了未来可能发生的创业风险。

4. 通过参加创业竞赛，培养大学生的创新能力

我国当代大学生多数是经历了 10 多年的死记硬背与题海战术才迈入大学的校门。而进入大学之后，大学的课程设置现状也多是以理论学习为主，实践教学较少；大学生所掌握的解决各类问题的方法也是理论方法多，实践操作方法少。这就导致了我国大学生的一个普遍现状：理论能力强，应用能力弱；考试能力强，实操能力弱；模仿能力强，创新能力弱。

随着"大众创业、万众创新"理念的提出与逐步推进，各大高校越来越重视发展创业教育。与此同时，创业竞赛也越来越引起关注，因为，其作为创业教育的实践教学载体，不仅能使学生真正做到理论联系实际，还可以培养大学生的创新思维、创新能力与实践能力。大学生创业团队在进行项目前期调研阶段必须以创新的视角发现消费盲点与消费痛点；大学生创业团队在解决问题的过程中，也必须用创新的思维提出与众不同的有效方法。

在过去的创业竞赛中，大学生创业团队提出的参赛项目中，多集中于医疗卫生、文化娱乐、物流服务等几个类别，而现在项目的覆盖率则越来越广。过去创业竞赛中，很多的参赛项目都是过去的旧项目或者是对旧项目的稍微修正。但是，现在竞赛中具有自身特征的项目越来越多，某项比赛中创新项目已经增至 15% 左右。大学生的创新主动性与创新能力在创业竞赛的过程中逐步增强。

5. 通过参加创业竞赛，培养大学生的团队协作能力

多数创业竞赛都要求学生组成创业团队参赛。所谓创业团队的定义不一。根据创业竞赛的经验，我们认为要组建一个创业团队需要满足一些基本的条件：第一，创业团队人数必须在两人以上（含两个人）；第二，创业团队中要有核心的且对团队有影响力的个人；第三，创业团队成员在知识、技能、背景等各个方面可以存在不同，以便形成优势互补，但是必须具有愿意为之奋斗的共同愿景；第四，创业团队成员可以变动，可以在特定时期招募新成员，也允许某些成员在一定条件下退出；第五，创业团队中每个成员都要承担创业相关的各类任务，并承担相应的责任等。只有组建一支优秀的创业团队，才能在创业竞赛中取得不俗的成绩。

在参赛的过程中，学生在指导教师的辅导下以团队的形式合作完成作品，在不断讨论中激发灵感，在不断实践中增进默契，最终使作品的质量不断提升。在这个过程中，学生的沟通能力和团队协作能力都会得到提升。与此同时，创业团队也要不断地向其他参赛团队学习，其眼界也会逐渐开拓。

大学生是未来国家的栋梁，应当重视自身创新意识及能力的培养。创新型国家建设需要全民族的共同努力，那么自主创新能力建设又是建立在创新教育、创新文化和创新体制的基础上的。教育作为创新能力主体——人才的培养基地，是一个国家创新战略成败的关键。

案例导入

听听金奖背后的故事

致力于结合史学和美学，兼顾知识与趣味，面向 4 ～ 12 岁的儿童打造原创博物馆文创 IP。项目团队作为轻资产原创设计开发者，通过与博物馆资源合作，创作设计以文博历史为主要内容的优秀儿童图书及文创产品。在第七届中国国际"互联网 +"大学生创新创业大赛上，"夏小满——文博历史新表达的创新者"（以下简称"夏小满"）项目一举斩获了全国金奖、最佳创意奖，而且以小组第一的成绩成功晋级全国三强排位赛。我们来听听团队成员说说金奖背后的故事。

问：你是如何接触到这个项目的，项目为什么叫夏小满？

答：因为小满是一个中国的传统节气，小得盈满，可以说是一种人生的态度。而且小满刚好是夏天的节气，所以我们的主人公就取了这样一个名字，也就是我们的 IP。希望我们的团队能像小满一样，永远元气满满！我个人一直对传统文化很感兴趣，之前知道朝画夕食工作室一直致力于传统文化的创新传播，觉得非常有意义，也有幸加入了工作室。在我看来，小满是中国传统文化的一个缩影，夏天的小满寓意着盈而未满，前行不止的谦卑和奋勇，这也是指引我们团队一直以来不断前行的动力。

问：对于文博历史和传统文化有什么思考或看法吗？

答：中国有着上下五千年悠久的历史，拥有灿烂的物质文明。但是历史的传统表现方式对于小朋友们来说其实是有点枯燥的，我们希望能够通过创新传统文化的表达方式，实现文博历史学习的趣味性、灵活性和多样性。这是我们一直在探索的，也会一直坚定地做

下去的事情。一座博物馆就是一座学校，文博历史、传统文化的价值是不言而喻的。但是其实酒香也怕巷子深，作为青年学生，尤其是我们项目成员大多是广告学专业的，也希望可以发挥我们的学科优势，去把这些祖国的瑰宝创新和活化。

问：你如何看待这次获奖，国金又对你的生活带来了什么影响？

答：这次能获奖，可以说是在情理之中，但又在意料之外。因为夏小满参加比赛3年了，而杜莹老师带我们做中国传统文化其实已经快7年了。7年可以积累太多太多东西。学校和学院的支持、教师的指导帮助、团队成员的齐心协力，这些都帮助小满一步一步走上更大的舞台。但是说实话，能取得这么好的成绩，还是有点出乎意料。这次的获奖是一种肯定，全国舞台上的闪闪发光让我们更加明白坚持的力量，脚踏实地真诚地走好每一步，更加相信勇气、毅力、信仰的力量。还有就是团队之间的信任和合作，这能让团队产生1+1>2的效果。我觉得这次获奖是大家努力的成果，不仅是夏小满团队的努力，还是学校、学院、教师努力的结果，正因为有各方的努力，夏小满才能走上这么大的舞台。这次的获奖也让我更加坚定了要做好文化传播的决心，以小满为声，让孩子树立文化自信。

问：对有意向参赛的学弟学妹们有什么经验可以分享吗？

答：我觉得大家一定要勇敢去尝试，在团队里尽可能多聆听、多思考，不懂就多问。多干活才能多锻炼，尽可能地发挥自己的长处。团队合作不仅是任务的布置和完成，更重要的是思想上的交流。我们有很多试错的机会，不要害怕失败，加油！

（资料来源：夏小满项目问鼎全国最高奖，听听金奖背后的故事，宁波工程学院人艺学院，2021.11.）

📖 分析解读

通过经验分享，我们可以看出，参加创新创业大赛对这个团队的成长都不是一蹴而就的。3年参赛经历、7年深耕传统文化，证明了创新创业教育是细水长流的。科技兴国，文化亦能强邦，创新创业大赛使这群意气风发、敢闯敢拼的年轻人，以梦为马，未来可期。

二、具体赛事介绍

为了激发大学生的创造力，培养造就"大众创业、万众创新"的生力军，提高高校学生的创新精神、创业意识和创新创业能力；以创新引领创业、创业带动就业，推动高校毕业生更高质量创业就业，国家各级行政单位（教育部、工信部、发改委、科技部、团中央等多部门）及一些地方创业孵化单位定期组织开展的面向大学生的各级各类创业赛事活动，分为综合类比赛和专业类比赛。由于主办单位的不同，对参赛内容、参赛要求等都有所不同。

（一）创青春全国大学生创业大赛

创青春是"创青春"全国大学生创业大赛的简称，是"挑战杯"中国大学生创业计划竞赛的改革提升。2013年11月8日，习近平总书记向2013年全球创业周中国站活动组委会专门致贺信，特别强调了青年学生在创新创业中的重要作用，并指出全社会都应当重视和支持青年创新创业。为贯彻落实习近平总书记系列重要讲话和党中央有关指示精神，适应大学生创业发展的形势需要，共青团中央、教育部、人力资源和社会保障部、中国科协、全国学联决定，在原有"挑战杯"中国大学生创业计划竞赛的基础上，自2014年起共同组织开展"创青春"全国大学生创业大赛，每两年举办一次。

大赛下设立大学生创业计划竞赛（"挑战杯"中国大学生创业计划竞赛）、创业实践挑战赛、公益创业赛3项主体赛事。大学生创业计划竞赛面向高等学校在校学生，以商业计划书评审、现场答辩等作为参赛项目的主要评价内容；创业实践挑战赛面向高等学校在校学生或毕业未满5年的高校毕业生，且应已投入实际创业3个月以上，以盈利状况、发展前景等作为参赛项目的主要评价内容；公益创业赛面向高等学校在校学生，以创办非营利性质社会组织的计划和实践等作为参赛项目的主要评价内容。全国组织委员会聘请专家评定出具备一定操作性、应用性及良好市场潜力、社会价值和发展前景的优秀项目，给予奖励；组织参赛项目和成果的交流、展览、转让活动。

"创青春"系列活动是共青团服务青年创新创业的重要活动品牌。2014年以来，"创青春"中国青年创新创业大赛已成功举办9届。活动聚焦国家重大战略、重点产业、重要工程等导向设置垂直领域专项赛，并以专项赛为支撑举办专项交流活动和综合交流活动，为青年创业者提供创业辅导、展示交流、资本对接、骨干培训等支持，打造团组织、青年创业者、社会创服机构共创、共享、共赢的青年创新创业嘉年华。

◀) 拓展案例4

星跳公益——留守儿童世界冠军的摇篮

"星跳公益"项目结合团队成员专业特长，致力于帮助3—16岁的留守儿童进行体育教育，通过体育运动启迪心智，发掘潜能、强健体魄、建立自信，让孩子们在运动中发现美好，掌握一技之长，更能积极地融入社会。在帮扶过程中，对于十分热爱跳绳并愿意接受系统化训练的孩子，团队会对其进行针对性培养，设定培养目标，完成不同难度系数的跳绳技法成为跳绳运动员。通过市级至全国级各种比赛，从运动员中选拔出一批国家队种子选手站在世界的舞台上为国争光！9年来，星跳团队累计帮扶15.3万名边远山区留守儿童，其中培养出省级跳绳冠军1 200余人，国家级冠军300余人，世界级冠军70余人，为中国跳绳国家队储备人才。团队切实帮助4万名留守儿童掌握技能，走出大山，助力贵州省脱贫攻坚，诠释了教育、体育的社会功能。本项目荣获第九届"创青春"中国青年创新创业大赛（社会企业专项）创新组金奖。

项目负责人兰惠颖表示，下一步，星跳团队将以西南地区为起点，拓展爱心版图，以"大学生＋星跳传承人＋跳绳大师"为爱心主力军，以"企业赞助＋社会帮助＋团队自筹＋参赛奖金＋政府支持"为自我造血机制，以"高校星跳团队＋跳绳俱乐部联动＋CRSA全国跳绳推广中心支持"为力量支撑，逐步扩大项目的社会影响力，努力开创公益助力新局面，为青少年健康发展贡献青春力量。

🔊 拓展案例 5

阿娜的厨房——食文化助力少数民族妇女融入产业振兴

本项目由兰州大学文化行者团队申报，获得"创青春"中国青年创新创业大赛全国金奖。

文化行者与草河坝村的故事开始于 2008 年。5·12 地震后，当地人供奉的白马老爷庙坍塌，世代居住的白马人失去了仪式与庆典的场所。

当初一份小小的责任感，成为文化行者与草河坝村友谊的开端。拉赞助、开村民大会、修庙、绘墙，留在村里的老人、妇女和文化行者一道，重新建起了白马庙。此后的 10 余年，文化行者和草河坝一同成长，村里的环境改造、扫盲培训、乡土教育，无不活跃着文化行者志愿者的身影。

2018 年夏天，草河坝的妇女们第一次在村里的小广场摆上了美食摊位。借着"周末游"的小客流高峰，各位大姐和阿姨竟有了平均上千元的收入。随后，我们又和妇女们一起，设计特色菜单和美食卡片，标准化土食材宣传包装，借着厨艺大赛等活动活跃公共文化、宣传白马美食名片。之前只能以较低价格卖给收购商的白马美食，通过"朋友圈推广"和"微信群宣传"，也能以"巢状市场"的模式卖出好价钱。2020 年，"全民直播"的热潮也刮到草河坝。他们与中国手艺网合作，开发"文花椒"和"百花蜜"等当地特色 IP 土食材产品，培训和开展亲子直播；邀请高校文学、新闻的学子，用细腻真切的笔触通过"助农标签"记录土食材"出生"背后的故事，也通过"乐写计划"将厨房的智慧传出大山。2022 年九九公益日期间，3 天的时间，"阿娜的厨房"系列产品就实现了 5 万余元的营业额。

（二）全国大学生电子商务"创新、创意、创业"挑战赛

全国大学生电子商务"创新、创意、创业"挑战赛（简称"三创赛"），是由教育部高等学校电子商务专业教学指导委员会面向全国高校（含港澳台地区）举办的大学生竞赛项目，是教育部、财政部"高等学校本科教学质量与教学改革工程"重点支持项目，也是激发大学生兴趣与潜能，培养大学生创新意识、创意思维、创业能力及团队协同实战精神的学科性竞赛。

大赛的目的：强化创新意识、引导创意思维、锻炼创业能力、倡导团队精神。

大赛的价值：大赛促进教学、大赛促进实践、大赛促进创造、大赛促进育人。

从 2009 年开始，举办以"创新、创意、创业"为主题的全国大学生电子商务三创赛，营造出产学研紧密结合的大学生实训实战氛围。大学生通过竞赛挑战企业需求项目，激励创意、创新、创业热情，建立高校教育教学与社会经济发展紧密联系的立交桥。至 2022 年，已成功举办了 12 届。经过多年的发展，大赛的参赛队伍不断增加，从第一届的 1 500 多支到第十二届的 13 万多支；参赛项目的内涵逐步扩大，从最初的校园电商到"三农"电商、工业电商、服务电商、跨境电商，以及 AI、5G、区块链等领域的创新应用；同时，创造性地举行了跨境电商实战赛。大赛的规则也在不断完善，从而保证了大赛更加公开、公平和公正。随着比赛规模越来越大，影响力越来越强，"三创赛"现已成为颇具影响力的全国性品牌赛事。

2021 年 3 月，"三创赛"竞赛组织委员会秘书处所在高校西安交通大学联合全国 20 多所高校积极响应教育部的号召，创新地提出了"基于'三创赛'的新文科创新创业人才培养研究与实践"项目，并最终获得教育部首批新文科研究与改革实践项目立项。由此，"三创赛"为新文科创新人才培养及跨学科创新人才培养提供了更好和更大的舞台。

第十三届"三创赛"将分为常规赛和实战赛两类进行。常规赛包含《三创赛指南》中主题；实战赛包含跨境电商实战赛、乡村振兴实战赛、产教融合（BUC）实战赛等。两类赛事都按校级赛、省级赛和全国总决赛三级赛事进行比赛。

（三）中国国际"互联网＋"大学生创新创业大赛

1. 赛事介绍

"互联网＋"大赛全称为中国"互联网＋"大学生创新创业大赛，是由教育部与政府、各高校共同主办的一项技能大赛，于每年 4 月至 10 月举办，自 2015 年以来已连续举办八届，第六届改名为中国国际"互联网＋"大学生创新创业大赛。大赛旨在深化高等教育综合改革，激发大学生的创造力，培养造就"大众创业、万众创新"的主力军；推动赛事成果转化，促进"互联网＋"新业态形成，服务经济提质增效升级；以创新引领创业、创业带动就业，推动高校毕业生更高质量创业就业。目前该赛事规模与质量逐年攀升，成为覆盖全国所有高校、面向全体大学生、影响最大的高校双创盛会。2023 年 5 月，教育部发布了关于举办第九届中国国际"互联网＋"大学生创新创业大赛的通知。

2. 大赛主题

我敢闯，我会创。

3. 大赛目标

更中国、更国际、更教育、更全面、更创新、更协同，落实立德树人根本任务，传承和弘扬红色基因，聚焦"五育"融合创新创业教育实践，开启创新创业教育改革新征程，激发青年学生创新创造热情，打造共建共享、融通中外的国际创新创业盛会，让青春在全

面建设社会主义现代化国家的火热实践中绽放绚丽之花。

（1）更中国。更深层次、更广范围体现红色基因传承，充分展现新发展阶段高水平创新创业教育的丰硕成果，集中展示新发展理念引领下创新创业人才培养的中国方案，提升新时代中国高等教育的感召力。

（2）更国际。深化创新创业教育国际交流合作，汇聚全球知名高校、企业和创业者，服务以国内大循环为主体、国内国际双循环相互促进的新发展格局，搭建全球性创新创业竞赛平台，提升新时代中国高等教育的影响力。

（3）更教育。推动思想政治教育、专业教育与创新创业教育深度融合，弘扬劳动精神，加强学生创新实践能力的培养，造就敢想敢为又善作善成的新时代好青年，提升新时代中国高等教育的塑造力。

（4）更全面。推进职普融通、产教融合、科教融汇，鼓励各学段学生积极参赛，形成创新创业教育在高等教育、职业教育、基础教育、留学生教育等各类各学段的全覆盖，打通人才培养各环节，提升新时代中国高等教育的引领力。

（5）更创新。积极开辟发展新领域新赛道，不断塑造发展新动能新优势，丰富竞赛内容和形式，激发全社会创新创业创造动能，促进高校创新成果转化应用，服务国家创新发展，提升新时代中国高等教育的创造力。

（6）更协同。充分发挥大赛平台纽带作用，促进优质资源互联互通，推动形成开放大学、开放产业、开放问题的良好氛围，助推大赛项目落地转化，营造支持青年大学生创新创业、共同合作、互相包容、互相支持的良好生态。

4. 大赛组别

（1）参赛组别。

高教主赛道：①本科生组：创意组、初创组、成长组；
②研究生组：创意组、初创组、成长组。

青年红色筑梦之旅赛道：公益组、创意组、创业组。

职教赛道：创意组、创业组。

（2）参赛类别。

高教主赛道：新工科类、新医科类、新农科类、新文科类。

青年红色筑梦之旅赛道："互联网＋"现代农业、"互联网＋"制造业、"互联网＋"信息技术服务、"互联网＋"文化创意服务、"互联网＋"社会服务。

职教赛道：创新类、商业类、工匠类。

全国"互联网＋"大赛相关文件、视频

（四）青年红色筑梦之旅

青年红色筑梦之旅是第三届中国"互联网＋"大学生创新创业大赛举办的同期实践活动。此次活动由教育部组织，由承办单位西安电子科技大学实施。两批参赛团队分赴延安，通过大学生创新创业项目对接革命老区经济社会发展需求，助力精准扶贫脱贫。

实践团队围绕"青春之歌""红色记忆""筑梦踏实"3个主题,通过寻访梁家河、走访"八一"敬老院、参观革命旧址、聆听专题辅导、开展青年乡村创客沙龙、举办乡村创客高峰论坛,学习和感受当地的精神财富,实地了解老红军、下乡知青们伟大而艰辛的青春"创业"史,为创业青年提供了一次继承延安精神、涵养创业精神、坚定文化自信的精神飨宴。

2017年7月活动期间,由西安电子科技大学创业团队"小满良仓"负责人张旺发起,联合其他创业团队一起给习近平总书记汇报"青年红色筑梦之旅"实践活动感受,表示要像青年时代的习近平那样,立下为祖国、为人民奉献自己的信念和志向,把自己的创新创业梦融入伟大中国梦,用青春和理想谱写信仰和奋斗之歌。8月15日,中共中央总书记、国家主席、中央军委主席习近平给参加第三届中国"互联网+"大学生创新创业大赛"青年红色筑梦之旅"的大学生回信。他在信中写道:"得知全国150万大学生参加本届大赛,其中上百支大学生创新创业团队参加了走进延安、服务革命老区的'青年红色筑梦之旅'活动,帮助老区人民脱贫致富奔小康,既取得了积极成效,又受到了思想洗礼,我感到十分高兴。"

延安青年红色筑梦联盟是由参加2017年"青年红色筑梦之旅"实践活动的创业团队"小满良仓"创始人张旺(活动中给总书记写信的发起与执笔者)发起,联合各团队所在高校共同成立的,由延安市民政部门批准,由中共延安市委宣传部主管的,以"互联网+"赛事成果转化、青年创新创业、红色文化传承、乡村振兴产业扶贫为主题的非营利性社会团体。

本项目活动一直延续到每一届的中国国际"互联网+"大学生创新创业大赛中,第九届大赛以"强国有我新征程、乘风破浪向未来"为主题,鼓励青年学生们在"筑梦之旅"中,勇于追梦、敢于创新、善于实践,不断挑战自我。"青年红色筑梦之旅"活动紧扣时代脉搏,使学生在实践中锤炼意志、培养能力。

🗂 案例导入

燕麦博士——打造祖国北疆特色作物产业链升级及乡村振兴新模式

"武川县山地丘陵面积广阔,黑黄交错的沙土、集中的雨水,日照充足,得天独厚的地理环境孕育出品质非凡的武川燕麦……"大年初五,"燕麦博士"徐忠山开启了直播模式。2022年,他将根据市场的反响再次调整"战术"。徐忠山说,内蒙古的农产品物丰价美,营养丰富,未来一定要让更多优质的内蒙古农产品走入百姓家。

1992年出生的徐忠山是内蒙古农业大学2018级博士研究生。2018年3月,他和妻子陈晓晶博士创办了内蒙古吉勋农业科技有限公司,生产销售燕麦产品,将自身科研成果直接转化。直播对于徐忠山来说,始于一次偶然。他于2020年初次尝试抖音直播带货,"90后"农学博士带起货来十分"上道",俨然一位业务纯熟的主播,引起广泛关注。

多年来,燕麦博士夫妇辗转田间地头,一边做科学研究,一边直播带货,用实际行动

带动农户就业和发展，用科技创新助推乡村振兴。2021年10月，在第七届中国国际"互联网＋"大学生创新创业大赛全国总决赛中，内蒙古农业大学农学院"博士夫妇"徐忠山、陈晓晶的项目《燕麦博士——打造祖国北疆特色作物产业链升级及乡村振兴新模式》获得"青年红色筑梦之旅"创业组赛道金奖。

2018年至今，该项目成员连续4年深入走访内蒙古革命老区、国家级贫困县，通过内蒙古农业大学乡村振兴试验站等平台为贫困户免费发放优质品种，并推广以燕麦为主的内蒙古优势特色作物以及为农户培训绿色高产栽培技术。项目的核心成员有30名本科生继续读硕士，10名博士。团队联合指导教师成功申请首批国家级一流本科课程"新农人创新创业理论与实践"，是中国首门将农学知识与创新创业教育结合的国家级课程，为我国培育更多的农科人才。此外，徐忠山博士夫妇创立公司并开展扶贫项目，推广高校科研成果的事迹被写入中国国际互联网＋大学生创新创业大赛指南（2020版）。

（资料来源："燕麦博士"徐忠山夫妇：助农带货收获多，潇湘晨报，2022.02.）

📖 分析解读

一代事业，一代人才，新时代青年必将大有所为。广大青年学生要学以明志、正风促干、开放创新，将学习党的创新理论和投身实现中华民族伟大复兴的火热实践结合起来，把爱国之心化为报国之行，在实践锻炼中经风雨、见世面、长才干，以创新创业的勇气和智慧，勇敢追逐梦想，书写"强国有我"的历史担当。

▶ 任务实训

听口令，做相反动作

一、实训目的

培养学生的逆向思维

二、实训内容

分组展示，根据教师的指令，做出相反的动作，如教师说："举起右手"，小组同学就要举起左手，可进行适当的竞赛

三、心得体会

头脑风暴大比拼

一、实训目的

培养学生的创新联想能力

二、实训内容

教师给出固定词汇，如"桌子""笔""手机"等，可制作成题卡，学生抽取，围绕固定词汇，尽量多地说出其用途

三、心得体会

好奇心是最好的天赋

一、实训目的

培养学生的好奇心，突破创新能力

二、实训内容

打开自己的搜索引擎，请你分享最近正在关注哪些方面的内容？这个内容是如何引起你的注意的？为了了解这个内容，你做了哪些努力？如果是你，有没有更好的解决办法？

三、心得体会

> **拓展实训**

一株济世草 一颗报国心

屠呦呦 60 多年致力于中医药研究实践，带领团队攻坚克难，研究发现了青蒿素，解决了抗疟治疗失效难题，为中医药科技创新和人类健康事业作出了重要贡献。

20 世纪 60 年代，在抗性疟蔓延、抗疟新药研发在国内外都处于困境的情况下，1969 年 1 月，屠呦呦接受了国家"523"抗疟药物研究的艰巨任务，被任命为中药抗疟科研组组长。屠呦呦先从本草研究入手，收集整理了 640 首方药的《疟疾单秘验方集》等资料，并先后进行 300 余次筛选实验，确定了以中药青蒿为主的研究方向。在中医古籍《肘后备急方》中"青蒿一握，以水两升渍，绞取汁，尽服之"治疗寒热诸疟的启迪下，屠呦呦创建了低沸点溶剂提取的方法，1971 年 10 月 4 日获得了对鼠疟原虫抑制率达 100% 的青蒿乙醚提取物，这是青蒿素发现最为关键的一步。

2015 年 12 月世界卫生组织报告显示，全球约有 32 亿人（占全世界总人口近一半）面临疟疾风险。2015 年全球共有 2.14 亿疟疾新病例，大约 43.8 万人死于疟疾。以青蒿素为基础的联合疗法在过去十年间得到广泛使用，对影响人的最流行也最致命的病原体——恶性疟原虫极为有效。至今基于青蒿素类的复方药物仍是世界卫生组织推荐的抗疟一线用药，用以治疗约 70% 的疟疾患者，挽救了全球特别是发展中国家数百万人的生命，促进了"中医药传承创新并走向世界"的最辉煌的范例。

近年来，屠呦呦仍持之以恒地进行着青蒿素的科学研究工作，探索青蒿素类化合物对其他疾病的治疗，如红斑狼疮、光敏性疾病、恶性肿瘤等。

思考：

1. 屠呦呦属于创业者吗？

2. 请大家查阅屠呦呦的个人资料，谈谈屠呦呦有哪些优秀的创新人格特质。

3. 创新无处不在，让我们擦亮眼睛，发现身边的"创新人物""创新事物""创新思维"，小组进行分享。

☀ **创业提示**

　　任何一个成功的企业家，都是从小事做起，慢慢壮大起来的。困难，原本没有想象中那么可怕，跨越了困难，就走向了成功。这个世界上至少还没有一蹴而就的成功企业家。

创业观察

模块三
创业者素质——先定一个适合自己的小目标

📝 学习目标

通过本模块的学习，掌握创业者的概念及类型，掌握创业者所具备的素质与能力。

💡 模块导读

创业者是从事创业活动的核心人员，是创业的主体，对创业项目的运营起着至关重要的决定性作用。创业者自身所具备的素质和能力直接决定了所创事业是否顺利、能否扩大。

本模块主要围绕创业者的概念、创业者的类型、创业者必备素质与能力、创业者自我认知测试、创业者自我修炼手册等内容展开。通过融入大量丰富的创业案例，力图使学生体会创业过程的艰辛，思考如何提升创业者素养。

通过本模块的学习，学生能够正确地认识自己，找到自身优势，不断进行自我修炼，提高自身创业素质和能力，确定正确的创业方向。

👤 案例导入

褚时健的故事

一颗褚橙闯南北

2002年，74岁的褚时健，因为患上严重的糖尿病被批准保外就医。从监狱获得有限的人身自由后，他经过一番考察后，在哀牢山包下了2 400亩荒山，种起了冰糖橙，这就是后来的"褚橙"。

农业创业周期长，见效慢。在前十年，褚橙品牌无人知晓。褚时健和妻子马静芬常为销量担忧。村里的书记二话不说，将卖不动的褚橙以市场价全部买下，然后拿去送人。隐

忍而蹉跎的岁月，书写着难以言表的沧桑。这十年里，不乏仰慕或好奇的人们，前往哀牢山，一睹褚时健的真容，但在人们的印象里，更多的是一个年迈而不服输的老头，种起了橙子。

2012年，移动互联网时代到来。"人生总有起落，精神终可传承"，如此至真至诚却又富含哲理的标语，被打在褚橙的包装袋上。同时，褚橙通过电商平台开始推向全国，并成为一款现象级产品。

在那个荒芜而潦草的电商时代，褚橙的营销手法犹如一股清流。它被包装成一颗"有故事""有情怀"的橙子，励志精神是其核心要素之一，褚时健的悲情故事被挖掘，这位已经远离公众视野的老人，和他的产品一起再次回到了舞台中央。

2012年，褚橙销量超过200 t，此后两年各卖出1 500 t，褚橙正式走出云南，传遍大江南北。某种程度上，褚橙颠覆了以往人们对农产品的认知，开创了所谓农产品"互联网思维"情怀营销的先河。褚时健将在传统产业的创业哲学，运用在互联网时代，并同样奏效。这启发了更多的后来者和模仿者。从2013年开始，互联网掀起了一股农产品情怀营销热潮。

（资料来源：黎明.人们为什么怀念褚时健［J］.中国中小企业，2019（4）：59-61+58.）

📖 分析解读

褚时健从零开始种橙、卖橙，用10年时间，以耄耋之躯创造了个人品牌"褚橙"，准确地搭上互联网营销和电商的顺风车，教科书式操作，让不少晚辈惊叹，从头再来的精神和实际创业中的智慧，让焦虑的中国企业家阶层从他晚年的奋起中看到了希望，这种希望就是企业家尊严的源头：工匠精神、独立人格、不断创新，为社会贡献价值。

任务一　创业者特质

一、创业者的概念和类型

（一）创业者的概念

创业者，来自17世纪的法语词汇，其概念经历了一个演变的过程。从1755年法国经济学家坎蒂隆第一次将其引入经济学领域，直至今日，它的内涵还在不断扩充。

创业者，是指具备必要的心理素质、知识素质、能力素质，善于发现创业机会，同时敢于承担创业过程中的风险和责任，并组织资源和人力将创业机会市场化的人员。它的含义包括两个方面：一是指创始人，即将创办新企业或者是刚刚创办新企业的领导人；二是指企业家，即在现有企业中负责经营和决策的领导人。

创业者通过发现某种信息、资源、机会或掌握某种技术，借助或利用相应的平台或载体，将其以一定的方式，转化、创造为更多的价值、财富，并实现某种追求或目标。简单来说，创业者就是创造事业的人，是从事创业活动的核心人员。

创业者是创业的主体。创业者既可以是一个单独的个体，也可以是一个团队，既是新创业的意志主体，又是行为主体。

有人说，创业者是能从别人只看到混乱或骚乱的地方发现机会的人。还有人认为，创业者是现代商场中的英雄，因为他们以惊人的步伐开创企业，创造新的工作，谁是创业者？国内外学者对创业者的定义做了一些拓展。

国内学者林强等认为，创业者分为狭义和广义两种：狭义的创业者是指参与创业活动的核心人员；广义的创业者是指参与创业活动的全部成员。郑美群和吴秀娟认为，创业者就是善于发现市场需求，并敢于承担风险和责任，组织资源满足市场需求的人。黄兆信等将企业内部创业者定义为能够在现行公司体制内，发挥创业精神和革新能力，敢冒风险来促成公司新事物的产生，从而使公司获得利益的管理者。

国外学者 Brockhaus（1980）认为创业者是有愿景、会利用机会、有强烈企图心的人，愿意担负起一项新事业，组织经营团队，筹措所需资金，并承受全部或大部分风险的人。Nelson（1986）认为"愿意承担风险是能否成为成功创业者的关键，其他条件还包括运气、时机、资金和毅力。"Knight（1993）从基于风险的角度认为，创业者应该是那些在不确定性环境中承担风险并进行决策的人，赋予了创业者不确定性决策者的角色。

上述定义虽然侧重点有所不同，但创业者总是和风险、不确定性、创新和机会联系在一起。

（二）创业者的类型

国内外学者对创业者的分类也大不相同，主要是按照创业者的人格特质、创业方向、创业内容、创业动机和创业行为等标准来分类的。

1. 按照创业者的人格特质分类

美国心理学家约翰·麦纳（John B.Miner）利用 7 年时间，对 100 位事业较成功的创业者进行了跟踪调研，发现这些创业者身上存在某些共同的人格特质。于是，他将创业者分为成就上瘾型创业者、推销高手型创业者、超级主管型创业者和创意无限型创业者 4 种类型。

（1）成就上瘾型创业者。成就上瘾型创业者的人格特质表现：具有强烈的进取心；喜欢拟订计划和设计目标；渴望回馈；必须拥有成就；对认定的事业表现出执着而不放弃的决心、坚持到底，不达目的不死心，是目标非常确定的上瘾者。

（2）推销高手型创业者。推销高手型创业者的人格特质表现：喜欢帮助他人；善于观察和体恤他人的感受；有良好的交际能力，相信销售对执行公司经营战略十分重要；相信

社会互动很重要；需要与他人发展良好的关系。

（3）超级主管型创业者。超级主管型创业者的人格特质表现：具有决断力；对集体持肯定态度；喜欢与他人竞争；期望享有权利；渴望出人头地；很讲信用，很负责任，他们的能力、力量来自贯彻目标的决心，期望成为企业中的领导人物。

（4）创意无限型创业者。创意无限型创业者的人格特质表现：有创意、有主张，绝对与众不同，有着强烈的冒险精神及好奇心；热爱创新，富有创意；相信新产品的研发对企业经营战略的执行很重要。

2. 按照创业方向分类

根据我国现有情况来看，按照创业方向可将创业者分为传统创业者和技术创业者两类。

（1）传统创业者。传统创业者的特点：在传统行业（如制造业、房地产、餐饮、服装等）筹集资金投资，建设工厂，生产产品，为顾客提供产品或服务。

（2）技术创业者。技术创业者的特点：以突破技术为主（如华为、阿里巴巴、字节跳动、大疆科技），产品技术含量高，附加值较高，利润空间较大。

3. 按照创业内容分类

创业者涉及各行各业，按照其创业内容进行划分，可以分为科技型创业者、生产型创业者、应用型创业者、管理型创业者、市场型创业者和金融型创业者 6 种类型。

（1）科技型创业者。科技型创业者多与高校和科研机构相关联，具有很强的科研知识背景，有强烈的欲望把科研成果转化成生产力，以高科技为依托创办企业。20 世纪 80 年代后，国家推出了一系列鼓励高等院校创办企业的措施。当今许多知名的高科技企业，前身就是原来的"校办企业"或科研院所的"所办企业"，例如北大方正、清华同方等。

（2）生产型创业者。生产型创业者是指掌握了某种先进的技术，通过创办企业推出产品的创业者，这种产品通常科技含量较高。例如，比亚迪的掌舵人王传福，他白手起家，13 年中建立了涉及电池制造、手机配套、汽车等领域产值约 200 亿的高端制造企业。通过将电力汽车和可充电电池两个主业嫁接，很快在竞争白热化的汽车业占有一席之地，目前已成为最大的新能源车企，产量超过特斯拉。"比亚迪制造模式"不但大幅降低了成本，而且将技术的消化吸收和工艺改进自始至终地融入制造业的各个环节。

（3）应用型创业者。应用型创业者掌握一定的应用技术，具有企业外围技术背景，一般从事技术销售或支持工作，有一定销售渠道资源。例如，京东集团董事局主席刘强东，他从中国人民大学毕业后，2004 年开始带领京东公司在网上代理销售光磁产品，初次涉足电子商务领域，创办"京东多媒体网"（京东商城的前身），而后经过不断扩张和发展，京东商城最终成为中国最大的自营式电商企业，集团业务涉及零售、数字科技、物流、健康、保险、物流地产、云计算、AI 和海外等领域。2014 年 5 月，京东在美国的纳斯达克成功上市。2020 年 4 月，刘强东以 950 亿元人民币财富名列《胡润全球百强企业家》第89 位。从一穷二白到富可敌国，刘强东完成了从农村小伙到电商大佬的华丽转身。

（4）管理型创业者。管理型创业者是指那些综合能力较强的创业者，他们对专业知识并不十分精通，但能够通过各种有效的管理手段带动企业前进。例如，钢铁大王卡耐基，最初对钢铁生产知识知之甚少，但他看准了钢铁制造业的发展前景，迅速网罗人才进行创业，打造了自己的钢铁帝国。

（5）市场型创业者。市场型创业者的一个重要特点就是注重市场，善于识别技术机会，有创业点子，但缺乏技术专业背景、经验，有非技术组织职业经验，又有一定的资金支持。中国改革开放以来，涌现出大批的市场型创业者。例如，海尔集团总裁张瑞敏，正是抓住了市场转型期的大好机遇，才将海尔发展壮大的。

（6）金融型创业者。金融型创业者实际上是一种风险投资家，他们向企业提供的除了资金，更重要的是专业特长和管理经验。他们不仅参与企业的经营方针的制定，还参与企业的营销战略的制定、资本运营乃至人力资源管理。

4. 按照创业动机分类

（1）生存型创业者。生存型创业者大多为下岗工人、失去土地或因种种原因不愿困守乡村的农民，以及刚刚毕业找不到工作的大学生，这是中国数量最大的一类创业人群。根据清华大学的调查报告，这一类型的创业者占中国创业者总数的 90%。在大学生创业者群体中，许多是由于经济因素，家庭难以承担较高昂的学费，迫使一部分学生利用课余时间打工赚取生活费来维持正常的生活并顺利完成学业。在社会实践和工作中，一部分具备较高创业素养的学生会及时发现商机，开始走上创业的道路。

（2）变现型创业者。变现型创业者就是过去在党、政、军、行政、事业单位掌握一定权力，或者在国企、民营企业当经理人期间聚拢了大量资源的人，在机会适当的时候，自己出来开公司办企业，实际是将过去的权力和市场关系变现，将无形资源变现为有形的货币。在 20 世纪 80 年代末至 90 年代中期，前一类变现者居多，现在后一类变现者居多。

（3）主动型创业者。心理学研究表明：25～29 岁是创造力最为活跃的时期，这个年龄段的青年思维活跃、创新意识强烈，正处于创造能力的觉醒时期，同时所受的约束和束缚较少，对成长的需要也更为强烈。另外，大学生往往更容易接触一些新的发明和学术上的新成果，甚至他们中的一部分人本身拥有具有自主知识产权的科研成果。为了能早日实现自己成功的目标，一部分人也开始了自己的创业生涯。

有一类人，他们单纯地喜欢做老板的感觉，所以喜欢创业，没有什么明确的目标，不计较自己能做什么、会做什么，可能今天在做着这样一件事，明天又在做着那样一件事，他们做的事情之间可以完全不相干。其中有一些人，甚至连对赚钱都没有明显的兴趣，也从来不考虑自己创业的成败得失，这类创业者，也属于主动型创业者。

5. 按照创业行为划分

（1）企业创业者。企业创业者原意是指从事重要项目或活动的人。16 世纪被用于专指那些从事商业冒险的人。今天，这个词通常用于指那些组织、经营以及敢于承担商业或企业风险的人。对创业者的传统定义总离不开拥有一个企业并追逐利润，而今天创业者不必拥有传统意义上的企业和雇员，他们可以为自己打工，或者说，他自己就是企业。

（2）社会型创业者。经济利益不一定是创业者的唯一追求。例如，社会型创业者的目

标就是创造社会价值，造福社会而非追求经济利益。

（3）内部创业者。创业者并不一定要经营—个企业，他可以任职于—个企业，在这种情况下，可以称为"内部创业者"。《美国传统英语词典》将内部创业者定义为在大企业里通过承担风险和创新手段，把想法变为能创造利润的最终产品的直接负责人。

（4）政策型创业者。公共领域中也存在并需要创业精神。政府需要政策层面的创业者，对公共政策和管理进行改革创新，以实现公共服务价值的最大化。

二、创业者的素质与能力

随着信息社会和知识经济的到来，知识、能力和素质的地位和作用变得越来越重要。知识、能力和素质是辩证统一的关系，三者处于不同的层面，相辅相成，相互联系，是人全面发展不可或缺的部分。知识属于表层，是能力和素质的载体，没有丰富的知识，无法拥有较强的能力和较高的素质；能力属于深层，是在掌握了一定知识的基础上经过培训和实践锻炼而形成的；素质属于内核，是将从外界获取的技能和知识，内化于心，升华成稳定的素养和品格。面临飞速发展的时代和纷繁复杂的环境，创业者为了使所创的事业顺利进行且不断发展壮大，应该具备哪些创业素质和创业能力呢？

（一）创业者的素质

创业素质，既可以指人的素质中有待开发的创业基本素质潜能，又可以指已经内化形成的人的创业基本素质；既可以指人的个体创业基本素质，也可以指人的群体创业基本素质。创业素质是创业者在先天生理的基础上，通过后天的教育训练和环境影响所获得的内在的、相对稳定的而且能发挥作用的身心组织要素。从一定程度上讲，创业者的创业素质直接关系到创业者事业的成就和效益，创业者不具备创业素质，就不可能进行创业实践活动；没有创业实践活动，也就不能提高和体现创业者的创业素质。创业者的创业素质与创业活动之间存在着相互联系、相互制约、相辅相成的关系。

创业是建立在商机和分析基础之上的，不是激情和一时之快的产物，更不是无根之木、无源之水。创业的过程受到诸多因素的影响，这就决定了自主创业不可能一蹴而就，我们从成功的创业者身上发现，虽然他们所接受的教育和成长的环境有所不同，在年龄、智力、思想方式、个性、经历、气质等方面也存在差异，但是他们身上又存在着许多共同的特征，创业者必须具有坚定不移的信念、优良的道德品质、健康的体魄、不服输的精神、优异的才能、渊博的知识、巨大的魄力、丰富的经验等素质特征，才能在困难、挫折，甚至是失败中依然坚守创业的初心，最终取得成功。基本的创业素质是创业者进行创业活动所必需的基本条件。

1.良好的职业道德与创业动机

在创业过程中，既要遵守创业项目所涉及行业领域的职业道德，还要注重身为创业者应有的行为准则。创业过程中，创业者要做到以下几方面：一是创业行为必须遵守国家法律、法规，创业构思必须符合社会主义主流价值观，自觉按照党的方针、路线、政策办事，自觉地维护人民利益、国家利益。二是创业者应注重知识产权保护，不能剽窃、抄袭、盗用他人的劳动成果。三是创业者不能采用虚假宣传、误导性描述、夸大描述、财务数据造假等手段欺骗客户或骗取投资。四是创业者应为项目发展尽职尽责，靠实际行动兑现承诺。创业可以失败，但不能失信。五是适度控制私心小利。从个人的角度讲，如果创业者过于看重自己的利益得失，不注重维护企业员工或创业团队成员的利益，创业者将成为孤家寡人。从企业的角度讲，如果创业者过于关注企业局部、短期的利益，企业则很难做大、做强、做久。道德是理想之光，成功的创业者必定是一个道德高尚的人，他会在创业的过程中，惠及他人，造福一方，做到言出必行、讲诚信。

创业动机是创业行为的出发点与价值取向，是竭力追求获得最佳效果和优异成绩的心理动力。有了创业动机，才会有创业行为。高尚的创业动机旨在为行业发展、社会进步做出贡献，坚持把国家富强、民族振兴、人民幸福作为自己的追求。损人利己的创业动机是不良的创业动机，应当受到遏制。

2. 强烈的创业意识

创业意识是创业素质的重要组成部分，创业者具有强烈的创业意识是创业能够成功的关键因素之一。在瞬息万变的信息经济时代，对每一位创业者都有着新的要求，这就需要他们具备顺应时代发展需要的创业意识。创业者要挖掘大脑的潜力，对创业产生强烈欲望，形成强烈的思维定式，营造创业的氛围，积极为创业创造条件。创业意识，包括创业兴趣和创业理想等。

创业兴趣是指创业者对从事创业实践活动的态度和情绪的认识指向性。它能激活创业者的坚强意志和深厚情感，使创业意识得到进一步升华。

创业理想是指创业者对从事创业实践活动的未来奋斗目标有较为稳定和持久追求的心理品质。创业理想主要是一种事业理想和职业理想，是创业意识的高级形式，有了创业理想，创业者的创业意识已基本形成。

3. 健康的身体条件

创业是复杂而艰苦的，具需要投入大量时间、精力并长期坚持的艰辛劳动。尤其在创业之初，创业者需要经常面对诸多压力，如资金不足、技术困难、开展项目效果不理想、管理制度不够完善、内部意见不合、经营环境不理想等，许多事情都需要创业者亲力亲为。创业者的工作时间远远长于一般工作者，工作繁忙，并且需要承受巨大的风险压力。所有这些因素要求创业者必须具备充沛的体力、旺盛的精力、敏捷的思路，如果没有健康的身体条件，将难以应对要求高、强度大、内容繁杂的各类工作事务，创业活动也很难坚持下去。健康的身体条件是人健康的基础条件之一，也是成功创业的前提和必备条件。

拥有良好的身体素质，使人心胸宽广、拥有一往无前的魄力。如果想创业，要在日常生活中注意锻炼身体，要有坚定的意志和志向，运动的方式有很多，以对身体锻炼有效的项目为主，其他项目为辅。

4. 强大的心理素质

心理素质是指创业者应该具备的心理条件，包括自我意识、性格、气质、情感等心理构成要素。创业活动是在社会环境中进行的，而社会环境总在不断发生变化。创业过程不可能一帆风顺，在漫长的创业过程中随时都可能出现意想不到的问题，遇到挫折和困难，创业者的心态非常重要，在创业实践中起着关键的调节作用。创业者要有随时应对不同问题的强大的心理素质，这样才能在各种压力面前，保持积极乐观的心态，在困难面前依然保持冷静，做出正确的判断和决断。

成功的创业者应该能做到不以物喜，不以己悲。作为创业者，自我意识上应自信和自主，性格上应开朗、果断、坚韧，情感上应更有理性色彩。创业者要有艰苦创业的心理准备，要有面对失败的心理准备，有了心理准备，就能在遇到困难和挫折的时候，泰然处之。宋代大文豪苏轼说："古之立大事者，不惟有超世之才，亦必有坚忍不拔之志"，只有具备处变不惊的良好心理素质和越挫越强的顽强意志，才能在创业的道路上自强不息、竞争进取、顽强拼搏，才能从小到大、从无到有，闯出属于自己的一番事业。

国内学者认为，创业者应该具备以下6方面的良好心理素质：

（1）能独立思考、自主判断与选择；

（2）勇于担责、敢于冒险、积极行动；

（3）善于沟通、交流与合作；

（4）百折不挠、坚持不懈、顽强拼搏；

（5）善于自我调适；

（6）善于自我控制，敢于克服盲目冲动。

5. 广泛的人脉资源

在创业的道路上，人际关系具有重要的促进作用。良好的人际关系可以帮助创业者排除交流障碍，化解交往矛盾，降低工作难度，提高客户的信任度，从而提高办事效率，增加成功的机会，还可以帮助创业者在遇到困难时及时得到朋友的帮助。

6. 较高的知识与技能储备

在创业过程中，并非学历越高，取得创业成功的概率就越大，但在知识经济时代，创业已转向科技和知识创业，创业只有创业意识和良好的愿望是远远不够的，要真正实现创业目标必须具有过硬的本领，知识水平是管理和决策的基础，知识素养对创业有着举足轻重的作用。优秀的创业者，其知识结构要具有博与专相结合的 T 形结构。具体来说，包括以下几个方面：

（1）常识性知识。常识性知识内容十分广泛，包括政治、历史、哲学、文学、社会、艺术等。对创业者而言，这些常识性知识有利于开阔视野、活跃思维、提高境界、振奋精神、激发创新灵感，并能够升华人格，提高创业者决策水平，帮助创业者少走弯路。特别是一些大型项目的创业者，必须做到从哲学上思考，从政治上看问题，对他们人文社会知识的修养有更高的要求。只有掌握广博的综合知识，才能认清事物的本质，把握其规律，掌握事物发展的全局，提出独到的见解和谋略，最终实现创业目标。

（2）专业知识。创业者应掌握创业领域的相关专业知识。专业知识在创业知识结构中处于核心的地位，尤其对于科技创业者来说，专业知识是创业之源。科学技术日新月异，谁掌握了明日的技术，谁就能在竞争中稳操胜券。只有掌握专业知识，才可以把握技术研发的内容、关键环节和进程，形成自己企业的核心竞争力，从而在商战里占据主动地位。创业者应力求在自己从事的业务领域中成为专家，又要有比专家更广博的知识面。近年来，一些学生创业之所以失败，根本原因就在于企业的知识含量不高，没有核心技术作为支撑。

（3）管理知识。经营管理水平是决定创业成败的关键，现代管理理论是一切领导者的必学科目，若想使企业在激烈的竞争环境中迅速成长，创业者需要不断地思索如何提高经营管理水平，只有对人力资源管理、资金财务管理、生产管理、物资管理和市场营销管理等方面进行全面的学习，才能提升管理方法，不断改进管理能力，真正做到管理出效益。管理是科学，也是艺术，更是成功者的护身法宝。

（4）经济知识。要想在创业中取得成功，必要的市场经济基本知识是不可缺少的，因为创业活动离不开市场，经济利益和价值增值要借助市场才能够实现。要对市场调节、市场运行机制、商品生产、商品流通、价值规律等方面的内容有所掌握，才能更好地在市场竞争中发展自己的创业项目。

（5）法律知识。掌握基本的法律知识，对于创业活动大有裨益，因为在创业的过程中难免会遇到一些法律问题。现在的创业者一般都具备较强的法律意识和观念，但是很多人对于具体的法律知识知之甚少。创业者要对工商注册登记、经济合同、税务、劳动等方面的法律知识有所掌握，以免盲目经营。

7. 优秀的人格品质

创业者的人格品质是创业行为的原动力和精神内核。在创业人格品质中，诚信、勤奋、责任、冒险、执着等品质与创业成败息息相关。尤其当创业活动处于困难和不利的情况下，人格品质魅力在关键时刻往往具有决定性的作用。

（1）诚信。创业者的诚信品质决定着企业的声誉和发展空间，不守诚信或许可以赢一时之利，但必然失去长久之利。诚信体现了成功创业者的人格魅力，讲信誉、守诺言，言行一致，可以帮助创业者凝聚人心，鼓舞士气，获得更多的信任和支持。创业者的诚信应体现在对企业和企业产品质量的保障上，在与他人的合作与竞争上，体现在每一件小事和细节处。诚信是团结团队、维系客户、树立口碑的立足之本和发展源泉，是创业成功并持久发展的基石。

（2）务实。在创业过程中，没有人给创业者制订计划，当困难和问题来临时，创业者只有脚踏实地、积极努力、顽强奋斗，才能取得创业成功。积极的态度和务实的精神有助于创业成功。

（3）责任。创业活动是社会性活动，是各种利益相关者协同运作的系统，成功的创业者具有高度的使命感和强烈的责任意识。创业者要对自己、对家庭、对员工、对投资人、对顾客、对供应商及对社会拥有高度的使命感和责任感，才能赢得人们的信任、尊重和支持。创业者还要承担社会责任，树立良好的企业形象，不贪图眼前的暂时利益，自觉地把

个人的事业、企业的发展和社会的需要有机统一起来。

（4）勤奋。勤奋是绝大多数成功企业家的普遍特征，那些具有勤奋品质的人，面对任何工作总是全力以赴、追求卓越，不断以高标准激励自己，力求每次都交出一份最佳的成绩单，他们持之以恒地努力，终将带领他们的团队驶向成功的目的地。

（5）创新。创新与速度是新经济的真正内涵，是市场经济的不败法则。创业机会的发现和创意的形成需要创造性思维，发挥创造力。具有创新精神，才能让创业者发挥自己的潜能，打破各种条条框框，开创新的局面。实际上，简单来说，创业就是打破常规，机会的开发、资源的整合、商业模式的设计更是创新能力的集中体现。柏森商学院的一项报告显示，美国人中只有13%的人最终可以进入创业者的行列，做别人未做过的事情，是创业者的一种天性，也是他们内在动力的源泉。

（6）远见。创业者有预测未知机遇的能力，同时也能预测他人不能预知的事情，预见需求，获得先机，这是创业者必备的特质之一。创业者能想象出另一个世界，把自己的远见有效地转化为一种切实可行的业务，随之就会吸引到投资人、客户和员工。他们所具备的好奇心会帮助其辨识出一些被忽略的市场机遇，这种好奇心会使其走在创新和一些新兴领域的前列。为什么创业者会碰到许多唱反调的人？因为创业者看到的未来和他们不一样，在未来还没有呈现之前，创业者就已经预见到了。

（7）执着。创业是一场距离超长的马拉松比赛，过程中充满了不确定性，也会出现一些不可避免的错误，面对险境、身处逆境能否坚持信念承受压力，能否坚持到底常常决定创业的成败。无论面对何种处境，创业者都必须充分发挥坚忍不拔和执着的品格，最后的成功往往就在于再坚持一下的努力之中。执着的创业者个性坚定，有着无比的耐性和持久性，做任何事情都非常有毅力。执着能够产生创办企业的激情，执着能够在困境面前甚至是生死关头提供战胜一切的勇气。

（8）激情。保持创业的激情，是创业者成功的关键因素之一。绝大多数创业者创业，获得更多的财富并不一定是创业的动力，更多的是出于他们对新产品、新服务的热情，或抓住了一些解决难题的机遇。他们的创业活动不仅可以让消费者买到物美价廉的产品，还能让人们过上更加舒适、安逸的生活。激情是支持创业的内在驱动力，大多数创业者都有一种改变世界的信念，它也是让创业者愿意不断付出的基础。

（9）冒险。机会的到来往往伴随着风险，只有敢于冒险才能果断地抓住机会，这种特质在转折时期至关重要。创业的开创性需要有冒险精神，需要有胆略和胆识，同时在创业实践中也要有风险意识，要有对风险的承受能力，要注意冒险精神和风险意识的平衡，保持理性思维，降低风险损失。对恐惧的控制能力也是一个重要的创业者品质，在恐惧面前，可以选择放弃，也可以选择战胜它并继续前行。胡润说："在国外，人们通常认为，企业家是有冒险精神的一群人，冒险是他们区别于普通人的显著特征。"

（10）灵活。灵活性有助于创业者适应市场环境，应对大众多变的喜好。在创业的过程中，公司最终推出的产品或服务很可能不是最初的计划。创业者必须顺应市场的变化进行调整。

（二）创业者的能力

创业能力是能够顺利实现创业目标的知识和技能。要想成为成功的创业者，必须具有以下几个方面的能力。

1. 创新能力

什么是创新？创新释义为"更新、变革、制造新事物"。《现代汉语词典》中"创新"的解释是"抛开旧的，创造新的。"在经济学视角下，创新是指企业家对于生产要素"进行新的组合"，从而获得超额利润的过程。

通俗来讲，创新就是察觉旧事物的缺陷，并且提出大胆的、新颖的推测和设想，继而进行周密论证，拿出可行性的解决方案。创新不仅包括从无到有地创造一种新产品或服务，还包括对原有的产品或服务进行改进升级。创业者的创新能力往往体现在技术创新、管理创新、营销创新三个方面。

创业是开创一项事业，没有任何一种可以复制粘贴的模式让我们一劳永逸。创新和创业两者之间有着密不可分的联系，创新是主旋律，贯穿创业的全过程。创业者要有创新思维、创新意识、创新技巧，要敢于创新。

【拓展案例 1】

郑裕彤的创业故事

小红书：左手社
交、右手电商

2. 机会捕捉能力

我们经常听到一些人抱怨说："为什么别人的运气好，我的运气这么差？"这其实本身就是一种误解，很多时候我们缺的不是机会，而是发现商机并捕捉商机的能力。商机总是一纵即逝，只有嗅觉敏锐、决断果敢的创业者才能捕捉到。想要成为成功的创业者，就要做一个善于捕捉机会的人，在创业过程中多看、多听、多想，广泛地获取信息，形成自己独特的思维和独立的见解，善于发现别人没有发现的机会，并快速地采取行动。

3. 领导与管理能力

与其说公司的管理和运作是资金的运作，不如说是人的运作。创办一家新企业最重要的一点就是要组建一支强有力的核心团队。一个团队的领袖要明确自身的使命和团队的愿景，要有正确的价值观、出色的领导能力、坚强的意志力、宽广的胸怀、远见的思维、应变的灵活力和决策力等，能够对员工进行指挥、调动、协调，能够对资源进行集中调度和分配。

管理者的管理能力从根本上说就是为提高组织效率服务的。管理者若要准确地把握组织的效率，须具备5种管理能力，即战略管理能力、文化管理能力、信息管理能力、人力资源管理能力及组织管理能力。

管理者必须坚持"以人为本"的管理理念，必须懂得人力资源的管理。一方面，管理者要招贤纳士，网罗企业发展所需的关键人才；另一方面，管理者要充分利用和开发企业现有人才，做到"物尽其用、人尽其才"，构建一支"教、学、练"一体化的人才团队。

创业者对待下属要具有两种能力：一种是要学会财富分享，凝聚人心，激励下属好好工作，这是以"德"服人；另一种是惩罚下属的不当行为，廉政树威，这是以"威"服人。只有将两者有机结合起来，做到恩威并施、赏罚严明，才能进行有效的管理。

【拓展案例 2】

| 一代电脑奇才王安及 | 新浪曹国伟的创业 |
| 其公司的辉煌与没落 | 小故事 |

4. 决策能力

决策能力是指创业者根据企业内部经营实力和外部经营环境，正确选定创业经营项目，确定企业未来发展方向和目标，拟定企业发展战略和营销组合策略的能力，并能根据情况的变化适时调整具体实施方案。

决策能力决定了创业的成败，是一项非常重要的事情，创业者要不断地学习，通过理论、实践等方式不断提高自己的分析能力、判断能力、应变能力、竞争能力、创造能力等。

5. 资源整合能力

目前，有很多成功的创业项目就是资源整合的产物，资源整合不是简单地相加，而是充分运用现有资源，进行创造性优化组合，进而产生 1+1>2 的效果。资源整合除新技术应用、模块化硬件整合外，还包括用户类型整合、概念整合等。如现在应用很广泛的短视频平台"抖音""快手"等，淡化了创作者和受众之间的界限，并通过"直播带货"的形式整合了商户卖家，打通了两个或多个行业间的壁垒，实现用户转化与泛化，充分挖掘市场、开拓市场。资源整合能力需要创业者精通多个领域，对创业者要求较高。

6. 人际交往能力与协调能力

人际交往能力是一种能够妥善处理好组织内外关系的能力。人际交往能力包括与周围环境建立广泛联系、对外界信息的吸收能力和转化能力以及正确处理好上下左右关系的能力？主要包括表达能力和反应能力两个方面。表达能力是将观点有效地阐释给对方，使大家能够领悟企业目标、企业目前面临环境以及工作对策，进而使大家更加有效地为完成共同的目标而一起努力。反应能力是表达能力的有效补充，通过表达对象良好的反应能力，能够帮助其有效地调整自己的表达方式和表达内容，以便加强表达对象对表达内容的理解。创业需要团队，创业需要人脉，因此，良好的人际交往能力是创业者发展和巩固自身人脉资源的重要保障。

在创业过程中，创业者需要协调好企业内部各部门、各成员之间的关系，同时，还要协调好企业与外部相关组织、企业与个人之间的关系。这种关系既包括工作关系，也包括人际关系。因此，创业者必须具备综合的协调能力。创业者的协调能力，是一种性质复杂的能力，要求创业者掌握一套科学的组织设计原则，熟练运用各种组织形式，善于用权，能够指挥自如，控制有方，协调人力、物力、财力，以获得最佳效果。

7. 营销能力

有无数公司最后走向失败，其根本原因之一就是他们不懂得如何推销自己的产品，如何推销自己的公司品牌。优秀的创业者应该具备较好的营销能力，一方面是指客户管理，另一方面是指销售人员管理能力。营销能力主要体现在以下三个方面：一是产品销售能力，包括寻找顾客、商务洽谈、货品管理、签订合约等能力；二是市场分析能力，包括市场调研、消费者行为和心理分析等能力；三是营销策划能力，包括产品策划、渠道策划、市场推广策划等能力。

8. 学习能力

在目前中国的创业市场中，创业者不仅要懂产品、懂技术、懂市场，还要知道怎么带团队，怎么跟政府打交道，并且绝大多数事务都要创业者亲力亲为，有较强的学习能力及终身学习的热情，这些能力至关重要。在知识经济时代，专业知识增长迅猛，管理知识日新月异，不学习只能被淘汰，创业者必须树立终身学习的观念，在学习过程中不仅可以获取掌握新知识，还可以在新领域拓展眼界，以最快的速度适应新的技术和环境。学习将成为一种重要的生活方式和生存方式，也必将成为人们追求幸福与财富的主要原动力。企业成长的瓶颈有时候不是因为钱，而是创业者学习的速度。

【拓展案例 3】

张一鸣：用科技
改变了世界

王永庆卖米的故事

雷军：向高手学习
怎样成为高手

9. 亲和力

世界上优秀的创业者都具有亲和力，他们很容易就能与客户建立良好关系，容易和身边的人打成一片。亲和力的建立是人与人之间影响及说服能力发挥的最根本条件，在人际关系的建立中，亲和力就如同盖大楼之前必须先打好地基一样。

亲和力一方面来自其主张、观点和处事原则，使人们可以信任和依赖他；另一方面来自其气质风范和行事作风，给人一种莫名的亲切感。无论是就业还是创业，当身边的人对你产生依赖性，喜欢或接受你这个人的时候，就自然比较容易接受和喜欢你的决策与产品。创业者要释放亲和力让身边的人感觉到舒适感、喜悦感、依赖感，再根据自己的产品介绍、项目分享策略进行营销，成就创业之旅。

（三）创业者的素质及能力提升方法

天生的创业精英只是少数，对于大部分人而言，可以通过后天的培养和锻炼，积累创业的素质和能力，最终成为一名成功的创业者。提升创业者素质和能力的方法有很多，可以从学校里提升，也可以从社会上提升。下面，我们主要针对大学生创业者，来阐述提升创业者素质和能力的几种方法。

1. 从学习活动中提升

（1）选修或辅修创业课程。有创业意识的大学生，无论在校期间创业，还是想毕业以后创业，都应该在上学期间选修创业类课程，如创业方法类、创业管理类、创业实战类、创业规划类等课程，拓展知识面，优化、完善知识体系，储备创业理论知识，以便将来把所学的理论知识运用到创业实践中去。学习典型的创业案例，从成功案例中学习优秀方法，从失败案例中汲取经验教训，可以让创业者少走弯路。在课程中还可以掌握针对大学生的扶持政策，用足、用活政策，往往可以达到事半功倍的效果。

（2）阅读创业相关书籍。阅读是成本最低且能快速提升创业者综合素质的方法。大学生创业者应该广泛阅读创业类书籍，如创业案例分析、企业家传记、名人专访等，既能提升学习能力又能开阔视野，打开创业思路，找到创业灵感，总结经验，降低创业成本，提高创业成功的概率。

（3）参加校园创业活动。积极参加校园各类创业文化活动，普及创业政策，树立新时代创业观念，对创业进行良好的启蒙，增强创业法律意识，遵守职业道德，提升创业诚信度，提前在心里种下创业的种子，为日后创业活动打下良好的基础。

（4）聆听创业报告及讲座。大学生创业者，要积极聆听创业报告及讲座，如专家学者或商界名流主讲的创业专题讲座、创业项目研讨会、创业报告会等，每次体验和交流都会有丰富的收获，激发创业热情，开阔视野，挖掘创业新思路。

（5）参加双创大赛。参加双创大赛可以快速地提升创业者素质，当前，职业院校、技工院校在校生可以参与的双创大赛种类有很多。这些大赛在参赛要求及评分规则上具有较强的指导性，大学生创业者可以将之作为参照依据，查找自身的短板，有针对性地提升对应方面的素质，达到快速、准确提升创业者素质和能力的目的。

　　参加双创大赛还可以促进创业团队的组建及创业活动的开展，对于优秀的创业项目，有机会获得更多的专业指导与扶持，甚至可能获得投资。

　　（6）参加导师创业课题研究。创业课题研究是一项理论联系实际的活动过程。在创业课题研究中，既能提升大学生创业者的创业理论素养，又能提高其创业实践能力。积极参加创业导师关于创业课题的研究，能够直接提升大学生创业的综合素质。

　　（7）加入创业协会组织。大学生创业者应该加入创业协会，如大学生创新创业者协会、青年创业联合会、校友创业协会等，可以从中构建人脉、互通有无、互帮互助、提升创业资源配置能力及整合能力。志同道合的一群人，可以有灵魂和创意的碰撞，也可以有心灵的慰藉。迷茫时，可以从学长身上找到努力的方向，甚至可能遇到适合未来创业的合作伙伴。

　　（8）关注媒体创业资讯。大学生创业者应该通过各种媒体手段，广泛获取创业信息，除借助报纸、杂志、电视等传统手段外，在网络信息迅猛发展的当下，还可以通过互联网媒体与移动新媒体等方式获取创业资讯，加工处理取其精华，发掘创业新机遇。

　　（9）参与创业互动交流社区。创业者可以在企业家论坛、创业者论坛、创业沙龙等交流社区注册成为社员，加入创业群，及时关注创业资讯，广泛交流，资源共享，寻找合作伙伴，另外，还可以关注创业相关公众号，拓宽获取信息的渠道。

　　2. 从实习或工作中提升

　　大学生在校期间应该多抓住去企业实习的机会，在企业实习能够深入生产活动一线，真切清晰地体会创业者所需的素质和能力，进而快速提升技能。大学生在参与企业生产活动的过程中，能对自身技能的应用、企业经营管理、科技成果的转化等多方面产生直观的认知，将学校学到的理论知识与实际工作相结合，可以达到快速提升能力的效果。

　　大学生参与社会工作后，创业素质其实是在不知不觉中慢慢提升的，或许刚参加工作时，没有创业的想法，但随着自身对某一行业的熟悉，了解了该行业的运作特点与需求，或者发现了这一行业的痛点，开始有针对性地思考进而深入研究，或许会激发创业的激情，对职业道路产生深远的影响。

　　当确定了创业方向，大学生创业者可以尝试创建一个小微企业，在实战中锻炼自己，优先锁定一个无成本或者小成本的项目，开始自己的创业之路。例如，从做代理业务开始，这种微型创业成本低、风险小，特别适合大学生创业者，从实战中积累宝贵经验，不断调整创业方向，最终实现创业成功。

　　3. 借助众创空间提升

　　众创空间是创业项目的孵化器。它提供创业一条龙服务，且面向所有公众群体开放。众创空间对在校学生、毕业生，往往会有非常优惠的政策，甚至免费提供办公场所，为项目落地提供大力支持。大学生创业者要通过多种途径努力挖掘一个小而精的项目入驻众创空间，从创业实践活动中提升创业素质及能力。

　　众创空间会不定期举办一些公益活动，如创业讲座、创业沙龙，为有创业意识和创业想法的人提供政策解读、问题咨询及专家辅导、信息指引等服务。很多活动采用线上的形

式进行，参与者可以方便快捷地参加各类活动，低成本且快速地汲取创业养分，积极参与以上活动，对提升创业者的素质和能力有很大帮助。

4. 认识创业相关机构提升

创业者在创业过程中需要跟很多政府部门及创业相关机构打交道，如工商、税务、监管等政府部门，创业资质评定、风险投资、创业培训等机构，跟不同类型的人沟通需要用不同的方法，提前认识以上人员，可以提前了解各类人群的特点，提升与人交际的能力、融资能力、风险评估能力，提升创业情商，为真正开始创业之路打下坚实的基础。

案例导入

杨磊：共享单车笑到最后的人

一、避开正面竞争

以往看来，原是人口聚集多、信息传播快、示范作用好的一线城市常成为品牌衍生的第一选择。如今，二、三线城市的价值正在重新被认识。"我非常看好中国二、三、四线城市的互联网企业，哈啰单车就是通过这些城市发展起来的。"杨磊认为，有很多公司会下沉到这些地方去，服务更多小城市的市民，让他们的生活受互联网更大的影响。

2016年，共享单车市场迎来资本风口，这让深耕出行领域多年的杨磊看到了一个新的商机。同年11月，当OFO和摩拜的战火在北京、上海等一线城市燃烧时，杨磊的创业团队正带领着哈啰单车队伍从苏州、宁波开始，围攻二、三线城市。这是杨磊的第四次创业。

杨磊发现虽然一线城市是最成熟的市场，但是被资本疯狂投资的共享单车厂商正打得火热，如果自己一开始选择一线城市必然无法形成自己的竞争优势，只会被资本的力量无情覆盖。

"三、四线城市的消费者也有使用共享单车的需求，市场也很大，有其他品牌的共享单车投放，但用户体验不好。"在杨磊看来，这是个好商机。此时，关于共享单车的政府城市管理策略也在不断出台。2017年下半年，北京等城市相继发布共享单车管理规范，提出对车辆投放实行动态平衡，同时，也规定禁止乱停乱放。

杨磊选择站在解决共享单车乱停乱放等行业通病的角度，设置无桩固定停车点、收集用户行为数据以完善用户征信系统等，来获取政府管理部门的支持。

哈啰单车投资方复星新技术与新经济产业集团副总裁兼董事总经理丛永罡透露看好哈啰的战略布局，尽管用户需求特点与一线大城市不尽相同，但三线及以下城市巨大的立体化出行市场空间值得挖掘。

二、在寒冬中突围

2017年年末，共享单车市场逐渐迎来寒冬。2017年6月13日，悟空单车宣布，正式终止提供支持服务，退出共享单车市场；2017年6月21日，3Vbike宣布停运；同年8月，町町单车被曝"跑路"，而曾经被业内定义为行业"老三"的小蓝单车也传来解散的消息。

哈啰单车在这个"冬季"受到资本青睐，也堪称实现"异军突起"。2017年10月，哈啰单车与江苏永安行低碳科技有限公司完成合并，合并后的新公司仍由哈啰单车团队运营，哈啰单车创始人杨磊出任新公司CEO。

业内人士称，此次合并主要是出于蚂蚁金服的撮合。永安行低碳在全国投了20万辆单车。哈啰单车更看重的是前者的资源：永安行在供应链沉淀10年，耕耘二、三线市场很多年，直接把20个独家城市划给哈啰单车。在阿里、蚂蚁金服的加码下，哈啰单车接连进行了两轮融资。12月4日，哈啰单车宣布完成3.5亿美元第一轮融资，投资方为蚂蚁金服、威马汽车、成为资本、富士达等多家投资机构和产业资本。12月27日上午，哈啰单车宣布完成10亿元人民币第二轮融资，复星领投、GGV（美国纪源资本）等跟投。

对于此次合并，电子商务研究中心生活服务电商助理分析师陈礼腾认为，蚂蚁金服投资哈啰单车的很大目的在于，在三、四线及以下城市布局支付宝，拿下这一潜力巨大的支付场景。

截至2017年12月22日，哈啰单车已经进入150多个城市，注册用户达8 800万，日订单超1 000万，同时还进入了140多个景区。飞速发展的海量用户和骑行数据，也为立体化共享出行布局奠定了重要基础。

（资料来源：伍月明.哈啰单车的"小城攻略"［J］.商学院，2018（4）：57-59.）

◈ 分析解读

哈啰能有今天的规模，首先离不开创始人杨磊。杨磊早在布局哈啰时，就十分重视技术和财务健康，所以才会在行业重新洗牌时，靠效率逐步追赶上来！其次，走到现在最终都要归结到团队。没有一个高管离职，也从来没有空降过高管。团队从融资开始就制订了比较长期的计划，把长远的东西想清楚了，远比眼前的事情重要。清楚目标后坚定不移地去执行，在组织、业务等多层面上保证思考、想法能落地，得到更好的执行。

☀ 创业提示

在创业前问问自己：我是谁？我想干什么？我能干什么？我喜欢和擅长干什么？找准自己的定位，客观冷静地分析自己，深刻清醒地认识自己，对创业者非常重要。

❯ 任务实训

一、实训目的
培养学生在创业活动中的心理素质。

二、实训准备

1. 七彩积木若干。

2. 训练前,教师先用积木做好一个模型。

三、实训步骤(建议时间:15 分钟)

步骤一:将学生分成若干队,每队 4 ~ 6 人为宜。

步骤二:每队讨论 3 分钟,根据自身性格特点分成两组,分别为"指导者"和"操作者"。

步骤三:请每队的"操作者"暂时到教室外等候。

步骤四:教师向每队的"指导者"展示提前做好的模型,"指导者"观看(不许拆开),并记录下模型的样式。

步骤五:3 分钟后,将模型收起,请"操作者"进入教室,每队的"指导者"将刚刚看到的模型描述给"操作者",由"操作者"搭建一个与模型相同的造型。

步骤六:教师展示标准模型,用时少且出错率低的队获胜。

四、实训总结

1. 身为指导者,你的体会是什么?

2. 身为操作者,你的体会是什么?

3. 当操作者没有完全按照指导者的指导去做的时候,指导者有什么感觉?

4. 当操作者没能完全领会指导者意图的时候,操作者有什么感觉?

5. 当竞争对手已经做完,欢呼雀跃的时候,你们有什么感受?

6. 是效率给予的压力大,还是安全性给予的压力大?

7. 指导者和操作者感受到的压力有什么不同?

思考与讨论

1. 按照创业内容分类,创业者可以分成哪些种类?请针对每一种类的创业者查找一个对应的案例。

2. 请结合实际谈一谈创业者应该从哪些方面保持良好的职业道德。

3. 结合实际案例,谈一谈为什么创业者应当具有优秀的品格。

4. 什么是诚信?创业过程中要树立良好的诚信,创业者应该从哪些方面做起。

5. 你如何看待"知识创造财富"这句话?

6. 查阅资料,简述目前我们国家对大学生创业者有哪些扶持政策。

7. 参观学校的"创新创业基地",谈一谈自己的想法。

8. 分组讨论大学生在校期间如何培养创业的素质和能力。

任务二 自我认知测试

我们每个人都是一支潜力股，都有自己独特的个性和长处，未来有无限的潜能。一个人能否正确认识自我，在很大程度上影响或决定着个人的前程和命运。自我认知（self-cognition）是对自己的洞察和理解，包括自我观察和自我评价。自我观察是指对自己的感知、思维和意向等方面的觉察；自我评价是指对自己的想法、期望、行为及人格特征的判断与评估，这是自我调节的重要条件。

如果一个人不能正确地认识自我，看不到自己的优点，觉得自己处处不如别人，就会丧失自信心，产生自卑心理，做事畏缩不前。相反，如果一个人过高地估计自己，骄傲自大，盲目乐观，就会导致工作的失误。因此，恰当地认知自己能够帮助我们克服一些不切实际的想法，还能够帮助我们全面地认识自己，在生活中寻找到适合自己的方面。

一、你认识你自己吗？

（一）职业兴趣

职业兴趣是一个人成功的推动力。它综合反映了对某类职业或某类工作的一种积极态度。不同的人有不同的职业兴趣，如果一个人能够从事与自己职业兴趣相符的工作，那么对待工作就会更加的积极、热情有干劲。

美国著名心理学家和职业指导专家霍兰德（John Holland）将人和职业环境分为相对应的6大类型，即现实型（R）、研究型（I）、艺术型（A）、社会型（S）、企业型（E）和常规型（C），并且霍兰德以六边形的形式表示出6大类型的关系，这就是霍兰德职业类型模型，如图3-1所示。

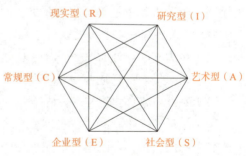

图3-1 霍兰德职业类型模型

（1）现实型特质的人不善言辞和交际，更愿意使用工具从事操作性的工作，他们动手能力强，手脚灵活，动作协调。

（2）研究型特质的人知识渊博、才华横溢，具有较强的抽象思维能力，求知欲强，经常动脑，善于思考，喜欢独立的和富有创造性的工作，但是不善于领导他人。

（3）艺术型特质的人具有特殊艺术才能，乐于创造新颖的、与众不同的艺术成果，他们渴望表现自己的个性，喜欢通过各种艺术形式的创作来充分表现自己的才能，渴望实现自身的价值。

（4）社会型特质的人更看重社会义务和社会道德，喜欢参与解决人们共同关心的社会问题，渴望发挥自己的作用，体现自身的社会价值，喜欢为他人服务以及教育他人。

（5）企业型特质的人精力充沛、充满自信、善于交际，处理事情稳重果断，具有领导才能，他们喜欢追求权力、地位和物质财富，喜欢竞争，敢冒风险。

（6）常规型特质的人喜欢按计划办事，不喜欢冒险和竞争，他们工作踏实，忠诚可靠，遵守纪律，自己不谋求领导职务，习惯接受他人的指挥和领导。

霍兰德职业兴趣测试

（二）性格

有的人热情，有的人冷漠，有的人外向，有的人内向，这是由于性格所致。性格是人们在进行自我评价时常用的维度。不同性格的人适合不同的职业，同样的，不同的职业也需要不同性格的人来从事。内向性格的人适合从事相对独立安静的工作，外向性格的人适合从事与外界广泛接触的工作。精力旺盛、有干劲、不服输的人适合从事具有挑战性的工作，安静沉稳、有畏难情绪的人适合从事困难较小的工作。可见，一个人的性格与职业必须相符，如果不相符或者有冲突，那么这个人对待工作就会产生倦怠情绪，认为工作是一种折磨，不能释放工作热情、提高工作效率。每一个创新创业者一定要提前做好职业规划，正确认识自我、了解自我，才能发展和超越自我。根据自己的性格特点，选择自己擅长的、喜欢的工作，做到扬长避短，少走不必要的弯路和浪费不必要的时间。

人们建立了一套将人的性格分为 16 种不同类型的方法，其中最著名的就是 MBTI（Myers Briggs Type Indicator）测验。MBTI 测验反映了性格类型，对于个人成长、挖掘性格潜能、改善人际关系等都很有帮助，对个人兴趣及职业发展取向也有很好的预测作用。

MBTI 人格共有 4 个维度，每个维度有两个方向，共计有 8 个方面。

（1）精力支配：外向 E——内向 I；

（2）认识世界：感觉 S——直觉 N；

（3）判断事物：思维 T——情感 F；

（4）生活态度：判断 J——知觉 P。

其中两两组合，可以组合形成 16 种人格类型，见表 3-1。

表 3-1　16 种性格类型

内倾感觉思维判断 （ISTJ）	内倾感觉情感判断 （ISFJ）	内倾直觉情感判断 （INFJ）	内倾直觉思维判断 （INTJ）
内倾感觉思维知觉 （ISTP）	内倾感觉情感知觉 （ISFP）	内倾直觉情感知觉 （INFP）	内倾直觉思维知觉 （INTP）
外倾感觉思维知觉 （ESTP）	外倾感觉情感知觉 （ESFP）	外倾直觉情感知觉 （ENFP）	外倾直觉思维知觉 （ENTP）
外倾感觉思维判断 （ESTJ）	外倾感觉情感判断 （ESFJ）	外倾直觉情感判断 （ENFJ）	外倾直觉思维判断 （ENTJ）

（1）ISTJ——检察员。

性格：安静内向，严肃可靠，逻辑性强。

处事：在工作中，他们责任感强、专注力高，无论是独立工作还是团队合作都非常可靠，他们是现实和传统主义者，能够把一切安排得井井有条，不喜欢变数和意外。

社交：他们乐于帮助和关心他人，但不善于表达，喜欢高效直接的说话方式。

代表人物：乔治·华盛顿。

（2）ISFJ——保护者。

性格：友好、安静、细心、耐心，有牺牲精神。

处事：他们善于观察，考虑全面，愿意默默无闻地为大家服务，所以在工作中这类人特别受欢迎，大家都喜欢和他们合作，但如果有人违反规则，他们会不安，甚至沮丧。

社交：他们是很好的照料者，重视伴侣和家庭，关心他人的感受，营造和谐的沟通环境，但有时在陌生人面前会害羞。

代表人物：安东尼·霍普金斯。

（3）ESTJ——监督者。

性格：果断干练，善于交际，有激情，固执。

处事：善于带领他人达到目标，他们专注度高，注重效率和细节，有自己独特的、清晰的逻辑系统，在计划落地时执行力强，是技术型和事业型人才，所以这类人往往容易成功。

社交：善于交际，但通常对他人要求严格，容易忽视他人的感受。

代表人物：亨利·福特。

（4）ESFJ——供给者。

性格：情商高，爱社交，热心肠。

处事：客观公正，做事严谨，重视安全性和可靠性，工作中可塑性强，善于组织和协调，同时渴望得到他人的认可，往往能成为人群中的焦点。

社交：他们非常有人缘，善于发现他人的需求并提供帮助，让人如沐春风。

代表人物：安德鲁·卡耐基。

（5）ISTP——演奏者。

性格：积极乐观，敏锐冲动，性格复杂。

处事：独立创新，行动力极强，对于信息有着超乎寻常的洞察能力，对原因结果、系统流程感兴趣。他们的性格捉摸不定，虽然安静，但敢于尝试大胆另类的活动，有时也会意气用事。

社交：虽然内向，但在与人交流时也能占据主导地位，他们喜欢独处，向往自由，所以不要指望他们能给你细致入微的关怀。

代表人物：史蒂夫·乔布斯。

（6）ISFP——作曲家。

性格：安静内向，温暖友善，艺术家气质。

处事：他们活在当下，按照自己的节奏行事，立场明确，对于不喜欢的事情，即使强迫也没用，对于喜欢的事情会全身心投入。一般有敏锐的感知，所以艺术天分要高于其他人。

社交：他们渴望拥有自己独处的空间，不会把自己的观念和价值观强加到他人身上，所以在社交方面让人感觉轻松而温暖。

代表人物：迈克尔·杰克逊。

（7）ESTP——创业者。

性格：积极乐观，灵活多变，聪明自信。

处事：喜欢用积极开放的态度和行为去解决问题，对理论和抽象的解释不感兴趣，注重实际，并且擅长临场发挥，可以快速适应环境和影响他人，他们有挑战精神，学习和做事往往能坚持到底。

社交：这类人能言善辩，有一定的领导天分，但有时候强势的性格也会伤害到他人。

代表人物：安吉丽娜·朱莉。

（8）ESFP——表演家。

性格：活泼外向，慷慨大度，有时候会冲动任性。

处事：这类人总能在生活中找到乐趣，能很好地享受物质，讨厌条条框框的约束，有敏锐的观察力，喜欢团队合作，互利共赢。他们也喜欢通过实际操作来学习，而且有时候看起来大大咧咧，不够专注。

社交：为人自然不造作，从不隐瞒心事，很容易产生友谊或感情，有时候会显得用情不专。

代表人物：莱昂纳多·迪卡普里奥。

（9）INFJ——咨询师。

性格：思想丰富，忠于自己，有时会矛盾。

处事：虽然他们安静内敛，但渴望在幕后发挥影响力，而且思想丰富的特点，使他们更善于处理复杂的问题，但他们性格复杂，有时会自我矛盾，如一会儿热情、一会儿冷漠。

社交：这类人有丰富的内心世界，虽然不喜欢分享自己，但非常善解人意，由于忠于自己的价值观难以动摇，所以在受到伤害时，往往会选择默默退出。

代表人物：柏拉图。

（10）INFP——治疗师。

性格：道德感强，理想主义者，幽默。

处事：直觉判断能力强，比其他类型的人更喜欢假设和哲学，做事倾向于原则而不是逻辑性和实用性，有时候看起来精通一个领域，但其实只是靠自己的理解。

社交：为人通情达理，热衷于理解别人，并保护他们的情感，通常喜欢独处，但在与人沟通时也有很强的幽默感和感染力。

代表人物：威廉·莎士比亚。

（11）ENFP——倡导者。

性格：富有自由精神，热情洋溢，容易情绪波动。

处事：在这类人眼中，人生有很多可能性，所以兴趣广泛也往往才华出众，善于在事物之间寻找联系，应变能力强，行动起来充满自信，但在行动之前往往会拖延。

社交：天生的社交高手，专治各种冷场，他们总是需要他人的认可，也时刻准备着给他人赏识和帮助。

代表人物：马克·吐温。

（12）ENFJ——教师。

性格：乐观、温暖、克制，有感染力和同情心。

处事：他们善于关注他人的感情需求和动机，并希望帮助他人发挥潜能、实现梦想，有时反而会忽略自己的需求。虽然信赖有理有据的观点，但能够积极回应他人的反对意见，有着鼓舞他人的领导能力。

社交：他们温暖、健谈，往往是个人或群体成长的催化剂。

代表人物：马丁·路德·金。

（13）INTJ——策划师

性格：过分理性，外表冷漠，内心炙热。

处事：他们擅长分析和逻辑，是不折不扣的深度思考者，往往有自己独特的想法并形成长远计划。他们对自己和他人的要求都非常高，甚至有些苛刻，如果他人达不到要求，他们宁愿独自行事，是所有性格中最独立的一种。

社交：他们外表平静，仿佛对什么都不感兴趣，但内心还是很热情的。

代表人物：艾萨克·牛顿。

（14）INTP——建筑师。

性格：安静内向，善于思考，多疑挑剔。

处事：这类人对自己感兴趣的任何事物，都要找到一套合理的解释，热衷于探究系统和原理，同时拥有深度解决问题的能力，所以一般从事建筑、科学和法律相关的职业。

社交：他们在熟人面前友好放松，在陌生人面前十分腼腆，但由于多疑挑剔的性格，他们往往不合群，不善于交朋友。

代表人物：阿尔伯特·爱因斯坦。

（15）ENTP——发明家。

性格：好奇心极强，坦诚直接，非常自信。

处事：他们思想创新，思维敏捷，能发现极易被忽略的问题，他们善于寻找理论上的可能性，用战略的眼光分析问题，不喜欢例行公事，很少用同样的方法做同样的事情，这也让他们难以持之以恒。

社交：为人警觉性强，直言不讳，像是个敏锐的批评者，他们也把这当成激励和帮助他人的方式。

代表人物：达·芬奇。

（16）ENTJ——陆军元帅。

性格：强势霸气，果断坦诚，自尊心强。

处事：他们是天生的领导者，能快速发现不合理性和低效能性，并提出有说服力的观点，进而实施有效的和全面的方案来解决问题，这类人往往见多识广，善于做长期的计划和目标设定。

社交：他们往往很强势，会毫不留情地揭露他人的缺点，就是一副霸道总裁的样子，而且不乏异性的喜欢。

代表人物：比尔·盖茨。

MBTI 职业性格测试　　　　　FPA 乐嘉性格色彩测试

（三）能力

在职业发展的过程中，能力具有不可替代的作用，它决定了一个人在职业方面取得成功的可能性。对于创业者而言，由于其面临着复杂而具有挑战性的环境，对于能力的要求也更为广泛。

1. 创业者的经营管理能力

当今市场经济社会中，小企业同样要生存发展，创业者必须具有良好的经营管理能力。小企业虽小，但它也和大中型企业一样，天天与人、财、物打交道。如何通过管理，利用现有的人、财、物实现最佳的效益；如何调动每一位雇员的积极性，使之全力以赴地为企业工作；如何使自己的产品或服务项目得到社会认可，受用户欢迎，这些都是需要通过创业者良好的经营管理能力来实现的，需要依靠创业者所建立起来的高效的管理体系。世界"钢铁大王"卡耐基生前曾说过："将我所有的工厂、设备、市场、资金全部夺去，但只要保留我的组织和人员，4 年以后，我仍将是一个钢铁大王。"由此可见，经营管理体系和经营管理能力的重要性不言而喻。

2. 创业者的专业技术能力

创业者是以自己的服务式产品为社会做贡献的，这就要求创业者以精通专业操作为基础。一个具有丰富经验和较高水平的经营管理者，如果不熟悉或不了解某一专业或职业的特殊性，就无法施展和发挥其经营管理的能力或综合能力。相反，只有掌握了某一专业的技术能力，才能因事制宜，对症下药，采取适当的经营管理方法。因此从这层意义上讲，专业技术能力是一种最基本的创业能力。

3. 创业者的综合性能力

在创业活动中，综合性能力是一种最高层次的能力，具有很强的综合性特征、主要包括把握机遇的能力、信息的获取加工处理能力、交往公关能力、创新能力等。这些特殊能力一旦与经营管理能力相结合，就会从整体上全方位的影响和作用于创业实践活动，使创业实践活动的方式和效率发生显著的变化。

4. 创业者的领导能力与决策能力

创办一个企业不仅需要处理大量的事务性问题，还需要为企业建章立制，即便是只有一两个人的小店铺或家庭企业也不能例外。企业虽小，但面临的环境以及经营发展的变化却不小。因此，创业者还需要具备相当的领导能力与决策能力，能将企业的人员与业务安排得井井有条，并能及时处理所遇到的一切问题。

二、自我认知测试

（一）你适合创业吗

创业者所必需的7大要素分别为资源（Resource）、想法（Idea）、技能（Skill）、知识（Knowledge）、才智（Intelligence）、关系网络（Network）、目标（Goal）。7大要素的首字母恰好构成了"RISKING"一词，各要素具体的解释如下：

（1）资源（R）：主要指创业者必备的人力资源、物力资源、财力资源、项目资源等。

（2）想法（I）：应具有一定的创新性、可行性、持续性、拓展性，主要是指具有市场价值的创业想法，并能在一定时期产生利润。

（3）技能（S）：主要是指创业者所必需的专业技能、管理技能、行动技能等，如果个人不完全具备，但是团队成员之间能形成技能互补，也是不错的技能组合。

（4）知识（K）：主要是指创业者必备的专业知识、行业知识、创业知识等相关内容，良好的知识结构能够帮助创业者开阔视野，发挥才智。

（5）才智（I）：主要是指创业者的情商和智商，才智具体表现在创业者思考问题、分析问题、解决问题、观察世界等方方面面。

（6）关系网络（N）：创业者需要具有良好的人际亲和力和关系网络，包括服务对象、新闻媒体、合作者，甚至是竞争对手。善用资源者，通常都能够较强的调动资源的深度和广度。

（7）目标（G）：明确创业的方向和创业的目标，从而具备精准的市场定位。

【测试】

本测试基于成功创业者"RISKING"素质模型而设计，专门用来测试创业者是否拥有充足的能力与素质去进行创业。其中的测试题由一系列陈述语句组成，主要从"RISKING"素质模型中的7个要素方面而进行设计。

　　在测试过程中，创业者只需要根据自己的实际状况，选择最符合自己特征的描述即可。应注意的问题：选择时请根据自己的第一印象，不要思虑太多。共 30 个问题，最好在 5 分钟内完成所有问题。每个题目只有一个正确答案，请选择最符合自己实际状况的答案，每题共有 5 个选项，分别为 A.很不符合；B.不太符合；C.不确定；D.比较符合；E.非常符合。

　　（1）我具有丰富的想象力，并能把这些想法准确而生动地表达出来。

　　（2）我的想法通常比别人来的有价值，更具有创造性。

　　（3）我的想法通常并不是天马行空，泛泛而谈，而是切实可行的。

　　（4）每天早晨我都是怀着积极的态度醒来，感觉今天又是崭新的一天。

　　（5）我知道如何控制自己的生活、性情和脾气，并做到自律。

　　（6）当我开始创业时，我的家人能够理解我的不自由状态并支持和鼓励我。

　　（7）当我失望时，我能够处理问题而不是逃避放弃，而是以积极的状态重新投入工作。

　　（8）我留心观察周围的事物，注意细节性问题，把握身边的契机，并把不利局面转化为机会。

　　（9）我更倾向于主动地去把握和解决问题，而不是出于被动局面。

　　（10）我不是一个风险规避者。

　　（11）对我即将涉及的领域，有很好的专业背景和技术。

　　（12）了解该行业目前的市场运作和竞争水平，并熟悉相关的法律政策条文，做好充分准备。

　　（13）我曾经有过管理经验，并擅长组织活动。

　　（14）眼光长远，更加看重的是一种持续发展而不是短期盈利。

　　（15）能够挖掘理想的合伙人或经理人士，雇用理想的专业人员和员工。

　　（16）有雄厚的资金来源和稳定的财务系统，至少可以保证第一年的正常运营。

　　（17）通过合理的途径以自己能够接受的成本募集资金，以获得充沛的资金流。

　　（18）可以获得对自己有利的物质来源，如原材料等，能够很好地控制成本。

　　（19）与替人工作相比，我更渴望有一份属于自己的事业。

　　（20）我有一个很明确的创业目标，并可以为实现这个目标而奋斗，哪怕付出代价。

　　（21）我有勇气和耐心去实现这个目标，即使需要承担风险。

　　（22）我有信心最终能完成这个目标。

　　（23）我喜欢合作胜于凭一己之力完成工作。

　　（24）别人认为我是一个值得信赖的人，并且充满活力、积极向上。

　　（25）我善于和陌生人打交道，而不是仅局限于熟人圈内。

　　（26）我具有影响他人的能力，并使人信服。

　　（27）我善于向媒体公众推销自己的公司，吸引他人的注意力。

　　（28）能够和上下游行业保持紧密的合作关系，相互扶持，共同发展。

（29）同利益相关团体，如民间及政府机构、金融机构形成良好的关系。

（30）同行业内的竞争者更容易实现竞合而非竞争。

【结果分析】

测试完毕后，按照所选答案分别统计出 A、B、C、D、E 五类选项的数目，其中选项个数最多的那类就是创业者所属的类型。各类型的特征及创业建议如下：

A：你不适合创业或根本就没想过创业。你规避风险，倾向于安定的生活，并且不善利用自己的网络去开拓事业。你的生活圈子只局限于你所熟悉的那个圈子，因此你更适合做一个普通的上班族。

B：你有创业的意识但不愿意创业，在风险和安稳之间你更倾向于后者。

C：你具备一定的创业素质，但是由于缺乏信心的关系致使你未能认清楚自己的这种能力或者创业潜力。或许也可以说，外界的影响力经常会左右你的选择。

D：你适合创业且比较符合创业的要求，你所需要的是一种守业的能力，来保证公司的长期发展和完善。同时，你仍然还需要不断地去完善自己，使他人更加信赖你。

E：你非常适合创业和守业。如果你能全身心地投入一项令你激动人心的创业事业中，效果会非常好，收益也会更多。但是，并不是所有的人都适合做企业家，即使你恰好具备这些素质，你仍然不能忽略他人的帮助及团队的力量，并且你要不断地开阔自己的视野，坚持学习，持续提升自己的能力和素质。

（二）你的创业梦想有多远

对于每个人来说，梦想总是要有的，万一要实现了呢？大家有没有想过，没有梦想的人和咸鱼又有什么分别呢？让我们一起来看看你离梦想还有多远？

【测试】

（1）你属于变动型星座（射手、双子、处女、双鱼）吗？
YES →跳第 2 题　　　　NO →跳第 5 题

（2）谈到自己的 3 个优点，你可以不假思索地说出来？
YES →跳第 3 题　　　　NO →跳第 9 题

（3）觉得送礼券比鲜花、巧克力更实惠？
YES →跳第 4 题　　　　NO →跳第 8 题

（4）你属于本位型星座（摩羯、天秤、巨蟹、白羊）吗？
YES →你是第一型人格　　　　NO →跳第 18 题

（5）你属于固定型星座（金牛、狮子、天蝎、水瓶）吗？
YES →跳第 9 题　　　　NO →跳第 6 题

（6）你希望拥有哪种度假方式？

    A）充满异国情调的岛国海洋之旅→跳第7题

    B）可以边玩边充电的欧洲博物馆之旅→跳第11题

（7）你觉得粉红色是浪漫的颜色吗？

    YES→你是第六型人格　　　　　　　　　　NO→跳第12题

（8）你曾经尝试过减肥，但都没有成功吗？

    YES→跳第6题　　　　　　　　　　　　　NO→跳第10题

（9）对于喜欢的异性，你会主动示好吗？

    YES→跳第12题　　　　　　　　　　　　NO→跳第11题

（10）与人初次见面时，你会先看对方的眼睛吗？

    YES→跳第14题　　　　　　　　　　　　NO→跳第13题

（11）喜欢每件事都井然有序地进行，讨厌惊喜？

    YES→跳第18题　　　　　　　　　　　　NO→跳第19题

（12）除非重要场合，不然极少打扮？

    YES→跳第16题　　　　　　　　　　　　NO→跳第15题

（13）基本上不相信人性？

    YES→跳第17题　　　　　　　　　　　　NO→跳第15题

（14）遇到他人骚扰，通常能顺利运用技巧，让对方知难而退？

    YES→你是第三型人格　　　　　　　　　　NO→跳第22题

（15）不喜欢的事，会马上拒绝？

    YES→跳第23题　　　　　　　　　　　　NO→跳第14题

（16）喜怒形于色，很难隐藏情绪？

    YES→跳第20题　　　　　　　　　　　　NO→跳第21题

（17）你是一个很容易感动的人？

    YES→你是第四型人格　　　　　　　　　　NO→跳第22题

（18）喜欢说话甚于倾听？

    YES→跳第22题　　　　　　　　　　　　NO→跳第16题

（19）你会点下面哪一道甜点作为副食？

    A）巧克力樱桃慕斯→跳第23题

    B）香草布丁派你是第八型人格

（20）你觉得门面的打理很重要？

    YES→你是第九型人格　　　　　　　　　　NO→跳第15题

（21）喜欢下列哪一种颜色组合？

    A）浅灰加上粉红你是第十型人格

    B）黑白对比色跳第20题

（22）这一生你曾经历大的挫折？

    YES →你是第二型人格   NO →跳第 19 题

（23）你经常改变主意吗？

    YES →你是第五型人格   NO →你是第七型人格

【结果分析】

第一型人格（梦想指数 10，成功指数 100）：你是一个相当理性的人，不会只要嘴皮子，在他人眼中，你是个不折不扣的行动派。天生拥有察觉破绽的本性，你懂得随着环境改变，性格积极主动，自小便习惯为自己制订计划，并且懂得随时检讨反省，只要遇上合适的机会和周边的助力，成功指日可待。

第二型人格（梦想指数 80，成功指数 20）：你是一个游走于梦想和现实的人，平时有着情绪化的倾向。害怕改变和竞争，对于危险有着相当敏感的警觉度。生平无大志，对你而言，名利不具备任何吸引力。你多半喜欢沉浸在自己编造的想象世界中，个性被动且不会积极。

第三型人格（梦想指数 20，成功指数 90）：你是一个相当上进的人，最大的优点是越挫越勇。因此越是优越的环境，对你来说越是不利。你对环境的适应力较强，需要在一个高压或是竞争的环境中，才能激发性格潜能。你务实且懂得向强者看齐，个性果断，不过有时显得过于冷酷和严肃。

第四型人格（梦想指数 70，成功指数 40）：你是一个很压抑的人，无法适度释放自己的能力，因此经常处于人际关系的边缘地带。为了逃避压力和寂寞，你经常躲在自己的小圈圈中，这对成功相当不利。你需要的是积极乐观的朋友，化梦想为实践，才能成就大事业。

第五型人格（梦想指数 50，成功指数 50）：你是一个能量释放很不规律、行为上不按常理出牌的人。你个性有点外向又有点孤僻，常给人摸不清的感觉。你为人直率，他人经常觉得很难和你搭上线。没有什么喜恶，对于人生也没有特定计划，你的梦想随时在改变。积极时令人刮目相看，颓废时又像扶不起的阿斗。

第六型人格（梦想指数 60，成功指数 30）：你其实聪明绝顶，不过你的性格充满矛盾点，这是阻碍你成功和向前迈进的关键点。你的自尊心强烈，喜欢竞争却又不愿承认，有时候会为了成就牺牲他人。内心会构建伟大的梦想，不过成就有时却为你带来烦恼。你的成功之路布局得太快，有时会让自己措手不及。

第七型人格（梦想指数 30，成功指数 80）：虽说你的成功指数不是很高，不过实际上你才是所有类型中最容易出人头地的一类。你的外表和实力经常被人忽视，这一点允许你默默地往上爬，在他人毫无防备之下攻城略地。没有把握的事情你不会去做，你相当精明，绝对不会让自己吃亏。

第八型人格（梦想指数 90，成功指数 10）：你是一个感情丰富的人，很容易受到环境的影响。优柔寡断是你的性格弱点。遇强则弱，很容易成为他人欺负的对象，遇弱则会显得很怠惰。你需要积极营造自信，不要人云亦云。如果父母都很强势，对你将有很大的帮

助。学习不要逃避问题，成功概率才会提高。

第九型人格（梦想指数100，成功指数60）：你的个性单纯天真，许多时候误打误撞就能获得好运，十分令人羡慕。天性善良的你，很有创造力，从事创意工作将能大有成就。官僚主义和复杂的人际关系不适合你，只要积极有自信，可以考虑自己创业实现梦想。

第十型人格（梦想指数40，成功指数70）：你是一个善于处理人际关系的人，天生擅长观察人性，活跃于各项社交活动，你很懂得经营自己。你几乎不花时间在梦想上，对你来说，成功的关键在于积极努力。你极富竞争性，个性有时咄咄逼人。你的弱点在于物欲极强，小心别沉浸在追求金钱的世界里。

（三）你是天生的创业家吗

当下，在"大众创业、万众创新"的背景下，创业的队伍越发庞大，每个人都想成为千军万马中的一员，希望自己能享受到创业的福利。如果你渴望创业成功，也要看一看自己是不是拥有那种创业天赋，再加上后期的个人努力，或许你就会创业成功。那么，你到底是不是天生的创业家呢？让我们一起来测试一下吧。

【测试】

你的公司在一座8层高的大厦里，你希望自己的工作地点在哪一层？

A. 1层或2层

B. 3层或4层

C. 5层或6层

D. 7层或8层

【结果分析】

选择A：你的创业意识较强，能脚踏实地，是个务实的创业者，但有时遇到问题过于犹豫，往往会失去好的发展机会。

选择B：你很务实，有很强的思考能力，是非常精干的创业者，只是过于机敏反而容易误失时机。

选择C：你能够抓住时机迎难而上，具备超强的市场洞察力，并且能够听从他人的指正，是一位非常有潜质的创业者。

选择D：你具有不服输的性格，具有力压群雄之势，有竞争力，对自己的创业充满信心，但是要避免出现急于求成的心态。

（四）你有做老板的潜质吗

很多人喜欢平平淡淡的生活，工作也是安于现状，不喜欢出风头，只是按部就班地做好自己的工作，踏踏实实地做个不高不低的小职员；而有些人不安于现状，喜欢往前冲，喜欢创造性、挑战性的工作，不仅能高质量地完成自己的工作，还能做一些别人不喜欢做的事情，他们注定不平凡；还有些人就是不喜欢给别人打工，总想着自己当老板，自己给自己打工，怎么做都很高兴。但其实并不是每个人都适合做老板，要是你的话，你会做何选择呢？下面做一下小测试，看看你有没有做老板的潜质吧。

【测试】

假如正逢经济不景气，公司发生了财务危机，你已经一个月没有领薪水了，这时候你会怎么办？

A. 立刻辞职

B. 要求老板加薪

C. 要求老板至少发一半薪水

D. 再忍一个月看看

【结果分析】

选择 A：你是一个比较有野心的人，认为自己的实力不输给他人；有白羊座、狮子座和射手座自视甚高的倾向。

选择 B：当各种条件具备不充分时，你可以忍受上班的苦处，但羽翼丰满后，就会全力追求属于自己的事业；有金牛座、天蝎座和摩羯座倚势而为的倾向。

选择 C：你有身兼数职的本事，任职于公司的同时又开发自己的事业，考虑得失后才决定辞职与否；有双子座、天秤座和水瓶座两边通吃的倾向。

选择 D：如果没有完全的把握，你通常不敢独自承担失业的风险，所以偏好待在稳定的公司；有着巨蟹座、处女座和双鱼座追求稳定的倾向。

（五）你能做生意赚大钱吗

很多人都想着做生意，特别是看到别人赚钱非常眼热，就会想到可能自己去也会做得很好。根据成功创业者的实例，16 种适合做生意赚大钱的人，看看你属于哪一种？有没有赚大钱的可能？

（1）很聪明的人。

（2）办事能力很强和办事效率很高的人。

（3）不安于现状，不断努力的人。

（4）真正受过穷的人。

（5）有人生财富目标的人。

（6）抛弃"面子"的人。

（7）勤奋好动的人。

（8）最能创新的人。

（9）很有自信心的人。

（10）个性豪爽的人。

（11）善于冒险、果断的人。

（12）善于学习总结的人。在平时的经商中，多与人交流，听取别人的意见和想法。不断总结，以丰富自己的经商经验。

（13）能吃苦耐劳的人。做生意的人相信"天道酬勤"的道理，一年365天都不休息，风里来雨里去，生活没有规律，搬运货物相当辛苦。

（14）不断进取的人。遇到挫折不屈不挠，哪里摔倒了就在哪里爬起来。例如：您做一次不成功，两次、三次……哪怕是做99次不成功，第100次您成功了，那您这一生就是一个成功的人。

（15）善于抓住机遇的人。在人们的生活中，在自己的身边往往有很多的机遇，只是由于疏忽而没有发现，让机遇溜掉，或者是被别人提前发现并且抓住了时机。所以，在平时生活中要对周围的事物多看、多想、多做，对自己发现和创造机遇有很大的好处。

（16）珍惜时间的人。浪费时间就等于浪费财富。对于经商的人来说"时间就是金钱"一点都没有错。赚钱靠的是珍惜时间，利用时间。天天早睡晚起做懒汉是赚不到更多的财富的。人的生命是有限的，特别是在年轻力壮、思维敏捷的年龄阶段，多创造财富，为老来享用。

三、自我修炼手册

"我适合创业吗？"我想每个职业院校的学生都会有这样的疑问，你是否真正可以成为一名创业者？其实，创业者身上有着不同于常人的特质，每个人身上的特质不尽相同，有相似性，也有独特性。如果让你来描述印象中的创业者，你会用哪些词语来描述他们呢？激情？执着？专注？乐观？包容？的确，这些都适用。在以下若干个创业者特质中，能找到让你成为一名创业者的特质吗？

（一）6种自我激励方法表明你可以成为一名创业者

在不断塑造自我的过程中，影响最大的莫过于选择乐观的还是悲观的生活。思想上的这种抉择可能给我们带来激励，也有可能阻止我们前进。清晰地规划目标是人生走向成功的第一步，但塑造自我不仅限于规划目标。要真正塑造自我和自己想要的生活，我们必须奋起行动。莎士比亚说得好："行动胜过雄辩"。一旦掌握自我激励方法，自我塑造的过程也就随即开始，以下方法或许可以帮助塑造那个你一直梦寐以求的自我。

1. 树立远景，确定具体目标

随时可以按自己的想法做些事情，但不能一刻没有目标。迈向自我塑造的第一步，要树立一个每天早晨醒来为之奋斗的目标，它应是你的人生目标。你必须即刻着手树立目标，而不要往后拖延。许多人惊奇地发现，他们之所以达不到自己孜孜以求的目标，是因为他们的主要目标太小，而且模糊不清，使自己失去动力。如果主要目标不能激发你的想象力，目标的实现就会遥遥无期。因此，真正能激励你奋发向上的是确立一个既宏伟又具体的远大目标。

2. 迎接困难，战胜恐惧心理

离开舒适区，不断寻求挑战，激励自己。舒适区只是避风港，不是安乐窝。它只是你心中准备迎接下次挑战之前刻意放松自己和恢复元气的地方。提防自己，不要一直躺倒在舒适区。如果把困难看作对自己的诅咒，就很难在生活中找到动力。如果学会把握困难带来的机遇，你自然会动力陡生。所以，不要假装自己的生命会绵延不绝，加强紧迫感，直面困难，战胜恐惧，哪怕克服的只是小小的恐惧，也会增强对创造自己生活能力的信心。

3. 把握情绪，远离无效社交

有的时候，人的体内会发生奇妙的变化，从而获得新的动力和力量。因此，把握好情绪，找出自身的情绪高涨期用来不断激励自己。对于那些不支持你目标的人要敬而远之。你所交往的人会影响你的生活，与愤世嫉俗的人为伍，你会与他们一起沉沦。与快乐和成功的人为伍，你就会对生活充满热情，看到更多的人生希望，在追求快乐和成功的路上迈出重要的一步。

4. 立足现在，适当放松自我

对自己越苛刻，生活对你越宽容；对自己越宽容，生活对你越苛刻。因此，不要沉浸在过去，也不要耽溺于未来，要着眼于现在。立足现在，锻炼自己即刻行动的能力。此外，随时做好调整。实现目标的道路绝不是坦途，它总是呈现出一条波浪线，有起也有落，但你可以事先做好调整，这才是明智之举。在自己处于波峰时，可以让自己暂时隐退一下，离开挚爱的工作，适当放松，你会感受到自己的内在动力在不断增加，当你重新投入工作时才能更富激情。

5. 谦虚自省，正确审视自我

无论你多么出色，总要相信人外有人。所以需要学会谦虚，只把那些溢美之词当作自己生活中的点缀，不要从别人身上找寻自己，不要通过别人对自己的印象和看法来看自己。获得别人对自己的正面反馈很不错，但是，仅凭他人的一面之词，把自己的个人形象建立在他人身上，就会面临严重束缚自己的危险。因此，深刻地认识自己，应该经常自省并塑造自我，要明白最终超越别人远没有超越自己更重要。

6. 敢于犯错，积极面对拒绝

塑造自我的关键是甘做小事，但必须即刻就做。塑造自我不能一蹴而就，而是一个循序渐进的过程。有时候我们不立即做一件事，是因为我们没有把握做好。当我们感到自己状态不佳或精力不足时，往往会把必须要做的事放在一边。如果有些事你知道需要做，却又提不起劲，尽管去做，不要害怕犯错。也不要害怕被拒绝，当你的要求落空时，要积极面对，让这种拒绝激励出你更大的创造力。

（二）5 种必备心态表明你可以成为一名创业者

1. 积极、乐观、自信的心态

创业路上充满艰难和挑战。但不管怎样，对于一个创业者来说，最重要的一点是自信，要相信自己的选择是正确的，相信自己能成功。自信是人生和事业成功的基础，如果你对自己的选择没有一点信心，不如干脆放弃。当然，创业不能盲目地自信，而是要建立在理性分析的基础上。

除此之外，创业者还要有积极乐观的心态，看到事物好的一面，鞭策自我，战胜自我，努力克服内心障碍，解决遇到的困难，创造条件把不可能变为可能，才能够获得事业上的成功。

2. 吃苦、感恩的心态

普通上班族朝九晚五、时间固定，他们每个星期还有两天假日可休息，可娱乐，可休养。但是如果自己创业，意味着没有固定的休息时间，加班是一种常态，而且不管重的、轻的、精通的、不精通的，什么活你都得做，你都得拿得起。虽然没有其他人和规则的约束，但是你必须克服自己身上的惰性，严格要求自己，自己约束自己。

在创业的过程中，还要拥有感恩的心态，只有感恩的人才是富足的人，要感谢所有帮助过你的人，感谢曾经遇到的坎坷和困难，甚至要感谢你的竞争对手，他们让你变得更加完美。

3. 独立、自主的心态

上学的时候，自己什么也不用操心，父母给安排好了一切。工作的时候，作为一名普通员工，只需要完成上级分配给自己的工作任务就行，可以有一定的依赖性。但是，当你选择了自主创业，就无法享受这种依赖性。你必须自己对自己负责，你必须给自己制订周密的工作计划，自己决定如何调配资源，学会时间管理和事务管理，明确公司的经营和发展方向。

父母和朋友只能起辅助作用，一切都要靠你自己。这时，你必须具备独立、自主的心态，不断培养自己独立的分析能力和决策能力。

4. 坚强的心态

在创业过程中，你将面临很多压力：经营处于低潮怎么办？客户纠纷怎么办？员工不称职怎么办？现金流中断怎么办？遇见突发事件怎么办？这一切都会让你很纠结、很痛苦，让你食不知味，让你辗转难眠，产生深深的压力感和挫折感。同时，创业还面临一定的风险，辛辛苦苦筹集的资金可能付之东流，创业最终以失败告终，所以创业者必须能够承受挫折和失败，具备坚强的心态。

5. 学习的心态

成功学大师一致认为：学习是最便宜的投资，时间是最昂贵的投资。的确如此，学习是世界上最占便宜的事情，我们只要花 1～2 个小时就可以学到别人几乎毕生的经验，节省了大量的摸索时间。因此，大凡成功的人都是虚心好学的人。

学习的重要性不言而喻，"一次性学习时代"已告终结，学历教育已被终身学习所取代。更重要的是，越来越多的人认识到，一个企业仅仅个人肯学习还是无法形成竞争力的。只有当整个组织具有很强的学习力时，企业才能走向辉煌。这是学习型组织兴起的根本。未来一定是属于那些热爱生活、乐于创造和通过向他人学习来增强自己智慧的人。

（三）8 种必备素养表明你可以成为一名创业者

1. 宏观意识

国内政策在不断地调整，国际形势也在不断地变化，市场的波动可能带来机会，但也可能带来毁灭性的灾难。培养宏观意识有利于帮助创业者抓住机会，避开危险。创业者要具有宏观意识，能够把握住机会，学会从宏观上分析问题，从高处往下看，反过来再寻找向上的阶梯，因此要从小处做起。

2. 风险意识

真正的创业者不能靠运气去做事，而要靠胆识和谋略，不是靠不计后果的赌博，而是尽量规避风险获取高回报。创业集融资与投资为一体，创业的过程就是一场风险与收益互相博弈的过程。因此，创业者必须有一定的风险意识及防范风险的意识。一定要考虑自己的能力及风险承受能力，合理做出判断，同时还要时刻注意环境的变化，把风险控制到最低。

3. 理性思维

创业者要克服好高骛远、好大喜功的想法，树立务实的创业精神和脚踏实地的实干精神。作为创业者，要志存高远，但是同时也需要按照市场规律办事，要迅速适应新环境，及时将自己的状态及企业的状态调整到最佳，制定切实可行的方案，进行理性决策，使企业一直走在正确的道路上。

4. 自我否定精神

经验是一种宝贵的财富，背离自己的经验而倾听下属的建议有时是不容易做到的。创业者有时会犯经验主义错误，刚愎自用，拒绝否定自我。从某种意义上看，创业者大多数是理想的现实主义者，他们希望以一种浪漫的手法来实现自己的目标。创业者必须做好两点：一是要对自己的经验采取审视态度；二是要善于倾听他人的建议，对他人的观点持开放态度，老老实实地读书思考，认认真真地向别人请教，使自己具有持之以恒的创新精神。

5. 协作精神

许多合作不欢而散，原因可能是利益上的冲突难以协调。但是对于企业来讲，协作是非常重要的，只有把人员组织好，才能做出很好的业绩来。因此，学会如何与他人合作是创业者要解决的一大难题。

创业者与外部单位的合作，要有长远眼光；与内部员工的合作，也不要斤斤计较，在利益分配上要公平、公正、合理。创业者要加强与合作者情感上的沟通，学会与之交流，

自以为是、目中无人、居高临下的姿态是不可取的。

6. 正直品格

创业者必须人品正直，诚实守信，敢于担当，知人善任，做规章制度的模范执行者。如果自己做错了事情，就要勇于承认错误，绝不狡辩。同时还要学会管人、育人、用人，激励人才、尊重人才、用好人才，遵守诺言，切忌信口开河、随便承诺，切忌"家长制"和"一言堂"。

7. 个人魅力

个人魅力可以凝聚人心，鼓舞士气，使员工乐意为企业奉献，也可以给自己的合作伙伴留下美好的印象。个人魅力对于创业者来说，包括守信、诚实、大度，要做到言出必行，厚人薄己，承担责任，服务企业，造福社会。

8. 决策能力

初创企业的发展总是从小到大的。企业小时，创业者需要务实；做大了就要适当务虚。创业者必须运筹帷幄、决胜千里，妥善分配企业的资源，调整企业的方向，切忌凭借感觉和冲动做事；如果做错了再去救火，企业可能已经破产了。创业者必须时刻警惕着市场上的点滴变化，慎重地对待每一次决策。

> **💡 创业提示**
>
> 马云曾说过："一个成功的创业者需要具备 3 种素质：眼光、胸怀和实力。"

▶ 任务实训

请对照表 3-2 创业者素质自我测评表，对自身的创业能力素质进行测评，如果对自己的能力素质认知有些不确定，可以通过身边的同学或者朋友来给自己测评，再结合自评，确定最终的测评结果。

表 3-2　创业者素质自我测评表

序号	能力要素	素质释义	评分					评价结果
1	成就导向动力	有努力工作实现个人目标的渴望，并表现为积极主动	5	4	3	2	1	
2	竞争意识	愿意参与竞争，主动接受挑战，并努力成为胜利者	5	4	3	2	1	
3	冒险精神	敢于冒险，同时又有勇气面对风险与失败	5	4	3	2	1	
4	人际理解与体谅	了解他人言行、态度的原因，善于倾听并帮助他人	5	4	3	2	1	
5	价值观引领	通常以价值观来引导和影响团队，其行为方式也集中体现组织所倡导的价值观	5	4	3	2	1	

续表

序号	能力要素	素质释义	评分					评价结果
6	说服能力	能够通过劝说别人，让他人明白自己的观点，并使对方对自己的观点感兴趣	5	4	3	2	1	
7	关系建立能力	保持经常的社会性接触。在工作之外经常与同事或顾客发展友好的个人关系，甚至家庭接触，扩大关系网	5	4	3	2	1	
8	决策力/个人视野	具有广阔的视野，能够在复杂的、不确定的或是极度危险的情况下及时做出决策，决策的结果从更深远或是更长期的角度看有利于企业的成功	5	4	3	2	1	
9	组织能力	有能力安排好自己的工作与生活，且使工作任务与信息条理化、逻辑清晰	5	4	3	2	1	
10	创新与变革能力	能够预测5年甚至10年后的形势并创造机会或避开问题，并总是能够创造性地解决各种问题	5	4	3	2	1	
11	诚信正直	诚实守信，并坚持实事求是、以诚待人，行为表现出高尚的职业道德	5	4	3	2	1	
12	自信心	相信自己能够完成计划中的任务，并能够通过分析自己的行为来看清失败，并在工作中予以改正	5	4	3	2	1	
13	纪律性	坚持自己的做事原则，严于律己，且表现为具有较强的自控能力	5	4	3	2	1	
14	毅力	明确自己的目标，并为之坚持不懈，即使遇到任何困难	5	4	3	2	1	
15	适应能力	能够适应各种环境的变化，具备应付各种新情况的能力，且能够创造性地提出问题解决方案	5	4	3	2	1	

▶思考与讨论

1. 根据表3-2的测评结果，分组讨论，说说自己目前已经具备哪些素质，还不具备哪些素质，并制定能力素质提高的方案。

2. 完成霍兰德职业兴趣测试，小组讨论，谈谈人格可以分成几个维度，自己属于哪一种。

3. 完成MBTI职业性格测试，了解自己的性格类型，说说自己比较适合从事何种工作。

4. 你能正确客观地评价自己吗？请分别从优点、缺点两个方面进行总结评价。

5. 结合名人创业励志故事，谈一谈创业者必须具备哪些要素。

6. 作为一名大学生创业者，你知道该如何进行自我修炼吗？

7. 小组讨论，谈一谈自己现在是否拥有充足的能力与素质去创业。

创业观察

模块四

创业核心问题——加持自身的竞争实力

学习目标

通过本模块的学习，学生能够了解创业机会识别的要素，掌握创业的核心问题、创业资源的获取方法和管理创业资源的策略。

模块导读

"速则济，缓则不及，此圣贤所以贵机会也。"创业过程拥有一些关键要素，它们是创业过程的推动力量。抓住了这些要素，有利于从更高层次厘清创业过程的发展特征，推进创业过程。准确识别市场机会、有效获取并整合资源，进行合理的决策是创业成功的基本保证。对于真正的创业者来说，创业过程不但充满了激情、挫折和痛苦，而且需付出努力。创业是一种劳动方式，是一种需要创业者组织、运用服务、技术、推理、判断管理的行为。创业途中会存在多种风险和不确定性，需要靠创业者的领导能力、创造能力、沟通能力解决问题。创业者要立大志、乘大势、创大业，在国家建设、社会发展的大环境、大政策中善于寻找机遇，懂得抓住机遇，勇立潮头，敢于争先。

本模块主要通过介绍创新的3个核心要素：机会、团队和资源，了解优质创业机会的特征和来源，掌握评价创业机会的方法和管理创业资源的途径。

案例导入

梁伯强的指甲钳

梁伯强，广东中山圣雅伦有限公司董事长，中国"隐形冠军"形象代言人。这位被誉为"指甲钳大王"的梁伯强，当初决定生产指甲钳竟是因为时任国务院总理的一句话。1998年年底，梁伯强在看报纸时发现了一篇名为《话说指甲钳》的文章，就是这篇文章让梁伯强的命运从此改变。文章中写道，朱镕基总理在会见全国轻工集体企业第五届职工代表大会代表时说："要盯住市场缺口找出路，比如指甲钳子，我没用过好的指甲钳子，我们生产的指甲钳子，剪了两天就剪不动指甲了，使大劲也剪不断。"朱总理以小小的指甲钳为例，要求轻工企业努力提高产品质量，开发新产品。梁伯强从这句话中发现了指甲钳的商机。

梁伯强调查发现，指甲钳每年的产值达 60 多亿元，其中 20 亿元的产值是只有 5 家工厂的韩国创造的。但在中国有 500 多家企业，营业额一共才 20 亿元左右。从数量上来对比，韩国的那 5 家主要企业加上 10 多家配套企业就可以和中国的 500 多家企业打个平手，这种反差令梁伯强非常惊讶。

梁伯强心动了，他兴致勃勃地开始对全国市场进行考察。考察完，梁伯强意外地发现，很多生产指甲钳的工厂都倒闭了。如果中国真有 20 亿元的市场份额，为什么几个大厂会倒闭呢？一方面，零售市场都被外国品牌占据，国内老厂不断倒闭；另一方面，批发市场群雄逐鹿，热火朝天。抱着试试看的态度，梁伯强的公司生产出第一批指甲钳，没想到产品还没正式面世，就有几千万的订单找上门，这更坚定了他把指甲钳做下去的决心。

（资料来源：王振杰，刘彩琴，刘莲花，等.大学生创新创业基础［M］.北京：高等教育出版社，2018.）

📖 分析解读

机会是一种隐含的状态或情形，不同的人认识到的机会价值不同，效果也不同，发现机会需要有足够的搜索能力和辨别能力。梁伯强对指甲钳有兴趣，不仅因为他看到了朱总理说的话，更是因为他通过市场调查发现买方市场巨大，每年多达 60 多亿元的产值，通过对比现有企业之间的竞争，看到韩国的 5 家工厂与我国的 500 多家企业产值相平衡，经一系列的权衡后他走上了指甲钳创业之路。

1999 年，世界创业教育之父杰弗里·蒂蒙斯在《新企业的创建》一书中提出了一个创业管理模型，叫作蒂蒙斯模型。在这个模型中，蒂蒙斯指出了创业的关键要素包括三个方面，即创业机会、创业资源和创业团队。蒂蒙斯的创业三要素模型如图 4-1 所示。

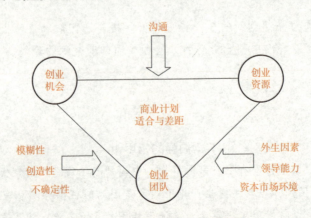

图 4-1　蒂蒙斯的创业三要素模型

在创业活动中，创业机会是创业过程的起点和核心，创业团队是创业实践得以有效执行的主要动力，创业资源是创业得以成功的必要保障，三个要素缺一不可，成功的创业活动必须对创业机会、创业团队和创业资源三者进行最适当的匹配，并且还要随着企业的发展及环境的变化不断进行动态调整。

任务一　创业机会

一、创意与机会

(一) 创业机会的内涵

创业机会，又称商业机会或市场机会，是指具有吸引力的、较为持久的、有利于创业的商业机会，并最终表现在能够为客户创造价值或增加价值的产品或服务中，并同时使创业者自身获益。创业机会主要包括技术机会、市场机会和政策机会。技术机会是指技术变化带来的创业机会，主要源自新的突破和社会的科技进步；市场机会是市场变化产生的创业机会；政策机会是政府政策变化带来的商业机会。

但是创业者不能简单地将商业机会认为是创业机会。如果这种商机是不可持续的，只是昙花一现，那么创业者还没有起步行动，商机就可能已经消失了。针对特定的商机，创业者如果不能开发出与之匹配的创意，这样的商机就不能视为创业机会，因为没有创意，创业也就无从谈起。

(二) 机会有限，创意无限

1. 创意与创意经济

创意是具有一定创造性的想法或概念，其是否具有商业价值存在不确定性。创意是一种普遍的智能，艺术家可以用创意来表现艺术，科学家可以用创意来表现创造力，而创业者可以用创意来创建产业。

创意经济（Creative Economy）又称为创意工业、创造性产业、创意经济等，是指那些从个人的创造力、技能和天分中获取发展动力的企业，以及那些通过对知识产权的开发可创造潜在财富和就业机会的活动。

创意经济并不是与农业、制造业和服务业并存的又一门类，而是对所有产业的转型。

创意经济被称为建立在头脑态度上的经济，这种智力对所有经济领域都会产生影响。创意经济转变了网络、技术和消费者需求，创意经济的发展在客观上改善了人们的生活方式，提高了人们的生活品质。创意经济最早起源于欧洲和美国，时至今日，创意经济已经

被视为一种全球现象。

不同人对创意经济的定义不同，从创意和机会的角度来看，创意经济是与创业密切相关的。

2. 从创意中寻找创业机会

创业机会是具有商业价值的创意，表现为特定的组合关系。一个好的商业想法未必是一个好的商业机会，还需要经过商机评估来最后确定是否值得经营。

（三）创意与创业

1. 无创意不创业——创意比创业本身更重要

山姆·阿尔特曼（Sam Altman）[斯坦福大学计算机系辍学生，2005 年 Y Combinator（YC）最早一期孵化项目 Loopt 的 Founder，新一代 YC 掌门人，Paul Graham 的"继承者"] 提出了伟大的创业公司的几个要素，即创意（Great Idea）、产品（Great Product）、团队（Great Team）、执行（Great Execution）。

创意是前提，团队是保证、技术，执行是支撑，缺一不可。这里的"创意"，是指有商业价值的创新，会表现在不同层面，如图 4-2 所示。

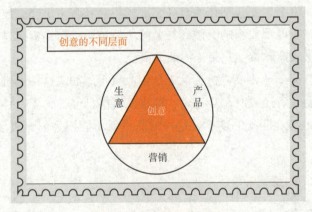

图 4-2　创意的不同层面

（1）"生意"的创意。对于刚刚起步或是尚在规划中的互联网创业项目来说，商业模式、市场规模之类的词语太过"高大上"，或许可以贴地气一些，中文"生意"是个很传神的表达——可以运转起来的、生生不息的事儿。比如，"快书包"的生意，简单地说就是网上的"7-11+麦当劳"，从热门图书到人们日常急需的物品，在大都市的繁华区域内，1 小时内送达。经营思路是在热点地区划定区域，在中心点租房做仓库和办公室，民房即可；招聘大龄员工，可以尽心尽职。如此，运营成本很低，再加上网络营销，生意的每个环节都非常精细，且形成互为支撑的循环。审视"快书包"这个生意的创意，每个部分都似曾相识，但链接在一起，就成为一个新的生意。无论是提供新的服务方式，还是切分一个新的人群，生意都是围绕人设计的，创意的重点在于找到一个新的市场空间。这种创意，总是有些出乎意料，但又在情理之中。

（2）"产品"的创意。产品也需要创意，模仿国外产品的项目，也许两三年前还有人关注；到了现在，中国的商业模式和技术工具都已经独具特征，创业项目如果没有自己的独特之处，是不会有前途的。现在产品常见的问题是，好的创意到了产品经理手上，被设计得很平庸。不得不说，有些产品经理习惯拿国外的产品设计来敷衍或是对付，当然也有一种可能是他们确实没有"创意"能力。感同身受是产品经理必需的能力。例如，我有个"音药"的创意想法。前不久去参加音乐创业大会的时候，见到一个创业项目正好是类似的方向，创业者是个很帅的阳光技术男，项目分享完有很多人关注。我找个机会问创始人，曾经谈过几次恋爱，那哥们很自豪地说，他只谈了一次恋爱就结婚了。听到此，我就没有继续聊了。我欣赏他有幸福的生活，看起来他也有足够的技术能力和创业的激情和意愿，但他并不适合做这个"音药"项目的产品经理，因为缺乏多样生活经历的人，如何能理解音乐博大的世界？如何能让音乐成为治病救人的"药"？好的"生意"创意与好的"产品"创意，是相互依存的。最好的状况是，好的创意找到适合的产品经理，这个产品经理符合这个产品的用户特征，他就是一个真实的用户，其感受才能真实到位。

（3）"营销"的创意。相比之下，3 种创意中，"生意"的创意能力最有价值，但"营销"的创意能力，是现在最难得的。或许这和大多数人的想法相反，以为营销点子会很容易有。这里说的，是指能够带来业务增长的"营销"创意。对于一个互联网创业项目来说，即使是像某些优秀的传播案例，如果不能转化成催动业绩的力量，那只是一次简单的营销事件而已。"褚橙"，在形成一次营销事件的同时，作为销售商的本来生活网，必然获得良好的销售业绩。这个案例可以给初创的项目带来一些启示。对销售产生直接助力的"营销"创意，是创业项目的最佳选择。这样的创意因时因事，需要有创意的人，还有对商业的敏感。

从创意能力的 3 个不同层面，去审视一个创业项目，就可以看清楚优势在哪里、劣势在哪里，哪里需要补足。一般而言，营销创意、产品创意、生意创意，就像是层级的台阶，层级越高，这个项目的发展前景就会越大。不难发现，在互联网行业中能长久发展的项目，创业团队一般都具备这 3 种创意能力，如果只有其中一种，往往只是昙花一现。不管是生意、产品或是营销的创意，其实都潜伏在我们生活的周围，沿着这个思路，就会发现自己也能创意。

2. 成也创意败也创意——也别太把创意当回事

有了伟大的创意就能确保创业成功吗？显然不对。

据统计有近 3/4 的创业公司还没接触市场就惨遭淘汰，即便那些再伟大的创意也会被丢进垃圾桶里，太多的创业公司都过早夭折。

首先创业不能跟风，要独辟蹊径。别人很赚钱的生意你去做未必能成功，因为你不知道人成功背后的秘密。所以，要么有独特的产品，要么有独特的方法，要么有独到的思路，否则，很难成功。像有的店，只卖烤包子，日进万元；有的店，只卖新疆拉条子，顾客盈门，生意火爆。都是有独家之长的。

其次创业要坚持。大凡创业可能多数都要经历挫折，而成功者都具有很强的生命力，

总能在不断地打击中一次次奋起。坚持是成就任何事业的基本品质。

最后创业必须行动。心动不如行动，有创意不行动，永远和成功相距万里。

二、创业机会的特征与类型

创业机会是一种亟待满足的市场需求，是指在市场经济条件下，社会的经济活动过程中形成的和产生的一种有利于企业经营成功的因素，是一种带有偶然性并能被经营者认识和利用的契机。

创业机会来自一定的市场需求和变化。杰夫里·蒂蒙斯说："创业过程的核心是创业机会问题，创业过程是由创业机会驱动的。"目前中国的创业活动特征表现为创业机会多、创业动机强，但是创业者的创业能力不足。

有的创业者认为自己有很好的创业想法和点子，对创业充满信心。有想法点子固然重要，但并不是每个大胆的想法和新异的点子都能转化为创业机会。许多创业者就因为仅仅凭想法去创业而遭致失败。因此了解创业机会的特征有助于创业者正确识别创业机会。

（一）创业机会的特征

（1）普遍性。凡是有市场、有经营的地方，客观上就存在着创业机会。创业机会普遍存在于各种经营活动过程之中。生活充满机会，机会每天都在"撞击"着我们的大门。

（2）隐蔽性。可惜大多数人都意识不到它的存在，这就是机会的隐蔽性。创业机会更是如此，创业机会的隐蔽性使它在人们心目中变得更加神秘和可贵。

（3）偶然性。对一个企业来说，创业机会的发现和捕捉有很大的不确定性，任何创业机会的产生都有"意外"因素。创业机会在大多数情况下是偶然造成的，尽管它普遍存在于人们身边的事物中，但人们并不容易捕捉到它。人们越是刻意地寻找创业机会，就越难见其踪影。创业机会虽是偶然现象，却是客观事物内在的必然性的表现。如果人们没有平时知识的积累，辛勤持久的探索，那么即使创业机会来了，也认为不过是一种偶然现象而已。

（4）易逝性。创业机会存在于一定的时空范围之内，随着产生创业机会的客观条件的变化，创业机会就会相应地消逝和流失。创业机会最显著的特性是易逝性，"机不可失，失不再来"就是对创业机会易逝性的最好诠释。机会是一个非常态的、不确定的时间表现形式。虽然每天都可能会有创业机会出现，但同样的创业机会是不可能重复出现的。此外，由于创业机会往往是社会所共有的，人们都在寻找，先下手为强，在激烈的竞争中，只要稍一迟疑，创业机会就会被别人抢走。

（5）时代性。创业机会的时代性是指一定时代对各种创业机会打上的烙印和赋予社会的、时期的色彩。社会色彩是指不同制度的社会对创业机会产生的影响。政治制度比较宽松，能在更为广阔的领域里为个人奋斗提供各种创业机会；政治制度比较严密，有许多领域是人们不能涉足的，当然那些领域中的创业机会也很少。

　　就像一首歌里唱的那样："没有人可以随随便便成功。"成功有时靠的就是创业者不同一般的思路。俗话说得好："有思路才会有出路，有作为才会有地位。"在创业的道路上，有时需要的恰恰是发现一般人没有看到的机会，或者说做了一般人不屑于去做的事，最后把平凡的事做到了不平凡。创业无大小，在成功者面前，财富无处不在，就看你有没有一双发现财富的慧眼。

🔊 拓展案例 1

1 美分垒起的大富翁

　　1989 年，默巴克还只是美国斯坦福大学的一名普通学生。他学习成绩很好，每学年都能拿到学校的奖学金。但他的家里十分贫寒，父母都是蓝领小职员，又养了很多个孩子，所以经济上特别拮据。为了减轻父母的工作压力，默巴克从走进大学校门起，就边读书边做一些力所能及的事情，如帮助学校收发信件报纸，帮助学校修剪草坪，帮助学校打扫卫生等，这些简单的校内劳动，使默巴克得到了一些微薄的经济收入。

　　后来，默巴克发现学生公寓的卫生状况总是十分糟糕。让学生们自己打扫，大家都推三阻四，不是草草敷衍了事，便是千方百计寻找借口逃避劳动；让学校的清洁工打扫，学生们又很不放心，况且清洁工人又总是把公寓里学生的东西弄得颠三倒四。默巴克看到这个机会后，就马上去找负责学生公寓的校方负责人，和他商谈自己利用闲暇时间承包打扫学生公寓的工作。校方很快就同意了，默巴克因此又多了一份收入。第一次打扫学生公寓时，默巴克就在墙脚、沙发缝、学生床铺下扫到了许多沾满了灰尘的硬币，这些硬币有 1 美分的、2 美分的和 5 美分的，每间学生公寓里都有。当默巴克将这些硬币还给那些同学们时，那些同学谁也没有表现出丝毫的热情。默巴克分别给财政部和国家银行写信反映小额硬币被人白白扔掉的实情，财政部很快就给年轻的默巴克回信说："每年有 310 亿美元在全国市场上流通，但是有 105 亿美元正如你反应的那样。"

　　如果换成一般人也就发生一声感叹，也就不了了之了。但默巴克偏偏冒出了这样一个想法，如果能让这些硬币流通起来，利润该有多么壮观，两年之后默巴克从斯坦福毕业，很快就成立了自己的硬币公司，推出了自动换币机。和很多大型超市建立起合作关系，共同经营换币业务。这样客户只要把硬币投入换币机，机器就会点数，打印收条。客户就可以拿收条去服务台换成纸币，而自动换币机收取 9% 的手续费，这笔费用默巴克和合作商一起分成。只用了短短 5 年，默巴克就在 8 900 家超市中设立了10 000 多台换币机，在纳斯达克成功上市。默巴克也从一个穷小子变成一个亿万富豪。

（二）创业机会的类型

1. 从市场需求的角度分类

从市场需求的角度划分，创业机会可分为未识别机会和已识别机会。

一个好的商业想法需要通过市场调研和商机评估来确定是否值得经营，是否确实存在一个未被满足的市场。如果经过评估，结论是确实找到了未被满足的需求，这才是创业的机会。

也有一些创业机会不需要识别，因为已经存在，或者是别人已经开始创业、经营，这样的创业机会就是已经被识别并确定是商机了，但是，这时的创业机会存在于你将如何创新而使这个机会利益最大化、优势更持久，是不是原有产品或服务的升级。

还有一些市场需求是被诱导出来的，这样的商机也许是潜在的需求。例如，听了一场讲座，就会有人来购买演讲嘉宾推荐的保健品；在人类未攻克登月技术之前，人们的登月需求也是未被识别的。

2. 从创业资源和能力的角度分类

从创业资源和能力的角度划分，创业机会可分为不确定性机会和确定性机会。

（1）创业机会的不确定性表现：创业梦想是否可以被实现？计划实行中的团队、资金、战略问题是否可以得到解决？

（2）创业机会的确定性表现：拥有创业的技术或能力，或者是拥有创业的能力和条件。

3. 从创业机会产生的角度分类

从创业机会产生的角度划分，创业机会可分为问题型机会、趋势型机会、组合型机会。

（1）问题型机会：由现实中存在的未被解决的问题所产生的一类机会。

（2）趋势型机会：在变化中看到未来的发展方向，预测到将来的潜力和机会。

（3）组合型机会：将现有的两项以上的技术、产品、服务等因素组合起来以实现新的用途和价值而获得的创业机会。

三、创业机会的来源

简单来说，创业就是满足社会需求并从中获取相应利润的行为。看清了这一点，其实创业也就没那么复杂了。那么存在的社会需求（市场需求）就是创业机会，需求要靠挖掘，机会要靠发现。创业机会的发现就要求创业者具备敏锐的市场嗅觉和洞察力。

创业机会无处不在、无时不在，而机会主要来自以下5个方面。

（一）问题

创业的根本目的是满足顾客需求。而顾客需求在没有满足前就是问题。寻找创业机会的一个重要途径是善于去发现和体会自己和他人在需求方面的问题或生活中的难处。例如，上海有一位大学毕业生发现远在郊区的本校师生往返市区交通十分不便，就创办了一家客运公司，这就是将问题转化为创业机会的成功案例。

（二）变化

创业的机会大多产生于不断变化的市场环境，环境变化了，市场需求、市场结构必然发生变化。著名管理大师彼得·德鲁克将创业者定义为那些能"寻找变化，并积极反应，把它当作机会充分利用起来的人"。这种变化主要来自产业结构的变动、消费结构升级、城市化加速、人口思想观念的变化、政府政策的变化、人口结构的变化、居民收入水平提高、全球化趋势等诸方面。如居民收入水平提高，私人轿车的拥有量将不断增加，这就会派生出汽车销售、修理、配件、清洁、装潢、二手车交易、陪驾等诸多创业机会。

（三）创造发明

发明提供了新产品、新服务，更好地满足顾客需求，同时也带来了创业机会。如随着计算机的诞生，计算机维修、软件开发、计算机操作培训、图文制作、信息服务、网上开店、短视频制作等创业机会随之而来，即使人们不发明新的东西，也能成为销售和推广新产品的人，从而给人们带来商机。

（四）新知识、新技术的产生

新知识可以改变人们的消费观念，新技术可以进一步满足人们的需求，甚至使人们产生新的需求进而引导消费。例如随着健康知识的普及和技术的进步，围绕"水"就带来了许多创业机会，上海就有不少创业者加盟"都市清泉"而走上了创业之路。而当生产微型电子计算机的技术形成后，中国的企业也获得了生产计算机的创业机会，联想等企业就抓住了这个机会。

（五）竞争

竞争对手的缺陷和不足也将成为你的创业机会。看看你周围的公司，你能比他们更快、更可靠、更便宜地提供产品或服务吗？你能做得更好吗？若能，你也许就找到了机会。智能手机的竞争也许能够提供一些启示。

四、创业机会的识别

创业的关键因素就是如何识别创业机会，创业机会的识别受历史经验等多种因素的影响。创业者及创业机会本身的属性、创业者所处的社会网络及外界环境等因素，都对创业机会识别有着不同程度的影响。分析影响创业机会识别的各主要因素及其相互关系，有助于深入把握创业机会识别的内在规律。

机会的识别、评估和开发是成功创业的三部曲。创业机会识别需要解决的首要问题，是创业行为产生的核心及必要条件，它往往决定了创业行为的成败。通俗地讲，如何识别创业机会也就是如何选择创业项目和如何评估创业项目的问题。

（一）创业机会识别的概念

Shaver 认为创业机会发现就是个体对市场上存在的商业信息进行有意识地系统收集、处理并识别的过程，体现更多的是个体卓越的信息处理能力。Bam 提出创业机会识别是人们在面对多样化外部环境的刺激时对商业机会是否存在的一种知觉。岳甚先明确指出创业机会识别是创业者感知、发现并开创新事业、创建新企业的过程或活动。虽然学者们对于创业机会识别的定义不尽相同，但基本认同一个观点，即创业机会识别对于创业决策起着至关重要的作用，创业机会识别是从未发现创业机会到发现创业机会中间的这个过程。

（二）创业机会识别的过程

创业者从繁杂和梦幻般的创意中选择了他心目中的创业机会，随之而来的是组织资源着力开发这一机会，使之成为真正的企业，直至最终收获成功。这一过程中，机会的潜在预期价值以及创业者的自身能力得到反复的权衡，创业者对创业机会的战略定位也越来越明确，这一过程称为创业机会识别的过程。创业机会识别的过程是机会的感知、发现、评价和开发的一个过程，是一个不断调整、适应的过程。它可分为机会搜寻阶段、机会识别阶段和机会评价阶段 3 个阶段。

1. 机会搜寻阶段

在机会搜寻阶段，创业者对整个经济系统中可能的创意展开搜索，如果创业者意识到某一创意可能是潜在的商业机会，具有潜在的发展价值，就将进入机会识别的下一阶段。创业者在这一阶段需要从各种途径搜寻尽可能多的创业点子与想法，先不去急于评价点子的优劣，只需把所有的点子都写在纸上。

2. 机会识别阶段

这里的机会识别是指从创意中筛选合适的机会。这一过程包括两个步骤：首先是通过对整体的市场环境的分析及一般的行业分析来判断该机会是否在广泛意义上属于有利的商业机会，即标准化的机会识别阶段；其次是考察对于特定的创业者和投资者来说，这一机会是否与创业者的资源和能力相吻合，是否与投资者的兴趣点和价值期望相一致，也就是个性化的机会识别阶段。

3. 机会评价阶段

实际上这个阶段的机会评价相对比较正式，考察的内容主要是各项财务指标的预测分析、创业团队和资源的酝酿等，通过机会的评价，创业者决定是否正式组建企业和吸引投资。通常机会识别和机会评价是共同存在的，创业者在对创业机会识别时也有意无意地进行评价活动。在机会识别的初始阶段，创业者可以非正式地调查市场的需求、所需的资源，直到断定这个机会值得考虑或进一步深入开发，在机会开发的后期，这种评价变得较为规范，并且主要集中于考察这些资源的特定组合是否能够创造出足够的商业价值。

（三）影响创业机会识别的关键因素

创业机会识别过程是一个创业者不断调整并反复权衡外在机会的过程。不同的创业者所关注的创业机会是不尽相同的。在影响机会识别和开发的各项因素中，主要可分为机会本身的属性和创业者的个人特性两个方面。

创业往往就是从发现、把握、利用某个或某些商业机会开始的。产生机会的根源在于市场、服务、产品等变化，好的创业机会是创业成功的基础。创业者要识别出好的创业机会，就要对宏观环境和行业环境有充分的了解和研究，要对创业机会的来源有所了解，更要对创业机会识别的过程有所理解和领悟，而这些在很大程度上又取决于创业者的个性特征。

创业学研究的一个经典问题是"创业家具有什么样的特性"。并非每个人都能捕捉到创业机会。发现机会，利用机会提出创意，并能辨识出有实际价值的机会，取决于创业家的个人才智。任何时候，都只有少数人才能发现创业机会（Kirzner，1973）。而发现并抓住机会的创业者的智力能力、广博知识、正确思维模式、强烈动机、特定个人气质和所处的适宜环境等影响要素，大部分与其个性特征相关。因此，创业者个性特征对整个创业过程会有很大影响。

1. 创业者的警觉性

研究表明，创业者的警觉性越高，其识别机会的可能性越高。Kirzner认为创业者的警觉性是创业者能够发现潜在市场需求并具有创新精神的一种敏感性的态度。创业者依靠独特的警觉对机会的识别和发现，实现手中资源和社会需求的更好的适配，使市场在创业过程中逐渐趋向于均衡。创业者往往对机会保持高度警觉性，搜索机会来源；辨别信息的真伪性，借此把握环境变迁，从而把握机会。

2. 创业者的基本特质

创业者的背景及潜质方面的特征，包括创造性、风险感知能力等构成个人基本特征。研究发现，机会识别与评价与创业者的风险感知呈显著相关性，而创业者的风险感知又取决于创业者的自信心、渴求控制等因素。创造性在创业者做决策的过程中起到决定性的作用。在"创新精神"的驱动下，创业者必然能够获得先于他人的主动性，实现创造性的资源整合和商机的识别与评价，才能实现创业成功。

3. 创业者的先验知识

先验知识是创业者识别和评价创业机会的一个重要的影响因素，主要是从认知的视角来评价创业者心理与行为的过程。创业者市场的先验知识、服务市场方式的先验知识、顾客的先验知识，这三种先验知识在技术开发、机会识别、机会开发等方面影响机会的发现。

4. 创业者的认知学习能力

机会认知就是感知和认识到机会，也是学习的过程，即机会的认知识别过程。创业者能力一方面取决于先天具备的素质，另一方面是靠后天的学习能力，如知识的学习、经验的积累、沟通能力的培养等。对于大多数的创业者还属于初次创业，因此如何间接地学习

创业能力，尤其机会识别的能力显得尤为重要。

5. 创业者的信念

成功的创业者需要有执着的信念，并且能够坚持他们的事业直至最后成功，创业者的自信也能够增强他们对机会的感知。对创业者来说，信心和信念就是创业的动力。成功的创业者对自己、对未来有足够的信心，更坚信自己能够战胜一切。有时甚至表现得太强而有咄咄逼人的感觉。

6. 创业者的资源禀赋

资源禀赋的差异是导致微观层次机会识别行为异质性的根本原因。与企业家机会识别高度相关的认知资源包括认知能力维度、知识维度及认知倾向维度。创业者掌握的特殊资源禀赋在创业机会的识别中非常重要。资源基础的战略观倾向认为，公司独特的具有潜在价值的异质资源集合，可为公司创造出持续的竞争优势。

7. 创业者的社会网络

创业者的机会识别过程，除与创业者个体认知禀赋密切相关外，还受到作为社会资本的创业者社会网络资源的重要支撑。研究发现，50%的创业者通过其社会关系网络发现和识别创业机会。企业家的社会网络及其结构决定了其获取信息与资源的能力。因此，企业家的社会关系网络不仅是其创业机会的主要来源，还是其创业资本的主要来源。

在创业机会识别的过程中，创业者个性特征之间存在着一定的关联性。创业者个性特征的警觉性在机会识别中起到一个核心的作用，个人基本特质及先验知识是机会识别的主要源动力，认知学习能力将影响机会识别的效能。因此，需要开发更加切合实际的理论框架来解释创业者个性特征因素和机会识别之间的关系。

（四）创业机会识别的方法

识别创业机会是思考和探索互动反复，并将创意进行转变的过程。初选创业项目时有以下几种方法可供参考。

1. 做你最擅长的事

俗话说："万事开头难。"西方也有一句谚语："良好的开端等于成功的一半。"比尔·盖茨曾经说过："做你自己最擅长的事。"人们在做自己擅长的事时，自信心和勇气最强，因此成功率最高。

创业者最擅长的事，也就是最有可能干好的事。擅长，就是跟别人竞争时具有的优势。只有加大自己的专长，成为专家，才会和别人拉开距离，在竞争中脱颖而出。比尔·盖茨就是一个典型的代表人物。

认真地分析自己的特点，找出自己最擅长的，然后，决定你从哪里开始，策划一下如何入手。记住：没有人是选择了自己的短处而获得成功的。

2. 做你最喜欢的事

《论语》中孔子说："知之者不如好之者，好之者不如乐之者。"只有在做自己最喜欢的事时，人们才会废寝忘食、不知疲倦。这种乐在其中的感觉，会叫人乐此不疲，而创业最需要的是创业者坚持不懈的热情和执着。爱迪生一天中平均有 18 个小时待在实验室里，当他的家人劝他休息时，他说："我没有在工作，我一直在玩。"所以，爱迪生的成功是因为他做了他自己最喜欢的事。

选择最喜欢的事开始创业，是成功率很高的选择。做最喜欢的事，才最有可能坚持到底，才不至于在遇到坎坷和困难时半途而废。

3. 做你最熟悉的事

在做同样生意的人群里，如果只有一个人赚钱的话，一定是那个最熟悉该生意的，同样在这个群体里，如果只有一个人赔钱的话，一定是那个最不谙世事的。这就是民间商人常说的"不熟不做"的道理。

"春江水暖鸭先知"，是因为鸭子经常在水里玩耍，它最熟悉一年四季的水温，所以在春天到来时，它会第一个感觉到。

各行各业都有它自己的规律，只有自己具有了相当的职业经验，才会在机遇来临时，率先看到；在行业发展不利时，第一个意识到。这些直觉往往就是依靠经验的积累而产生的。俗话说"熟能生巧"，在自己最熟悉的领域里，才会游刃有余，无往而不胜。

4. 做你最有人脉关系的事

（1）合伙创业，团队作战。人们都说"一个好汉三个帮""孤木不成林"，创业成功，也同样离不开他人的帮助。著名成功学大师卡耐基说过："成功依靠的是 15% 的专业知识和 85% 的人际关系。"反过来说，在人们最喜欢、最擅长、最熟悉的行业里，朋友也会越来越多，共同的爱好和志趣会使创业者在创业初期很快找到志同道合的新朋友，从而建立起对创业有利的人脉关系。

（2）善于用人，增加助力。《劝学》中荀子说："登高而招，臂非加长也，而见者远；顺风而呼，声非加疾也，而闻者彰；君子生非异也，善假于物也。"善假于物，就是善于利用其他人和物，来整合现有的资源。合作就像一部机器，机器需要不同的零件。一个优秀的合作团队，不仅能够给创业者的能力发挥创造良好的条件，还会产生合作双方彼此都不曾拥有的新力量。

同样在西方有一句谚语："我们都是独臂天使，只有相互拥抱才可以展翅飞翔。"这说的也是同样的道理。

《三国演义》里的刘备不会用刀，但他可以用关云长；《西游记》里的唐僧不会捉妖，但他可以用孙悟空。也就是说，即便创业项目不是创业者最熟悉的，但在创业团队里，一定要有最熟悉、最擅长此道的人才，一个高明的领导者一定是一个会识人、善用人的高手。

（3）整合资源，寻求共赢。现代企业管理中的领头人，已经不再是以前的个人英雄，而是一个团队合作的协调高手。创业成功既需要个人的努力，也需要搭建一个资源整合平台。在这个协调整合过程中，需要把市场信息、人际关系和个人职业技能综合起来。如果这三项合起来，创业者感觉总分不错，也可以列为初选的创业项目。

5. 收购现有企业

收购是指用资金、股票、债券或其他资产购买一家公司的股票或资产以获得对目标公司本身或其资产实际控制权的行为，被收购企业仍然保持其原有的独立法人资格。

通常人们都把创业简单地理解为一定要亲手创立一家企业，并从小做大。其实，收购现成的企业（并购经营成功的企业、收购待起死回生的企业）、购买他人智能（知识产权收购、特许经营）等，将经营已经稳定或有一定规模的企业注入创新元素，以适应新的市场需求，这也是一种创业。

收购现有企业可以减少对企业基础的创建时间和开办成本，被收购企业往往在商誉、产品、客户、广告促销等方面具备一定条件，稍加改变就可以掌控。近年来很多创业者就是通过收购企业，使其扭亏为盈或者改变盈利模式，而迅速完成资本积累的。这对于资金少又期望快速拥有自己的企业的创业者来说，不失为一条捷径。

但是收购企业的评估是非常重要的环节，有时还需要做好企业报表审核、企业债权债务调查、销售业绩评估和无形资产价值估算。同时，有的企业原有的管理制度和企业结构不甚合理，收购后需要进行改造和重新设计，如果是连员工一起收购过来的话，还需要对员工进行再培训。

总的来说，对于资金少却期望迅速创业的创业者来说，收购现有企业是一个可行的方法。

6. 特许经营和加盟连锁企业

一般来说，特许经营和连锁经营是两种不同的营销模式。特许经营的核心是特许权的转让，需要特许人和受许人一对一签订特许合同而形成。特许经营是指签约后，受许人可有偿使用其名称、商标、专有技术、产品及运作管理经验等从事经营活动。经营的各个分店之间是独立的。而连锁经营的核心是同意资本拥有，经营的是同类商品和服务，由同一个总部集中管理领导。总部对分店拥有所有权，对分店经营中的具体事务有决定权；分店需上缴总部一定的利润，分店经理实际上是总部的一员，完全按总部要求行事。

（五）优质创业机会的特征

一般而言，有价值的创业机会有以下特征：

（1）在前景市场中，前5年中的市场需求会稳步快速增长。

（2）创业者能够获得利用该机会所需的关键资源。

（3）创业者不会锁定在"刚性的创业路径"上，而是可以中途调整创业的"技术路径"。

（4）创业者可能创造新的市场需求。

（5）特定机会的商业风险是明朗的，且至少有部分创业者能够承受相应风险。

对创业者而言，有价值的创业机会必须是既能吸引顾客，又有人、财、物、技术、信息和时间资源做支撑，并且在现行商业环境中行得通，在机会窗口期得以实施，否则如果竞争者有了同样的想法，并把已经产品推向市场，那么机会窗口就关闭了。因此，对创业机会开发的每一步，都需要进行评估。

（六）识别创业机会的行为技巧

1. 做未来市场即将兴旺的事

（1）看清大势，顺势而为。如果确实是创业者很熟悉也很擅长的项目，但属于市场需求越来越少或者即将衰退的行业（通常被称为夕阳行业），那创业者也不要去做。与时俱进，顺势而为，才是最明智的选择。

（2）趋吉避凶，规避风险。大丈夫相时而动，趋吉避凶者为君子。人们应该审时度势地去选择自己要做的事。如果预感到这件事未来的发展不好，没有前途，就要果断地舍弃；如果感到这个行业在未来一定会有发展（就是所谓的朝阳行业）或者是国家提倡和即将大力发展的行业，创业者就可以去做。

（3）目光远大，抢占先机。大海涨潮时，海里所有的船都会上浮；而在大海退潮时，海里所有的船都会随着海水下降，如果恰好是一艘大船的话，搞不好还会搁浅，怎么前进呢？因此创业者必须学会判断趋势，谁的目光更远大，谁就是未来的领跑者。

（4）群策群力，调查研究。怎样才能看清趋势，发现未来市场将要流行的产品或服务？

创业者可以请一些了解自己的朋友一起来讨论这个问题，或者向经验丰富的企业家求教。同时也需要研究国家和地方政府的一些现行政策，或者同一些想象力丰富的伙伴一起来讨论这个大家感兴趣的问题。从大家身上收集尽可能多的主意和点子，并且经过创业者的调研论证，可能就会发现一个绝妙的经营设想。

自发性、创新性和直觉性是创业者开始考虑未来趋势的原则。

（5）审慎决策，适时进退。当你开始做一件事时，就要想到怎样退出。你无论做什么生意，都要首先考虑好怎样可以把它卖出去。不论是商品还是服务，甚至是你的企业，都可以成为你盈利的商品。前进需要勇气，何时退出更需要智慧。

要选择那些朝阳行业去创业，而不要选择夕阳行业，你需要观大势，顺势而为。同样一个朝阳项目，也有淡季和旺季，如果你要进入，最好选在淡季时进入，这样你可以有时间学习，当旺季来临时，你已经做好了准备。

2. 做最有市场潜力的事

（1）研究顾客的需求。认真做好市场需求的调研。苏格拉底说："最有希望的成功者，并不是才华出众的人，而是那些最善于利用每一个时机去开拓的人。"创业成败的关键，在于创业者能否发现和找到顾客的需要。要想知道什么项目是有市场潜力的、什么项目是未来有潜在市场的，就需要创业者做一个详细的调研和论证，多分析国家发展的宏观规划，认真做好市场调研，最后综合起来，分析和归纳这些信息，得出正确的结论。

如何去发现顾客的需求呢？马斯洛动机理论的核心是需求层次理论，他认为，人的动机是由生存、安全、社交、尊重和自我实现这5种需求构成的，按其重要程度和发生顺序，从低级的需求开始发展到高级的需求，是阶梯式往上发展的。当低层次需求获得相对满足之后，才能发展到较高层次的需求。而当高层次的需求被满足以后，低层次的需求依

然存在，只是对行为的影响作用降低而已。

从需求的类型可以分成自然需求、社会需求和精神需求 3 个层次。首先，要研究满足顾客自然需求的商品和行业有哪些；其次，研究满足顾客社会需求的商品和行业都有哪些；最后，还要考虑满足顾客精神需求的商品和行业有哪些。

显而易见，自然需求获得的渠道和形式很多，但价值都不大，如水、馒头、普通平房等；当需要满足社会需求时，水变成了牛奶，馒头变成了比萨，平房变成了楼房；当满足精神需求时，牛奶变成了 XO，比萨变成了满汉全席，楼房变成了别墅。

实践证明，满足需求的层次越高，商品价格越高。精神需求的满足始终只能由少数商品和服务来实现。

有限的商品就是最贵的商品。那些限量的高档名牌商品，除满足顾客的自然需求、社会需求外，也可以满足他们的虚荣心和荣耀感的精神需求。但无论什么时候，精神需求总是最难满足的，有时甚至无法满足：有谁可以用钱买到真正的爱情？

所以创业者应从研究人类需求的 3 个层次出发来设计产品。经验表明，产品满足的范围越广，购买的顾客越多。

（2）研究企业组织的需求。如果创业者所要创业的项目是为企业服务的，那还需要研究企业有哪些需求，找到了需求，才能找到产品的设计方向。只有满足企业某种需求的产品或服务，才会有企业购买。

企业的需求金字塔与人类的需求金字塔相似，企业需求分为生存需求、发展需求和领导需求 3 个层次，同样满足需求的层次越高，价格也越高。

①生存需求：在激烈的竞争中，企业最基本的需求是生存。这里需要的就是企业最基本的生存和运作需求的所有环节，如银行提供资金、生产需要设备和原材料、企业管理需要计算机、员工需要招聘等。

②发展需求：企业生存得到保障之后，就是发展壮大的需求了。这时一切可以帮助企业扩大客户群体、提高盈利的服务都是企业需要的，要站在客户的角度去思考问题，找到满足该企业发展需求的方法。

在提供这类属于企业发展需求的产品和服务时，首先必须确认该企业的目标市场和目标客户，然后才能找到为他们提供产品或服务的商机。

③领导需求：与人类的需求金字塔相似的是，企业的需求也是逐级提高，而且需求的层次越高，在市场上的价格也越高。如果产品可以满足该企业领导行业的欲望，就能获得最大的回报。

（3）需求分析的目的。凡是消费者，无论是企业还是个人，在购买商品或服务时，完全是根据是否可以满足他们的某项需求而决定。而这些需求并没有写在顾客的脑门上，而是需要创业者去分析和研究。

研究消费者的需求永远是排在第一位的事情，因为产品对消费者需求满足的程度绝对是其购买与否的决定因素，可这一点往往被初创业者忽视。

（4）研究市场潜力，掌握未来趋势。市场并不是一眼就可以看透的，众多的事实告诉我们：市场是进化式变动的，消费者会自己去寻找替代品。一些普遍的市场发展规律确实会对创业者有所启发，但是潜在市场应该是创业者在仔细分析和市场调研之后才可以得出的结果。尽管有时会感觉一些发现有点不合时宜，但是，只要是调查得出的结论，必将成为未来市场和消费的主流。希望创业者不要忽略这些信息，从未来发展的角度对它们进行一次分析研究是值得的。

美国大趋势研究家费斯·伯克恩说："创造趋势的人，必须认识未来。"因此，创业者应该把自己的目光放远，才会找到未来的趋势，创造符合新潮流的产品。不要以为创业者一定是做小生意或者高科技项目的，也许一个偶然的设想，就会成就一个新的未来。

发现趋势是一件不容易的事。因为好多时候，人们对萌芽中的趋势认识不足，往往被边缘化或者当成亚文化现象而不予重视。

我们经常会听到一些想创业的朋友这样抱怨："别人机遇好，我运气不好，没有机遇"；"我要是早几年做就好了，现在做什么都难了"，这都是误解。比如传统零售百货，在淘宝等电商平台迅速崛起之前，一直是门赚钱的生意，但是，随着电商平台的发展，线下门店的百货受到重创。而此时，名创优品在这样的情况下在创始人叶国富手中的诞生，凭借着出色的营销手法和门店拓展策略，名创优品的门店数量快速增长，截至 2021 年年末，名创优品在全球百余国家和地区拥有超过 5 000 家门店，其中中国 3 100 多家，海外约 1 900 家。

3. 理性评价创业机会

（1）创业机会的评价标准。创业机会评价是仔细审查并分析创业的可行性。只有符合一定标准且符合创业者能力和目标的创业机会，才有价值。创业者要以客观公正的心态，按一定标准对创业的可行性进行客观评价。

①盈利时间。创业机会获得盈利的时间越短越好。有价值的创业机会要求项目在两年内盈亏平衡或者取得正现金流。因为大多数创业者资源有限，支撑的时间不能太长，其他的投资者和团队成员也没有这么长时间的耐心。

②市场规模和结构。一般来说，市场规模和价值越大，创业机会越有价值。只有足够大的市场规模，才可以支撑企业长期生存与发展。创业者若进入一个市场规模较大且处于不断发展中的市场，即使只占有很小的市场份额，也能够生存下来渡过发展期，并且不必担心竞争对手的存在，因为市场足够大，构不成威胁。

③资金需要量。创业者要根据自己的资金实力和可动用的资源来评价创业机会，超出能力范围的不应考虑。富有较大潜力的创业机会往往需要相当大数量的资金支持。需要过多资金的创业机会，对大学生创业者而言是缺乏吸引力的；需要较少或者中等程度的资金的创业机会才是比较有价值的。

④投资收益。创业的目标要求创业机会能够有合理的盈利能力，包括较高的毛利率和市场增长率。毛利率高说明创业项目的获利能力强；市场增长率高表明市场的发展潜力大，投资报酬率高。年投资收益率在 25% 以上的创业机会是较有价值的；而年投资收益

率低于15%，难以对创业者和投资者产生吸引力。

⑤成本结构。较低的成本会给创业企业带来较大的竞争优势，使创业机会具备较高的价值。创业企业靠规模来达到低成本是比较可行的，低成本的优势大多来自技术和工艺的改进以及管理的优化，创业机会如果有这方面的特质，对于创业者来说是非常有利的。

⑥进入障碍。如果创业机会面临着进入市场的障碍，那就不是好的创业机会。例如，存在资源、政策、市场准入等限制，都可能成为市场进入的障碍。同时，虽然进入障碍小，但难以阻止其他竞争对手进入的创业机会，也不是好的创业机会。

⑦退出机制。有吸引力的创业机会应该有比较理想的获利和退出机制，才便于创业者和投资者获取资金及实现收益。没有任何退出机制的创业机会是缺乏吸引力的。

⑧控制程度。如果能够对渠道、成本或者价格有较强的控制，这样的创业机会比较有价值。如果市场上不存在强有力的竞争对手，控制程度就较大。如果竞争对手已有较强的控制能力，特别是已经掌握了原材料的来源、独占了分销渠道、取得了较大的市场份额、对于价格有较大的决定权，那么新创企业的发展空间就很小。除非这个市场容量足够大，且主要竞争者在创新方面行动迟缓，时常损害客户利益，才有可能进入。

⑨致命缺陷。创业机会不应有致命的缺陷，如果有一个或者多个致命的缺陷，将使创业机会变得没有价值。

⑩商业模式。尽管创业者在机会识别阶段难以设计出完整的商业模式，但是商业模式设计必须事先加以论证。现代管理学之父彼得·德鲁克曾预言：21世纪的竞争是商业模式的竞争。商业模式是产品、服务和信息流的一个体系架构，包括说明各种不同的参与者及他们的角色，各种参与者的潜在利益及企业收入的来源。

（2）评价创业机会的方法。

1）定性评价方法。

①斯蒂文森等人认为对创业机会的充分评价，需要考虑以下5个重要问题：

a. 机会的大小、存在的时间跨度和随时间成长的速度等问题；

b. 潜在的利润是否足够弥补资本、时间和机会成本的投资，带来令人满意的收益；

c. 机会是否开辟了额外的扩张、多样化或综合的商业机会选择；

d. 在可能的障碍面前，收益是否会持久；

e. 产品或服务是否真正满足了目标市场真实的需求。

②隆杰内克提出了评价创业机会的五项基本标准：

a. 对产品有明确界定的市场需求，推出的时机也是恰当的；

b. 投资的项目必须拥有持久的竞争优势；

c. 投资必须具有一定程度的高回报，从而允许一些投资中的失误；

d. 创业者和机会之间必须相互适合；

e. 机会中不存在致命的缺陷。

2）定量评价方法。

①蒂蒙斯创业机会评价体系。创业机会的有效识别依赖于客观和主观两个方面：客观上良好的评价系统和评价指标，以及主观上创业者能够正确获得信息和感知机会的能力。一些研究中提到了一些创业者与创业机会识别的个人特性，包括警觉性（Alertness）、风险感知（Risk Perception）、自信（Self-efficacy）、已有的知识（Prior Knowledge）、社会网络（Social Network）等。

蒂蒙斯总结出一个包含8类分项指标的创业机会评价模型（表4-1）。该评价体系提供了一些量化方式，使创业者可以对行业与市场、经济价值、收获条件、竞争优势、管理团队、致命缺陷等问题做出判断，以及这些要素合起来是否可以组成一个有足够吸引力的商机。一些风险投资商、政府基金和创业大赛就是借用了该模型对创业项目进行评价。

表 4-1　蒂蒙斯机会评价表

行业与市场	1. 市场容易识别，可以带来持续收入 2. 顾客可以接受产品或服务，愿意为此付费 3. 产品的附加价值高 4. 产品对市场的影响力大 5. 将要开发的产品生命长久 6. 项目所在的行业是新兴行业，竞争不完善 7. 市场规模大，销售潜力达到 1 000 万～10 亿元 8. 市场成长率为 30%～50% 甚至更高 9. 现有厂商的生产能力几乎完全饱和 10. 在五年内能占据市场的领导地位，达到 20% 以上 11. 拥有低成本的供货商，具有成本优势
经济价值	1. 达到盈亏平衡点所需要的时间在 2 年以下 2. 盈亏平衡点不会逐渐提高 3. 投资回报率在 25% 以上 4. 项目对资金的要求不是很大，能够获得融资 5. 销售额的年增长率高于 15% 6. 有良好的现金流量，能占到销售额的 20% 以上 7. 能获得持久的毛利，毛利率要达到 40% 以上 8. 能获得持久的税后利润，税后利润率要超过 10% 9. 资产集中程度低 10. 运营资金不多，需求量是逐渐增加的 11. 研究开发工作对资金的要求不高
收获条件	1. 项目带来附加价值具有较高的战略意义 2. 存在现有的或可预料的退出方式 3. 资本市场环境有利，可以实现资本的流动
竞争优势	1. 固定成本和可变成本低 2. 对成本、价格和销售的控制较高 3. 已经获得或可以获得对专利所有权的保护 4. 竞争对手尚未觉醒，竞争较弱 5. 拥有专利或具有某种独占性 6. 拥有发展良好的网络关系，容易获得合同 7. 拥有杰出的关键人员和管理团队

续表

管理团队	1. 创业者团队是一个优秀管理者的组合 2. 行业和技术经验达到了本行业内的最高水平 3. 管理团队的正直廉洁程度能达到最高水平 4. 管理团队知道自己缺乏哪方面的知识
致命缺陷	不存在任何致命缺陷
创业家的个人标准	1. 个人目标与创业活动相符合 2. 创业家可以做到在有限的风险下实现成功 3. 创业家能接受薪水减少等损失 4. 创业家渴望进行创业这种生活方式，而不只是为了赚大钱 5. 创业家可以承受适当的风险 6. 创业家在压力下状态依然良好
理想与现实的战略性差异	1. 理想与现实情况相吻合 2. 管理团队已经是最好的 3. 在客户服务管理方面有很好的服务理念 4. 所创办的事业顺应时代潮流 5. 所采取的技术具有突破性，不存在许多替代品或竞争对手 6. 具备灵活的适应能力，能快速地进行取舍 7. 始终在寻找新的机会 8. 定价与市场领先者持平 9. 能够获得销售渠道，或已经拥有现成的网络 10. 能够允许失败

②标准打分矩阵法。标准打分矩阵法是通过选择对创业机会成功有重要影响的因素，并由专家小组对每个因素进行最好（3分）、好（2分）、一般（1分）3个等级的打分，最后求出每个因素在各个创业机会下的加权平均分，从而可以对不同的创业机会进行比较（表4-2）。

表4-2　标准打分矩阵表

标准	专家打分			
	最好（3分）	好（2分）	一般（1分）	加权平均分
易操作性				
质量和易维护性				
市场接受性				
增加资本能力				
投资回报				
专利权状况				
市场大小				
制造的简单性				
口碑传播力				
成长潜力				

标准打分矩阵法简单易懂，易操作。该方法主要用于不同创业机会的对比评价，其量化结果可直接用于机会的优劣排序。只用于一个创业机会的评价时，则可采用多人打分后进行加权平均。如果其加权平均分越高，说明该创业机会越可能成功。一般来说，高于100分的创业机会可进一步规划，低于100分的创业机会，则需要考虑淘汰。

③贝蒂选择因素法。贝蒂选择因素法可以看作标准打分矩阵法的简化版。评价者通过对创业机会的认识和把握，按照蒂蒙斯创业机会评价体系的各项标准（表4-3），看机会是否符合这些指标要求。如果统计符合指标数少于30个，说明该创业机会存在很大的问题与风险；如果统计结果高于30个，则说明该创业机会比较有潜力，值得探索与尝试。应用该方法时需要注意一点，如果机会存在"致命缺陷"，需要一票否决。致命缺陷通常是指法律法规禁止、需要的关键技术不具备、创业者不具备匹配该创业机会的基本资源等方面的系统风险。

该方法比较适合于创业者对创业机会进行自评。

表4-3 贝蒂选择因素法的评价指标

序号	因素	满足情况
1	这个创业机会在现阶段是否只有创业者本人发现	□是□否
2	产品初始生产成本是否是创业者可以承受的	□是□否
3	创业机会市场初始开发成本能否接受	□是□否
4	新企业的产品是否具有高利润回报的潜力	□是□否
5	是否可以预期产品投放市场和达到盈亏平衡点的时间	□是□否
6	创业机会潜在的市场是否巨大	□是□否
7	创业者的产品是否是一个快速成长的产品系列中的第一个产品	□是□否
8	创业者是否拥有一些现成的初始客户	□是□否
9	创业者是否可预期产品的开发成本和开发周期	□是□否
10	新企业是否处于一个成长中的行业	□是□否
11	金融界是否能够理解企业的产品和消费者对它的需求	□是□否

④蒂蒙斯创业机会评价体系的简化改进。基于蒂蒙斯创业机会评价体系的提出背景与局限，创业导师和创业者在实际进行创业机会评价时，通常会参考该指标体系，筛选出符合国情环境、行业特征与评价者特质的精简化的指标体系。表4-4所示是清华大学姜彦福的实证研究成果：10项重要指标序列。表4-5所示是中创教育的大学生创业机会评价体系。

表4-4 创业机会评价体系简化版

指标类别	具体指标
管理团队	创业者团队是一个优秀管理者的结合
竞争优势	拥有优秀的员工和管理团队
行业与市场	顾客愿意接受该产品或服务

续表

指标类别	具体指标
致命缺陷	不存在任何致命缺陷
个人标准	创业家在承担压力的状态下心态良好
收获条件	机会带来的附加价值具有较高的战略意义
管理团队	行业和技术经验达到了本行业内的最高水平
经济因素	能获得持久的税后利润，税后利润率要超过 10%
竞争优势	固定成本和可变成本低
个人标准	个人目标与创业活动相符合

表 4-5　中创教育的大学生创业机会评价体系

指标类别	具体指标
致命缺陷	不存在任何致命缺陷
行业与市场	1. 顾客可以接受产品或服务，愿意为此付费 2. 市场容易识别，可以带来持续收入
管理团队	创业者团队是一个优秀管理者的结合
个人标准	个人目标与创业活动相符合
竞争优势	固定成本和可变成本低
战略性差异	在客户服务管理方面有先进的服务或运营理念
经济因素	1. 项目对资金的要求不是很大，能够获得融资 2. 能获得持久的税后利润，税后利润率要超过 10% 3. 有良好的现金流、能占到销售额的 20% 以上

☀ 创业提示

　　没有人能随随便便成功，成功有时靠的就是创业者不同一般的思路。在创业的路上，有时需要的恰恰是发现一般人没有看到的机会，或者做了一般人不屑于去做的事，最后把平凡的事做到了不平凡。

❯ 任务实训

一、实训人数
以班级展开，人数控制在 100 人左右。

二、实训场地与道具
教室，A4 纸。

三、实训要求
以 6～10 人为一团队，以团队合作形式完成。

四、实训目的

让学生了解识别创业机会的步骤、学会搜索创业机会、掌握正确方法识别创业机会、学会运用各种方法评价创业机会。

五、实训步骤

步骤1：搜索可能的创意。

通过各种途径对可能的创意和灵感展开搜索。

（1）关注并研究国家宏观经济政策和行业发展态势，国家鼓励什么，限制发展什么，行业未来发展趋势如何，这些都蕴含着很多创业机会。

（2）在你居住的地区或是你想创办企业的地方进行市场调查，收集相关信息发现可能的创意。

（3）通过自己或别人对某些产品或服务的抱怨和不满，发现完善产品或服务的创意。

（4）发现人们的消费痛点和消费趋势，从中寻找相关信息和创意。

（5）留意国家政策等信息的变化，从中发现可能的创意。

（6）从一个你感兴趣又擅长的产品出发，利用头脑风暴法进行联想。

（7）在个人经验基础上运用灵感，产生创意。

步骤2：发现可能的机会。

对搜索到的创意展开分析，从杂志、图书、专门的咨询机构及互联网中收集关于行业、竞争者、顾客偏好趋向、产品创新等方面的信息，发现其中的创业机会。

步骤3：标准化识别。

创业机会的识别是思考和探索反复互动，并将创意进行转变的过程。标准化识别是指通过对整体的市场环境的分析及一般的行业分析来判断该机会是不是有利的商业机会。收集市场特征、竞争者等方面的数据和信息，对数据和信息进行评价和分析。

（1）对数据和信息进行总结，得出初步印象。

（2）对数据和信息交叉制表进行分析。

步骤4：个性化识别。

进一步考察对于特定的创业者和投资者来说，这一机会是否有价值。结合创业者和投资者的实际情况，包括资金能力、创业者自身素质、资源、团队等方面进行全面分析和匹配，来判定创业机会是否适合。

步骤5：深入市场调查。

通过现场观察、问卷、访谈、集中小组试验等形式对产品形式、消费群体的购买欲望和购买能力、市场竞争等方面进行深入调查，收集全面系统的信息资料。

步骤6：决定是否创业。

根据市场调查结果，经过反复思考、论证和评价，仔细审查机会并分析是否可行，包括技术方案评价、市场潜力评价和成本收益评价。然后根据评价结果选出3种创业机会。

创业机会1：

创业机会2：

创业机会3：

步骤 7：评价创业机会。

使用贝蒂选择因素法计算创业机会的成功潜力。对表 4-6 中的 11 个项目进行判断，符合条件的打"√"，如果某个创业机会只符合其中的 6 个或更少，那么这个创业机会的成功潜力较小；相反，如果符合其中的 7 个或者更多，那么这个创业机会将大有希望。根据评价结果来决定是否要抓住这个创业机会，开始进行创业。

表 4-6　评价创业机会

选择因素	是 / 否		
	创业机会 1	创业机会 2	创业机会 3
这个创业机会在现阶段是否只有创业者本人发现			
产品初始生产成本是否是创业者可以承受的			
创业机会市场初始开发成本能否接受			
新企业的产品是否具有高利润回报的潜力			
是否可以预期产品投放市场和达到盈亏平衡点的时间			
创业机会潜在的市场是否巨大			
创业者的产品是否是一个快速成长的产品系列中的第一个产品			
创业者是否拥有一些现成的初始客户			
创业者是否可预期产品的开发成本和开发周期			
新企业是否处于一个成长中的行业			
金融界是否能够理解企业的产品和消费者对它的需求			

六、实训交流与讨论

（1）团队在搜索创意时，遇到哪些问题，是如何解决的？

（2）在进行机会识别时，出现哪些分歧，是如何解决的？

（3）在市场调查中采用哪些方法？

（4）团队是如何分工的？

七、实训点评

大学生创业要善于抓住好机会，把握每个稍纵即逝的投资创业机会，就等于成功了一半。有人说有变化就会有机会，"低科技"中蕴藏很多机会，集中盯住某些顾客的需求就会有机会，追求"负面"也会找到机会。

任务二 创业团队

案例导入

3位草根合伙创业的经验

在这家合伙公司中，为首的人叫李铭，其余两人是王强、田光华。3个人都是大专毕业，先后进入一家国有电力公司工作，经过十几年的相处，彼此成为很要好的朋友。在这3个人当中，李铭的思考力较为成熟，成为3个人的领导中心。因此，当李铭提出辞掉现在的工作自己创业时，王强、田光华毫无异议地举双手赞成。

在决定创业项目的讨论中，王强、田光华对李铭说："你的脑筋好，就由你去筹划好了。""不。"李铭郑重其事地说，"这是关系我们3个人一生事业前途的大事，大家不妨每个人想一个，到时候我们再商量决定。"关于做什么项目3个人开了一次正式会议。李铭、田光华的看法相同，认为应该开水电行。王强本想开电机行，一听两人意见一致，他马上放弃了自己的意见。不过，李铭还是为他解释了一番，使他放弃得心服口服。

公司成立后，李铭提出要制定公司章程，"算啦，要什么章程。"王强很豪放地说，"凭我们3个人这份交情，谁还会骗谁？""不，交情归交情，生意归生意。"李铭郑重其事地说，"生意上的事，我们一定要弄得一清二楚，一点也不能马虎。生意做好了，我们每个人要知道是怎么好起来的；生意做垮了，我们每个人都要清楚怎么垮的。千万不能为了生意上的事务纠缠不清，而损害了我们多年的友情。"

李铭立即着手拟订章程，并且找了公司法做参考，主要有下列几点：

（1）公司分作3股，一股的资金占四成，其余两股各占三成。因为公司一定要有个负责人，而负责人的工作不但重要，在资金上冒的风险也较大。

（2）前3年赚的钱，除了各人应领的薪水及年节奖金之外，不得额外支用，全部用于扩展业务之用。

（3）在3个人的事业中，不准任何人的太太参与经营，在公司担任实际的工作。

（4）任何人不得私自任用他人，所有员工都必须经过考试才能录用。

以上几点，只不过是李铭制定的合伙经营章程中最重要的部分，其他细节问题李铭也不厌其烦地列举出来，并请了一位律师和一位长辈做见证人，以加强合伙经营契约的效果。

章程订好了，3个人开的水电行也跟着开业。虽然工作很辛苦，但他们彼此相处得相当愉快。后来王、田两人想帮李铭改善家庭收入，提出让李铭妻子来做会计，但被李铭坚决制止，因为章程决不能轻易打破。当时公司确实需要人手，但李铭想用男员工，这背后还有一层不足为人道的顾虑。王、田两人都还没有结婚，如果雇用一个女孩子，很可能成

为他们两个追求的对象，这一来，麻烦的事就多了。一旦变成情敌，他们合伙的事业都会受到严重的影响。因此，李铭暗暗下了决心，王、田两人没有结婚成家期间，公司里决不用女职员，免得在公司内部引起感情纠纷。

3个人开办的水电行，初期只是替人家装饰、修护水电，慢慢地，业务扩大了，大楼电梯的修护也成了他们服务项目之一。当时，李铭产生了一个新念头，认为代理电梯将是很有发展的行业。可是他向两位合伙人说明之后，他们的反应并不热烈。另外两个人的看法是，他们生意的基础还不稳固，电梯的需要量也不是太大，不如等几年再说。遇到这类的事情，就要看合伙生意主持人的协调能力了。李铭的办法是，先收集有关电梯发展的资料，开始跟王、田两人正式磋商，把他们顾虑的问题一一加以分析。王、田两人被他说服了，但他们还有一层顾虑："我们做的是水电工程，虽然也替人家修理过电梯，但对这一行懂得太少，如果将来代理电梯，由我们负责安装工程，我们谁有这份能力？""这件事我早就考虑到了。"李铭胸有成竹地说，"我们要从事这一行，当然要把这一行学精，我已经跟一家日商接过头，如果我们代理他们的产品，他们负责为我们训练技术人员。"两人一听，知道他对此事已有了通盘的打算，所以不再有异议，同意一切由他去全权安排。但李铭仍然不肯独自决断，关于派人到日本去学习电梯技术的事，仍跟两个人磋商，派谁去比较合适？其实这种磋商也只有一点结论，因为在3个人之中，只有李铭会说日语，而且一开始是他跟日商接头的，当然他去最合适。李铭对这一决定并不反对，但他在临去日本之前，做出两项决定：一是他在日本的一切费用，由公司负责支付；二是他学的技术归公司所有，不管他们将来的电梯事业发展到何种程度，一切利益都由他们3个人分享，他不能以任何理由，独自发展电梯事业。李铭的决定消除了其余两人的疑心，以公司利益为重的考虑获得了其余两人的肯定。在3个人共同的努力下，他们的电梯生意顺利展开。这一计划的成功，不但使公司的发展进入一个新的阶段，也为李铭在公司中的领导地位建立起稳固的基础。现在，这家公司已拥有3家子公司，3个合伙人仍然合作无间。诚如李铭所说："年轻人财力有限，经验不够，要创立一个大企业，必须体会团结合作的重要性，破除私心，共同为合伙事业各尽所能，贡献心力。"

（资料来源：雷重熹，池云霞，靳润奇，等.创新创业案例与分析［M］.北京：高等教育出版社，2019.）

📖 分析解读

从李铭创业团队的组建中，可以看出创业也要讲究艺术。核心创业者的产生必须基于合伙人百分之百的信赖、拥护，这样才能拥有权威，尽可能将有影响创业团队稳定的因素考虑周全，并用制度给以规定，将这些不稳定因素扼杀。另外，对于合伙企业来说，避免独断专行，凡事沟通协商，以团队利益为重，破除私心，消除成员之间的顾虑也是保持创业团队稳定性的重要原则。"凡事，抱最大的希望，尽最大的努力，做最坏的打算"是一种创业态度，这样才能使创业充满生命力，充满梦想和期待，同时考虑到一切可能造成失败的因素，提早做好准务，正确对待和解决创业中出现的问题。

一、创业团队及其对创业的重要性

创业团队，也被称作初始合伙人团队，是指创业初期（包括企业成立前和成立早期），由一些有一定利益关系、才能互补、责任共担、愿为共同的创业目标而奋斗的人所组成的特殊群体。采用相互认同的做事方法和规则，并在完成目标的过程中建立起感情，这就意味着团队是人、事、法、情四方面的联结。当今社会是一个竞争与合作的社会，仅靠一个人单打独斗是很难成功的，因此，创业需要组建团队。一旦一群人团结起来形成合力，就会形成商业利益的来源，使团队整体绩效大于个人绩效之和。创业团队的稳定性直接决定了整个创业过程的稳定性。

（一）"桃园三结义"

1. 人是社会人

在社会学中，人是指具有自然和社会双重属性的完整意义上的人。梅奥说过："人是独特的社会动物，只有把自己完全投入集体之中才能实现彻底的自由。"通过社会化，使自然人在适应社会环境、参与社会生活、学习社会规范、履行社会角色的过程中，逐渐认识自我，并获得社会的认可，取得社会成员的资格。

在创业的过程中，也是一样的道理，人是相当重要的，由各种人才组成的一个创业团队也决定着往后在创业过程的失败或胜利。

2. 仅凭一个人就能做成的一定不是事业

"一个人不管如何努力，永远也赶不上时代的步伐。只有组织起数十人、数百人、数千人一同奋斗，你站在这上面，才摸得到时代的脚。我放弃做专家，而是做组织者。我越来越不懂技术、越来越不懂财务、半懂不懂管理，如果不能充分发挥各路英雄的作用，我将一事无成"。

上面这番话，出自华为创始人任正非之口。人的根本属性是社会性，一份真正的事业必然凝聚了很多人的心血。在这个世界上，如果我们想做一番事业，仅凭单打独斗一定不会成功。

众人拾柴火焰高，三个臭皮匠赛过诸葛亮等，这些古话都说明了一个道理，团队的重要性，尤其在创业中。一个人，脱离了团队，他的力量即使再无穷，也是有限的。而一个团队，却能够激发无限的力量。一个好的管理者，能够使羊群激发出狮群的战斗力。这就是团队管理的重要性。

但是也有关于团队合作不成功的俗语，如"一个和尚挑水吃，两个和尚抬水吃，三个

和尚没水吃",就是典型的团队合作失败的写照。因此,团队合作是否和谐、有力,对创业是否成功是非常关键的。

(二)1+1>2

1. 合的是人品和志向

一般来说,人们看到"合伙人",往往就会想到"钱",比如,你出资多少,我出资多少等问题。那么,合伙人难道仅仅是"资金""股份"的合伙吗?显然不是,否则,我们就没有必要千辛万苦地寻找合适的合伙人。

实际上,我们在选择创业合伙人的时候,对方可以是朋友、同学,也可以是同事等,这些并不重要,重要的是你们对彼此的人品是否认可,志向是否一致。难以想象,你不认可一个人的人品,又怎能发自肺腑地愿意与其共事?几个人对未来的愿景看法不一,又怎能保证团队将来朝着一个方向发力?所以,在选择合伙人时,务必要对合伙人的人品和志向有着深刻的认知。

(1)人品。在创业初期,我们可能没有太多的资金、没有良好的社会背景、没有丰富的人脉,只有自己的一腔热血与对事业的一份执着追求。此时,我们还处在事业目标时隐时现的初级阶段,我们的想法可能都不太成熟,在创业过程中可能会碰到各种各样事先没有想到的困难。

在这时,我们最需要合伙人有良好的人品,这具体体现在对伙伴的理解、包容、支持与正面的鼓励等方面。合伙人之间不能因为一点小小的困难而抱怨、指责、不理解,甚至动不动就喊着要散伙。因此,合伙人既要做到同舟共济,也要做到雪中送炭。

(2)易沟通,善学习。俗话说:"计划不如变化快。"在创业之初,我们可能做了详细的商业计划,可是随着市场的变化,我们的计划还需要随时进行调整。在调整的过程中,彼此之间除了要有积极的心态之外,还要能够及时地听取对方的想法与态度。在这个过程中,沟通则显得特别重要;否则,沟通不畅,无法有效合作。

(3)懂得舍与爱。一般来讲,只计较眼前利益,而不懂得"舍"的人,一定是一个不懂得爱的人,更不能成为有成就的人。在合伙初期,尽管提倡明确分清彼此的义务和责任,但不可能将什么利益都分得一清二楚,所以不能在创业的过程中将小利算得太清楚,更多的时候,我们需要的可能是合伙人之间的部分你我,这本身就包含着一种包容与关爱。这是因为,过分的计较会使合伙人之间相互产生猜疑而失去信任的基础,这往往会导致创业团队的决裂。

"创业"不同于"打工",在"打工"时,可能有下属为你打点日常小事,有上司为你指点方向。可是,在创业初期,什么事情都需要我们亲自动手,如面对工商、客户等一系列大小事情。

假如我们只有理想,却不屑于做某些具体的工作,总想着做个"总指挥",这往往是不现实的。在创业初期,可谓"百废待兴",合伙人要能够一起经历过程的辛酸苦辣,这也能够加强彼此的感情与创业的信心。

总之，创业者在选择合伙人时，切勿仅仅认为是"出资多少"的问题，更要对合伙人本身的品质和抱负有通盘的考量。

2. 创业团队赢在合力，输在分力

我们为什么要组建一个团队呢？究其根本，是为了形成一股合力。俗话说"兄弟齐心，合力断金"。实际上，对于一个创业团队而言，如果能够形成合力，就会真正地实现"人多力量大"；如果未能形成合力，而是彼此掣肘、互相分力，那么"人多就未必力量大"，甚至可能出现"1+1<2"的现象。

二、创业团队的优劣势分析

与个体创业相比较，团队创业具有多方面的优势，对创业的成功起着举足轻重的作用。

创业者可以依靠团队的力量，展示自己超凡的领导力。但创业者应该学会的首要管理技巧就是"让合适的人做最合适的事"。

（一）互补型合作伙伴

对一个企业家来说，最难的事有两件：一是寻找到能够胜任业务的人；二是寻找到可以信赖的人。如果你能与可以信赖的人在一起合作，而他又可以处理重要的业务，那么无疑你们将是最好的拍档，他可以助你一臂之力。而经验表明，如果一对有能力的人要在一起工作，那么关键的一点：这两个人必须是并列的关系，不应让团队中的两个有能力的人做同一类事，最好两个人是互补型的。

（二）多用外脑，团队出击

在创业初期，事业就像刚刚出土的幼苗，稚嫩、脆弱、经不起打击，也许一点失误就会让大家前功尽弃。因此，遇事要多利用外脑来帮助其思考，有事多与团队的成员商量，每一步投资和决策都应该慎之又慎，力求万无一失。

（三）正确的决策，需要倾听反对的意见

协调是创业过程中最好的一种方式，需要有人给创业者提出忠告。当然并不需要他对别人的忠告言听计从，他必须自己做出最后的决定，这样他可以得到不同的观点，在自己做出错误决定时能够有人指出来。

有一位老板应该拥有一群挑剔的朋友，这种挑剔不是理论上的，而是操作范畴的。他希望这批人天天围住他，必须指出他的诸多错误。只有从不同的角度去看待问题，才会得出相对正确的答案。

（四）谁拥有人才，谁就拥有未来

现代社会已经不是个人英雄主义的时代，现在的竞争都是团队合力的竞争，竞争的最后，就是看谁拥有最好的人才、最紧密的合作伙伴、最多的资源。因此，要重视团队荣誉，时刻给顾客一个团结向上、乐观进取的团队形象。也只有这样，创业者才可以在激烈的竞争中取得最后的胜利。团队合作是否和谐、有力，对创业是否成功是非常关键的。

三、组建创业团队的方式与策略

（一）组建创业团队的方式

1. 网络创业

利用网络平台建立电子商务体系，开办网店、微店，微电商、跨境电商的创业模式在大学生创业项目中是很常见的。甚至在 2016 年爆发性地增加了网络主播创业，网红经济成为新潮流。

2. 加盟创业

加盟已经建立的成熟企业，做大企业的小伙伴，无疑可以降低大学生创业的门槛，成功率也明显高于自主创建商业模式的创业项目。

3. 兼职创业

在课余时间到企业、商业店铺去兼职，增加就业体验，或者是自己经营一些小生意，积累市场经验，也在大学生中有一定的比例。

4. 团队创业

创业项目中以个体户形式创业的个人英雄主义时代已经一去不复返，而有共同理想和价值观的学生或朋友共同创业，已经成为新的潮流。

5. 大赛创业

目前各级各类的创业大赛应运而生，本来为参赛而组建的团队，因为富有创新的商业模式得到认可后，或者是在大赛中得到了创业启动资金、风险投资的大学生，从此走上创业人之路的大有人在。

6. 概念创业

一个全新的理念，得到有识之士的认可，并使之完善而演变成创业项目，这在大学生中也不少见。

7. 内部创业

企业内部同样需要一种创新的意识和能力，在某些大型外企和国企内部，担任一定领导岗位的大学生，也一样在凭着自己的创业精神开发项目、管理项目，成为企业发展新的动力。

依据不同创业方式和逻辑组建创业团队既可能带来优势，也可能带来障碍，对后续创业活动会带来潜在影响。

（二）组建创业团队的策略

1. 团队成员应有相同的价值观

人们常将"成家立业"放在一起说，其实"成家"和"立业"这两件事有很多地方是一致的，如一个幸福的家庭和一个成功的团队，都需要成员拥有相同的价值观，这是最为重要的基础。我们常说的"求大同，存小异"中"大同"的意思就是价值观相同，可以说，没有相同的价值观，很难保证一个团队可以共同渡过创业初期的坎坷艰难，可以共同分享创业成功的喜悦成果。

所谓价值观，是指一个人对周围的客观事物（包括人、事、物）的意义、重要性的总评价和总看法。价值观存在于人的潜意识里，一般不易从表面看出来，但是人的价值观一旦形成，很难改变。所以，我们在组建团队时，就要选择价值观相同的人，而不要去试图改变某人的价值观以求一致，这是徒劳的。团队成员有一个共同的目标、相同的价值观是相当重要的。

2. 团队成员的能力、性格应互补

团队成员最大限度地发挥自己在知识、性格、技能、资源等方面的不同作用，依靠集体智慧解决创业团队遇到的问题。一个团队在开展创业活动时，必然会有技术、市场、销售、管理等不同类型的工作任务需要成员去分工、承担，如此便产生了能力互补的人才需求。

3. 精简高效原则

创业团队要注意精简高效，团队成员贵在精而不在多，这样既可以节约创业成本，又可以避免因人员众多导致意见分歧严重，议而不决等情况的出现。创业团队应当进行有效管理。总体来说，早期创业团队的组建，应当坚持"三个一"，即一个核心、一个共同愿景、一个产品。

4. 开放性原则

创业过程随时面临各种风险，随时会出现各种突发状况，在创业过程中也可能会出现人员退出、新人加入等情况。所以创业团队需要秉承着开放性原则，吐故纳新，确保团队成员富有活力和创业激情。

（三）团队成员的角色

被誉为"团队角色理论之父"的英国团队管理专家梅雷迪思·贝尔宾在观察与分析成功团队时发现，一支结构合理的团队应该由 3 大类［行动类（Action-oriented Roles）、社交类（Social-oriented Roles）、思考类（Thinking Roles）］，9 种不同的角色［鞭策者（Shaper）、执行者（Implementer）、完成者（Completer Finisher）、协调者（Co-ordinator）、凝聚者（Teamworker）、外交家（Resource Investigator）、智多星（Plant）、专业师（Specialist）、审议员（Monitor Evaluator）］组成。贝尔宾团队角色理论说明，高效的团队工作有赖于

默契协作。团队成员必须清楚其他人所扮演的角色，了解如何相互弥补不足，发挥优势。成功的团队协作可以提高生产力，鼓舞士气，激励创新。团队中存在着这9种角色，每种角色都有自己的特点但通常不是一个人担当一个角色，在大多数的团队中最常见的情况是核心成员一个人担当两个角色甚至更多，而有些角色也可能由几个人共同担当。

创业团队成员之间要分工明确，根据自己的性格特征、知识能力、资源条件等匹配合适的岗位，担任适合的角色，最大限度地发挥自己的作用，同时各团队成员之间要密切配合，互帮互助。原则上，创业团队的成员可以按照几种角色来组建，但并不是所有角色都必须齐全，创业团队组建初期需要考虑成本、工作效率等情况，可以根据工作需要挑选、分配相应的角色。

（1）首席执行官（CEO）：对企业的一切重大经营运作事项进行决策，包括对财务、经营方向、业务范围的增减等；参与董事会的决策、执行董事会的决议；主持企业的日常业务活动；对外签订合同或处理业务；任免企业的高层管理人员；定期向董事会报告业务情况，提交年度报告。

（2）首席品牌官（CBO）：是现代组织（包括企业、政府或其他组织）中设置的专门负责品牌战略管理与运营的高级官员，代表CEO就企业形象、品牌及文化进行内外部沟通。

（3）首席财务官或财务总监（CFO）：具备丰富的金融理论知识和实务经验，负责企业理财与金融市场交互、项目估价、风险管理、产品研发、战略规划、企业核心竞争力的识别与建立，以及洞悉信息技术及电子商务对企业的冲击等。

（4）首席运营官（COO）：主要负责企业的日常运营，辅助CEO的工作。一般来讲，COO负责企业职能管理组织体系的建设，并代表CEO处理企业的日常职能事务，协助CEO制订公司的业务发展计划，并对公司的经营绩效进行考核。

（5）首席技术官（CTO）：是企业内部负责技术的最高负责人，主要负责长期技术方向（战略性）、短期技术方向（战术性）的研究确定，管理技术研究对企业经营活动和盈利的影响；主持开发企业中使用的软件等。

（6）首席客户官（CUO）：为客户制定媒体关系策略和公关活动策划，达成客户的市场或传播目标；督促客户服务团队执行媒体及公关活动，有效分配资源，并保证服务团队的工作质量；负责监督公关项目的计划和实施，使公关项目能在预算的时间和费用内完成；积极拓展客源及开发企业业务；与客户进行紧密的业务联络和沟通。

（7）首席市场官（CMO）：负责市场运营工作的高级管理人员，也可称为市场总监、主营市场的副总经理或副总裁等。主要负责在企业中对营销思想进行定位；把握市场机会，制定市场营销战略和实施计划，完成企业的营销目标；协调企业内外部关系，对企业市场营销战略计划的执行进行监督和控制；负责企业营销组织建设与激励工作。

四、创业团队的管理技巧

(一)让合适的人做合适的事

创业团队管理的重点是在维持团队稳定的前提下发挥团队多样性优势。人才的选、育、留、用都是有一定管理技巧的。

从人力资源管理上"人岗匹配"的原则来说,让合适的人做合适的事,是科学的用人原则。这样做的结果对个人来说,可以调动团队成员的潜能,把人才的优势发挥得淋漓尽致;对团队来说,扬长避短无疑是提高效率的最佳配置。

(1)团队成员有一个共同的目标。人们互相吸引的因素不外乎外貌、接近、相似、互补、报偿。一个团队的成员,有相同的价值观也相当重要。

(2)团队成员之间合作既有原则又有风度。因每个人所处的角度不同,要有自己的原则,说出自己的见解,但意见不同时,又要有风度,站在他人的角度再考虑一下。

(3)团队成员要能力互补,各有所长。结构决定属性,属性决定功能,功能决定绩效。能力互补,各有所长,独当一面,优化结构很重要。郎平时代的女排,就是因为有了一个好的团队结构,所以她们可以取得五连冠的成绩。

(二)团队合作成败直接影响企业成败

这是一个铸就团队的时代,同舟共济就是需要创业者用心搞好团队建设。企业的管理活动都是围绕企业的目标展开的,而企业的目标需要通过许多人的集体活动才能实现。即使企业制定了明确的目标,但是由于企业中的成员对目标的理解、对技术的掌握及对客观情况的认识不同,或者因为他们个体在知识、能力、信念上的差异而表现各有不同。如果大家在思想认识上有分歧,就会出现行动上有偏差的现象。所以,创业者要重视团队的建设,让团队成员都树立同舟共济的意识,才能成就梦想。

由此可见,建立良好的诚信不仅是企业对外开展营销时应注意的问题,还是企业内部团队成功合作时必须遵守的前提。

有资料分析,近年来大学生创业的个案,因为财务问题导致经营失败的占48%,处于第一位;因为信息匮乏而过高估计自己产品的市场需求而导致失败的占29%,居于第二位;因为团队不和而导致企业失败的占23%,居于第三位。可见,铸就一个配合默契的团队多么重要。

(三)营造相互信任的团队氛围

在情感上相互信任,是一个团队最坚实的合作基础。只有这样,才能给团队成员一种安全感,只有信任他,他才会把公司当成自己的,并以其作为施展个人才华的舞台。

与此相反,我们看到过许多曾经一起艰苦创业、共患难的伙伴,却在创业刚刚取得一

点成绩时，做不到"共富贵"。创业者队伍中也有些"吃独食"的老板，而这样的老板最后必将导致合作伙伴的流失。

作为创业团队中的一分子，我们必须明白，只有合作共赢才能办长久之事，只有互惠互利的关系才会长久，我们只有在"情感"和"利益"上实现自我超越，懂得和学会将更多的利益与人分享，才有可能成就更伟大的事业。

（四）有良好的约束机制

建立一个良好的约束机制对团队的后续发展至关重要。通常一个团队的生命周期也不是很长，随时处于变化之中，所以团队的组合也有其随机性：为了创业而组合，或者为了一个项目而组合。因此，在团队里除分工明确外，每个成员还应该跟团队签署一个协议，明确每个人的权利和义务，制定好要达到的目标和必要的奖惩条例。

授权，不仅可以把老板从事无巨细一把抓中解脱出来，还是对员工的一种信任。信任会激发员工的心理依从感，也会增加员工对公司的情感认同。

（五）团队领导需要有宽广的胸怀

创业是使一个企业从无到有的过程，这个过程既是对个人意志力的考验，也是对创业者胸怀的考验，看你能不能听取不同意见者的建议，看你能不能正确看待员工的不同意见，因为一个企业要想获得利润，依靠的不仅是顺从的人，还需要有才能的人。

一个人的度量决定了他成就的高度，尤其是团队的带头人，一个胸怀宽广的人，一定可以得到有才能的人相助，所以创业者应该时刻牢记要以大局为重，不计较眼前的利益，高瞻远瞩。

（六）建立有效的沟通机制

信任和理解不是一句空话，而交流和沟通可以消除一切误会。有时，员工的人心不齐，或者对公司信心不足，都是上下沟通不畅造成的，创业者要不断地把企业的愿景描述给员工，同时也让员工理解要实现这个美好的愿景，就需要大家每天都踏踏实实地工作，一点点地为未来添砖加瓦。

可见，不论企业大小，保持畅通的沟通渠道，对企业的良性发展是很重要的。

☀ 创业提示

企业家要扮演好6种角色：企业战略的执行者、企业文化的传承者、企业变革的推动者、沟通平台的构建者、管理效益的承载者、团队力量的凝聚者。

❯ 任务实训

一、实训人数

以班级展开，人数控制在 100 人左右。

二、实训场地与道具

教室，A4 纸。

三、实训要求

以 6～10 人为一团队，以团队合作形式完成。

四、实训步骤

步骤 1：划分小组。采用随机的方式进行分组，每组 6～10 人为宜。

步骤 2：征集合伙人。计划创办一家互联网二手车交易公司，拟订一份征集合伙人的广告。

步骤 3：广纳人才。张贴广告，并用 3 分钟演讲进行宣讲，吸纳人才。

步骤 4：面试合伙人。团队成员共同评估，选出几位候选者参加团队合伙人面试。

步骤 5：评估团队。按照团队角色配置的方式，评估团队结构，分析并决定哪个候选人加入后团队组成结构更好。

步骤 6：团队展示。调整后的团队，展示团队名称、团队 Logo、团队愿景、创业项目、团队领导者、团队成员及分工、团队管理制度。

步骤 7：评选最佳团队。

五、实训交流与讨论

（1）团队在征集人才时，遇到哪些问题，是如何解决的？

（2）在吸纳人才时，出现哪些分歧，是如何解决的？

（3）团队最后是以什么标准选择人员的？

六、实训点评

创业团队因什么而组建，因为共同的愿景（创办一家互联网二手车交易公司）。创业团队虽小，但是"五脏俱全"。创业团队成员不能是清一色的技术流成员，也不能全部是搞终端销售的，优秀的创业团队成员各有各的长处，大家结合在一起，正好是相互补充，相得益彰。

绝大多数创业团队的核心成员都很少，一般是三四人，最多也不过 10 来人，如此少的团队成员从企业管理角度来看，实在是"小儿科"，因为人数太少，每个从事管理工作的人都觉得能够轻易驾驭。但实际上，这个创业团队成员虽少，但是都有自己的想法，有自己的观点，更有一股藏于内心的不服输的信念。因此，我们对创业团队中的每个成员都不能报以轻视的态度。

任务三　创业资源

案例导入

星巴克的崛起之路

　　在市场需求非常充足，小小的咖啡店保有稳定的利润的情况下，鲍德温、西格和鲍克 3 人在 1971 年创建了星巴克。持续的购买需求引起了霍华德·舒尔茨（Howard Schultz）的兴趣。舒尔茨是星巴克当时的供应商——Hammarplast（瑞典厨具公司）的总经理，他拜访了位于派克市场 1912 号的星巴克，想要看看这家蓬勃发展的小公司是如何运作的，并对这家企业印象深刻。1982 年，舒尔茨正式加入星巴克，成为市场总监。但是，由于无法劝说星巴克的创始人接受自己在西雅图开一家小说里才有的咖啡馆的想法，舒尔茨在 1985 年离开了公司。第二年，他开了一家自己的咖啡馆，以米兰一份著名的报纸命名——Ⅱ Giomale。1986 年 8 月，为自己的咖啡馆筹得 75 万美金的舒尔茨获悉一个消息：星巴克因经营困难将被出售。为了得到梦想的咖啡店，舒尔茨再次说服投资者们为他凑足收购所需的 380 万美金。1987 年一个阳光灿烂的下午，舒尔茨将星巴克收入囊中，成为实际掌舵人。

　　收购星巴克后，舒尔茨带领星巴克开始向全美各地扩张，他首先将目光投向芝加哥。但因为手头资金缺乏，加上对市场判断过于乐观，星巴克深陷芝加哥泥沼，1987—1989 年，星巴克分别亏损 33 万美元、76 万美元、1 200 万美元。星巴克进入芝加哥市场 3 年后，当地人开始喜欢上星巴克的重烘焙咖啡。舒尔茨通过雇用有经验的经理，同时提高售价以应对上涨的房租和人力成本，扭转局面。1992 年，星巴克的店面已有近 120 家，并成功在纳斯达克上市。

　　星巴克增长势头迅猛，2000 年，星巴克在全球 13 个国家开设了 2 600 家门店。这一年，舒尔茨辞去 CEO 职务，担任董事会主席兼全球战略官。首席财务官的史密斯出任星巴克 CEO，星巴克进一步加快在全球扩张的步伐。

　　因为"膨胀"速度过快，加上大环境不景气，2007 年星巴克遇上创立以来的最大危机：全球 13 000 多家店内的消费额不同程度减少，季度净亏损高达 670 万美元，股价创下历史新低。为了缩减开支，2008—2009 年，星巴克关闭了近千家门店，并将全球新店开张速度下调了 30%，还进行了适度裁员，舒尔茨本人也向董事会申请降薪。随着经济大环境复苏，星巴克也顺利走出衰退的泥沼实现扭亏为盈。舒尔茨将目光继续投向中国市场，并于 2010 年高调宣布，希望中国可以成为除北美之外的第二大市场。

现在的星巴克与创始之初有了很大的差别。星巴克在一项调查中发现，在自己的2 000 万名顾客中，90% 都是互联网用户。星巴克决定在菜单上添加一项新内容：高速无线互联网服务。它与惠普及 T-Mobile 联手，共同致力于为消费者带来无线、高速的体验。在拥有 T-Mobile HotSpotSM 高速无线网络的星巴克咖啡店中，顾客只需一个支持 Wi-Fi 功能的笔记本电脑或者 Poeket PC，就可以实现在互联网上畅游。惠普出现在星巴克以后，星巴克提供的就是全能的超值服务，看似毫无瓜葛的两者，一旦合作，将会改变很多，它们的合作足迹将使餐饮业的电子化成为可能。3 家优秀企业共同为星巴克的顾客定义了一个价值包：可享受边喝着香浓的咖啡边在互联网上畅游的写意感觉。

在中国，星巴克已经拥有 2 800 多家门店。2016 年 12 月初，星巴克开始支持微信支付。2017 年 9 月 25 日，星巴克与支付宝官网同时宣布，全部门店支持支付宝付款，并开启了一轮赠送消费券的营销活动。至此，星巴克有望获得支付宝在线下餐饮领域积累的各项数据支持，微信中的各项功能也可以"复制"到支付宝，未来也不排除打通星巴克天猫旗舰店库存，做联动营销的可能。

（资料来源：雷重熹，池云霞，靳润奇，等.创新创业案例与分析［M］.北京：高等教育出版社，2019.）

📚 分析解读

真正的成功者是寻找资源，然后整合资源的人，并不是拥有现成资源的人。我们自以为拥有的资源和人脉绝不会像想象的那么好用。任何一个商业活动从无到有，都必然要经历团队阵容不整、没有客户的阶段。无论是滴滴打车创业初期，工作人员在北京机场 T3 航站楼一个一个地拽着出租车司机下载 App；还是雷军即使有互联网圈 20 多年的人脉，创立小米团队的时候，都是很艰难的。

按照企业之间整合资源的方式不同，资源整合可以分为纵向资源整合、横向资源整合和平台式资源整合 3 种形式。纵向资源整合是将处于一条价值链上的两个或多个厂商联合在一起结成利益共同体，致力于整合产业价值链资源，创造更大的价值。横向资源整合则是将目光集中在价值链中的某一个环节，探讨利用哪些资源，怎样组合，才能最有效地组成这个环节，提高效用和价值。无论是纵向资源整合还是横向资源整合，都是将企业自身作为所整合资源的一部分，考虑怎样联合其他资源得到最佳效果。而平台式资源整合却不同，它考虑的是，企业作为一个平台，在此基础上整合供应方、需求方甚至第三方的资源，同时增加双方的收益或者降低双方的交易成本，自身也因此获利。

一、创业资源的内涵

创业就是把创业机会、创意利用资源变成现实。创业是以创意为起点的，但单有创

意是远远不够的，还要有资源作为支撑，主观臆想是很难实现创业目的的。创业是要以物质为基础，创业机会没有创业资源的支撑就是无源之水，无本之木，所以，创业资源很重要。

蒂蒙斯教授提出创业的三要素，即资源、机会、团队。可见，资源在创业要素中是第一位的。

《辞海》上关于资源的定义：生产资料和生活资料的天然来源。

经济学意义上的资源：经济学把为了创造物质财富而投入生产活动中的一切要素通称为资源，即指一般意义上的商业资源。

CSM新资源观论：徐绪松教授提出CSM新资源观论，认为投入后能够产生效益，包括能够创造经济价值（创造财富）、产生经济增长、建立竞争优势、提高核心竞争力、实现人与自然的和谐、可以持续发展等的东西均称为资源。

总之，资源就是供人们从事生产和经济活动的有用之物。

常言道："巧妇难为无米之炊"。同样，没有资源，创业者也只能望（商）机兴叹。企业资源基础理论的主要代表人物巴尼认为，创业资源是指企业在创业的整个过程中先后投入和使用的企业内外各种有形的和无形的资源总和。林强及林篙曾对创业资源给出了学术定义。他们认为，创业资源是企业创立及成长过程中所需要的各种生产要素和支撑条件。Alvareza & Busenitzb认为创业本身也是一种资源的重新整合。

简单地说，"创业资源"就是创业者所需具备的一些创业条件。

要创立一个企业，不是单靠一个想法就可以的，而是需要各种各样的生产要素和方方面面的支撑条件。应该说，创业活动本身就是创业资源的重新组合，而且这种资源有其异质性，也就是不是一种资源，而是各层面的很多种资源。拥有资金支持，是否可以创好业？答案是否定的。例如，北京师范大学国际专业的学生胡腾和7位同学于2003年注册成立的"思迈人才顾问有限公司"，因为不掌握核心技术和运营经验，公司创立仅仅3个月就净亏7.8万元，最后以1元钱的价格将思迈转给了其他人。有资金、技术是不是就可以创好业呢？也未必。例如，1999年武汉华中理工大学的学生李玲玲，号称"中国女大学生风险创业第一人"，拥有7项实用新型专利和创业基金，创办了"武汉天行健科技有限责任公司"，但公司创办不到一年就陷入了停顿状态，把李玲玲从"天上"摔到了"地下"，原因就是她的经营能力和把握市场的能力欠缺，也就是缺乏资源的整合能力，这是我们后边要介绍到的。

创业资源的内涵有哪些呢？

1. 广义内涵

从广义上来说，创业资源是能够支持创业者进行创业活动的一切东西，是涵盖使创业者创业活动顺利进行的一切支持性资源，包括有形与无形的资产。

2. 狭义内涵

从狭义上来说，创业资源是促使创业者启动创业活动的关键优势资源。

二、创业资源的分类

（一）按来源分类

创业者在开始创业的时期面临一个重要的问题，即资源不足和资源供给。按来源分类，创业资源可分为自有资源和外部资源。自有资源是指创业者自身所拥有的可用于创业的资源，如创业者自身拥有的可用于创业的资金、技术，自己建立的营销网络等。外部资源是指创业者从外部获取的各种资源，包括从亲戚朋友、商务伙伴或其他投资者筹集到的资金、经营场所、设备或其他原材料等。

在企业的创立和早期成长阶段运用外部资源，对创业者来说，是一种非常重要的方法，关键在于控制资源或影响资源部署。另外，"打铁必须自身硬"，创业者还应致力于扩大、提升自有资源，特别是技术和人力资源的拥有状况，这些会影响外部资源的获得和运用。

（二）按其存在形态分类

按其存在形态分类，创业资源可分为有形资源和无形资源。

（1）有形资源是可见的，具有物质形态的、价值可用货币度量的资源。有形资源包括物质资源、资金资源、人力资源等。

①物质资源，一般指企业有形的资产，包括建筑物、机器设备、办公设备、运输工具等，是企业开展生产和运营的基础和保障。

②资金资源，是指企业经营过程中所需要的资金，包括存款、借贷款、融资和风投基金等。资金是新办企业的关键资源，对大学生创业者来说，获取资金资源尤为重要。

③对于初创企业来说，人力资源既包括创业者和创业团队及雇员，同时也包括上述人员的人脉。人力资源是企业的核心资源，也是企业可持续经营的关键资源。大学生在创业过程中需要对人力资源进行恰当整合、科学利用，最大限度地实现"人尽其才，才尽其用"。

（2）无形资源是具有非物质形态的、价值难以用货币精确度量的资源。无形资源包括政策资源、技术资源、社会资源、管理资源、信息资源、品牌资源、文化资源等。无形资源往往是撬动有形资源的重要手段。

①政策资源：主要是指为实现一定时期内社会经济发展战略目标，由政府制定的指导资源开发、利用、管理、保护等活动的策略。政策资源是公共资源，所有同质的企业都可以享受，但新创企业更应该重视政策资源。为激发全民的创新精神和创业热情，我国制定了很多政策，其中针对大学生创业有特殊的税收优惠与减免、行业准入、创业扶持保障创业者利益等方面政策。

②技术资源：是指与解决企业经营或生产中实际问题、软硬件设备等有关的知识技

术。它是企业的核心竞争力。在企业创办初期，拥有竞争力强的技术产品或服务是企业立足的关键。因此，大力开展技术研发，积极引进有商业价值的科技成果，或加强与高校科研院所的产学研合作是企业发展的关键。

③社会资源：是指企业或企业员工所拥有的各种社会关系，包括整个创业团队及雇员的社会关系。大学生的社会关系网络一般较弱，社会资源相对较少，主要依靠父母、亲戚、朋友、学校的支持。

④管理资源：是指企业运行机制、管理制度及创业者或管理者所拥有的管理经验、管理知识及管理能力等。一般来说，大学生具有较强的专业基础知识，但在企业管理方面较为欠缺，初创企业容易因为管理不善而失去竞争力。当然，在企业缺乏这一能力时，专业的管理咨询策划将有助于提高新创企业的生产和运作效率。

⑤信息资源：是指企业生产和经营活动过程中所需要或所产生的各种信息资源，它对企业发展非常重要。高效搜集、分析、综合利用信息是企业发展的重要条件。新创企业与成熟企业相比，信息的搜集和利用能力相对较弱，可以通过专业机构进行信息的搜集、处理和传递，为创业者制定研发、采购、生产和销售的决策提供指导参考。

⑥品牌资源：品牌代表消费者对产品的认识和认知程度。品牌是极具经济价值的无形资产。品牌资源是围绕品牌开展创建、传播、培育、维护、创新等可利用的一切资源。创业者要善于利用品牌资源，建立新创企业的品牌形象，以增强社会影响力。

⑦文化资源：指汇聚积淀企业文化的各项要素。文化资源是企业发展中重要的一环，对于新创企业来说，文化资源尤为珍贵。能够整合各项文化资源，是凝聚企业核心价值、形成深厚的企业文化的重要途径。

（三）按其对生产过程的作用分类

按其对生产过程的作用分类，创业资源可分为生产型资源和工具型资源。

生产型资源是直接用于生产过程或用于开发其他资源，如物质资源，像机器设备、厂房、运输设备等。工具型资源是专门用于获得其他资源，如借助财务资源可以获得人力资源、技术资源、物质资源等。另外，对于新创企业来说，个人的声誉资源和社会网络资源也属于工具型资源。

（四）按其在创业过程中的作用分类

按其在创业过程中的作用分类，创业资源可分运营性资源和战略性资源。

运营性资源包括人力资源、技术资源、物质资源、组织资源等。战略性资源是对新创企业生存和发展具有关键作用，能够为企业建立竞争优势的资源。战略性资源还应具有难以模仿、不可替代性，这是企业能够拥有持久竞争力的必要条件，如优越的地理位置、卓越的领导者、行业的准入限制。

三、创业资源的整合

创业资源需要整合，什么是资源整合呢？资源整合就是指企业所拥有的人力资源、自然资源、信息资源等在时间和空间上加以合理配置重新组合，已实现资源效用的最大化。阅读许多大学生创业的故事，我们发现，大学生自主创业最艰难的不是资金，而是意识、知识、信息和技能的匮乏，创业越深入，这些不足就越容易体现。一旦企业成立了，创业者团队的经营管理能力及经验等就至关重要。中国大学生创业轰轰烈烈的多，真正成功的很少，相当一部分甚至创业不到 3 个月就宣布失败。

创业不是一件很轻松的事情。在创业初期，事无巨细，创业者都要自己亲力亲为，既包括对外筹集各种资源、协调各种关系、开发客户、应对各种变化，也包括对内分配资源、管理运营。总体而言，由于教育方式等多方面的原因，大学生一直在象牙塔里攻读知识、激扬文字、畅谈抱负，但起而行之者寡，难免"眼高手低"。不少大学生在创业之初，因为社会经验的缺乏，不了解商场上的待人接物、为人处世的方式、与生意合作伙伴的应酬方式，不了解企业运作中的一些起码常识（如盖章、签字、账户开立、税务）等，创业的每一步都可能洒下一把泪，碰出一头疙瘩，到最后，任何一个小的困难都可能成为压垮其理想与抱负的"最后一根稻草"。大学生创业典型性人物——分众传媒的江南春直言："我不赞成大学生比较盲目地一毕业就创业。"这应该是有感而发。

财务因素不是最重要的约束。资金是可以通过团队的能力及团队所拥有的技术去获得的，但反之并不成立。2006 年刚从上海交通大学毕业的陈云，以数字医疗方面的科研项目为基础创办了碧峰软件信息技术有限公司，拿到了 30 万元上海市"大学生科创基金"。但陈云坦言，"市场化产品与实验室产品有很大区别，而大学生通常缺乏与市场接轨经验，这比缺乏资金更容易导致创业失败"。创业不仅需要持续的技术支持，还需要出色的创业团队，而且创业投资者真正看中的往往就是创业所依赖的技术的潜能及出色的创业团队。

获得了财务支持但因经营能力不足，必将导致创业企业失败。中国女大学生风险创业第一人——李玲玲的创业故事就是典型案例。1999 年，武汉华中理工大学一名叫李玲玲的学生除了拥有 7 项实用新型专利外，还有部分专利正在开发投产过程中。2000 年 5 月，她曾被评为湖北省十大杰出青年。1999 年 7 月，李玲玲领取大学生风险创业基金 10 万元，成立武汉天行健科技开发有限责任公司，任董事长兼总经理，被媒体誉为"中国女大学生风险创业第一人"。但是，李玲玲所创办的公司不到一年就陷入了停顿状态。持续创业事业的经营能力和把握市场能力的欠缺把她从创业的列车上摔了下来。

来自美国的一项统计资料也显示了创业容易持续难的现实。在美国自行创业的企业中，有 40% 的小老板，在创业的第一年就不得不面临关门大吉的命运，而存活下来的 60% 中，约有八成无法欢度五周年庆，更令人惋惜的是，能够熬过 5 年的创业企业主，其中只有 20% 能继续走完第二个 5 年。

创业不可能一帆风顺。创业过程既是一个对市场不断探索的过程，也是一个对企业内部的各种资源调整整合的过程，同时还是一个不断学习的过程。创业者是否具备了及时发现经营和管理中的错误、判断错误性质，领悟正确东西的意识、思维及能力，是否能够及时、有效地纠正错误，这往往决定创业是否成功，也是创业企业发展的速度、高度和稳定性的关键资源。

(一) 资源整合的前提和关键

资源整合的前提是了解，关键是信任。如果整合者之间没有互相了解，不明确对方拥有的和缺少的资源，那两者之间的整合就无从下手。

一旦了解了对方拥有的资源和缺少的资源，就能够有针对性地进行资源整合。但是，如果不与对方建立良好的信任关系，就不能顺利地进行下一步整合。从这里，我们就可以看到"诚信"在整合中的重要性。如果你的诚信记录非常好，必然会大大增加整合的成功率，相反，就会大大降低整合的成功率。

(二) 资源整合六步走

成功者开始于自我分析，领导者诞生于自我反省。要想有效地进行资源整合，就要走好 6 大步。

第一步：明确目标；

第二步：必须具备的资源；

第三步：分析已有资源；

第四步：还缺哪些资源；

第五步：缺少的资源在谁手里；

第六步：如何将缺少的资源整合回来。

(三) 资源整合的秘诀

资源整合的秘诀可以总结为人、资源、价值观。

在资源整合的过程中，你会发现，你所有的资源都掌握在他人的手里，你要从他人那里拿到你想要的资源，就必须配合他人的价值观，给他人所想要的，他人才会给你想要的。

(四) 资源整合八式

1. 资源整合八式之一——人脉整合：善用人际关系

如果要问富人共有的特点是什么，《行销致富》的作者史坦利教授说："答案是一本厚厚的名片簿。更重要的是他们广结人际网络的能力，这便是他们成功的原因。"

你有没有这样的经历？资金周转不过来，找朋友借一些，朋友很爽快地答应了；你想投资某只股票，又对它的信息掌握不全面，很快就有朋友给你信息了；遇到一个很重要的客户，可关系若即若离，很难把握住这次交易，经朋友介绍认识后和客户很快成了朋友，交易顺利完成了。

这些都是人脉资源价值的体现。有人脉获得财富就像坐电梯，没人脉获得财富就好比爬楼梯。在这个信息化的时代，一切都在迅速地运转着，丰富的人脉资源能帮助你节省更多的时间和精力，使你畅通无阻地实现财富梦想。

（1）整合亲属资源：金钱往来要清楚，切忌糊里糊涂；不要高高在上或强人所难；要体谅亲戚，不要为所欲为。

（2）整合同学资源：一提到"老同学"，就意味着一种期待、一种信任、一种实实在在的帮助。同学关系作为在学校读书期间所构建起来的人际关系，比起毕业后在社会上构建的人际关系要单纯很多，因为同学之间本来就没有真正的利害冲突，这种单纯的同学关系有其淳朴的一面，通过这种关系来处理一些事情，自然更加简捷便利。

（3）整合老乡资源：乡情是中国人比较重视的感情之一，共同的语言、共同的口味……诸多的共同点会让老乡们更易建立信任，有了信任就比较容易整合。国内外有很多整合老乡资源成功创业的故事。比如，几百年来的晋商会馆，今天遍布世界各地的同乡会等。

2. 资源整合八式之二——资金整合：快速启动项目

资金是企业运营的血液，没有资金，企业及管理团队就无法生存。对企业家来说，资金整合过程中能够快速、高效地筹集资金，是企业站稳脚跟的关键。

资源整合大师周嵘说：缺钱的人缺的不是钱，而是缺少有钱的人脉和朋友，缺好项目及把好项目运作成功的团队和能力。

在资金整合前，你可以认真分析一下，你缺的是什么。如果你缺的是有钱的人脉和朋友，则需要找到一个人或圈子愿意帮助你，而如果你的项目不好，团队能力不行，到哪里都不会有人投资你。

资金整合的关键点是展示信誉，因为个人或者企业的信誉好坏，直接影响向银行申请贷款及寻找投资人的成功与否。

关于资金整合，企业获得融资的渠道很多，如风险投资、民间借贷、银行贷款、股权融资等，这些都是不错的融资渠道。

（1）风险投资：风险资本最大的特性是对高风险的承担能力很强，当然，它也要求相应的高回报。好的项目、正确的商业模式再配合优秀的团队，自然会引来风险投资公司的关注。对企业家来说，寻找风险投资不是一件容易的事。一般企业家有两条途径可以争取风险投资的支持：一是直接向风险投资商递交商业计划书，二是通过融资顾问获得风险资本的资助。

对于某些正在寻找风险投资的企业家来说，寻找天使投资也是一个不错的融资渠道。天使投资是自由投资者或非正式风险投资机构对处于构思状态的原创项目或小型初创企业进行的一次性的前期投资。

天使投资人通常是企业家的朋友、亲戚或商业伙伴，由于他们对该企业家的能力和创

意深信不疑，因而愿意在业务还未开展之前就向该企业家投入大笔资金。

（2）民间借贷：企业家创业大多是一切从零开始，并不能确定以后的发展状况。在前途不明朗的情况下，处于早期发展阶段的公司很难从银行及其他金融机构整合到资金，这时，就只能靠企业家自身通过各种方式来整合资金投资了。

由于企业家与家人、朋友等彼此了解，关系亲近，因此从家人或朋友处整合资金就成为优先选择的方式，而且这种方式显得较为容易。许多企业家在起步阶段，都是依靠亲戚、朋友或熟人的资金。

整合这些资金可以采取借款和产权资本的形式。不仅家人或朋友，还会有企业家将充裕资金借给短缺企业进行周转，收取一定的利息，比如企业和企业之间的拆借、商业汇票、预付款等。还有民间的典当行、拍卖会等形式的借款也属于民间金融的行为，这类资金融通方式即民间借贷。

总的来说，因为纯粹借助个人信用，担保人可能要承担无限的责任。企业家从家人、朋友处获得的资金，最好是以借贷或合资入股的方式，分散风险的同时，企业家可以拥有更多股份，有利于创建和完善公司的经营决策。

（3）银行贷款：相对于其他融资方式，向银行贷款是一种比较正式的融资方式，企业家要想获得银行贷款的确不容易，但也不是完全不可能。

如今银行贷款的种类越来越多，如果根据自己的情况，科学选择适合自己的贷款品种，资金困难的问题将会变得相对轻松。对于企业家来说，银行提供的贷款主要有4种类型。

①创业贷款。创业贷款是指具有一定生产经营能力，或已经从事生产经营活动的个人，因创业或再创业提出资金需求申请，经银行认可有效担保后发放的一种专项贷款。

这种贷款适用没有起步资金，但是有好项目的创作者。

②抵押贷款。目前银行对外办理的许多个人贷款，只要抵押手续符合要求，只要借款人不违法，银行不问贷款用途。企业家可以用土地、房屋等不动产做抵押，还可以用股票、国债、企业债券或银行承认的有价证券及金银珠宝等动产做抵押，向银行贷款。

这种贷款适用于具有一定规模的中小企业，以专用机器设备和工具、无形资产（含土地使用权）和其他财产做抵押。例如，武汉航天波纹管股份有限公司首创使用在建厂房做抵押的融资模式。这种方式可以促进银行和企业之间建立良好的合作关系，增强信任感，拓宽中小企业的融资渠道。

③质押贷款。近年来，银行为了营销贷款、提高效益，在考虑贷款风险的同时对贷款质押物的要求不断降低。除了存款单可以质押外，以国债、保险公司保单等凭证做质押也可以轻松得到个人贷款。从质押范围上看，范围是比较广的，像存款单、国债、提货单、商标权、工业产权等都可以进行质押。企业家只要使用属于自己的东西，以这些权利为质押物，就可以申请获取银行的贷款。

这种贷款适用于那些具有较好流动性的金融资产公司，银行更看重企业的信用和成长性，一般适用于那些后劲强、流通变现能力很强或具有高成长盈利点的行业。例如，深长快速有限公司和邵武中竹纸业有限责任公司就是使用了银行股权质押的方式向银行贷款的，很好地解决了企业资金不足的问题。

④保证贷款。如果没有存单、国债，也没有保单，但配偶或父母有一份较好的工作，有稳定的收入，这也是绝好的信贷资源。

这种贷款适用于那些具有较好的资信资源的个人和企业，且无论是中国国内银行还是国外银行，都发放信用、保证贷款，但对贷款的对象、条件、程序、额度等都有严格的规定。这类贷款因为要承担无限的担保责任，所以风险很高，多数为农信社贷款。例如，吉林农民梁桂华，将自己的 12 亩地收益权转让给梨树县物权融资农业发展有限公司，这种做法不仅得到了政府的高度认可，还为获得信用社的贷款提供了保证。

（4）股权融资：股权融资并不仅仅是大企业可以应用到，中小投资者、小企业家也可以应用到。股权融资所获得的资金，企业无须还本付息，但新股东将与老股东同样分享企业的盈利与增长。这种融资方式对于企业家来说，也是一种较为实用和便捷的融资方式。

股权融资在短时间内得到越来越多企业家的认可，成功案例不断出现。对于企业家来说，来自股权融资的资本不仅仅意味着获取资金，同时新股东的进入也意味着新合作伙伴与新思路的进入。

在进行股权融资时，企业家个人需要注意的是对企业控制权的把握，开始时最好把握绝对控股权，而不是相对控股权。

投资者以股东的身份加入公司，这还需要企业家妥善处理与投资者之间的关系，尽可能选择好合作伙伴，最好选择对本行业有一定了解或者与本企业同处于上下游产业链中可以降低交易成本的战略投资者。

3. 资源整合八式之三——团队整合：发挥集体优势

比尔·盖茨说："永远不要靠自己一个人花 100% 的力量，而要靠 100 个人每个人花 1% 的力量。"现在的社会已经不再是单打独斗的年代，而是一个团队、一个联盟、一个国家与另一个团队、另一个联盟、另一个国家之间竞争的年代。

只有一个优秀的团队才能在激烈的竞争中获胜。在如何成为一个优秀的团队方面，我们可以向狼学习。狼是最团结的动物，面临强大的对手时，狼会充分发扬它们的团队精神，并肩作战，奋勇抗敌。但是，要打造一个优秀的团队并非一件简单的事情。

打造一个优秀的团队，不是只要找到人就可以了，除了找到人，还要找对人，找对人之后还要放对位置，放对位置之后还要做对事。只有这样，效果才会真正显现，如果找到的是不合适的人，反而会给公司带来很大麻烦。

可以说，凝聚团队的智慧，发挥集体的优势是一种技巧。一般来说，要做好团队整合，团队领导就需要考虑以下几个问题：

（1）节约时间：对规模较大的团队来说，要想倾听每一位成员的意见是很费时间的一件事情。所以，在这样的团队里面，为节约时间，团队领导要有针对性地倾听某几个人的意见。

（2）以解决问题为导向：在一个团队里面，可能会出现团队领导喜欢某些成员而不喜

欢另外一些成员的现象。一个真正讲原则、真正想做出成绩的领导在这时候是能够分清楚公与私的区别的，他们不会以个人的偏好来判断成员的决策，而是以解决问题为导向，以最终做好团队工作为目标，对事不对人地选择最佳建议，哪怕提出这一建议的成员不被他喜欢，他也不会受到影响。

（3）决策权集中：值得注意的是，决策的最终决定权仍要掌握在团队领导者手中，否则，过度的民主会出现争执不下的现象，过度依赖别人更会丧失良好时机。在团队整合中，如果要 1+1+1 大于 3，就要有一些专业的做法，否则彼此钩心斗角起来，反倒会削弱团队战斗力。只有团队之间真正合作，才会汇成一股强大的力量，进而推动最终目标的实现。

4. 资源整合八式之四——渠道整合：占领市场高地

整合渠道资源，可以为各个渠道成员提供更高的价值，使其获取更高的渠道效率。对制造商而言，渠道整合体现在两个方面：一是对企业内部资源的整合；二是对企业外部经销商营销中心体系的整合。

如果公司的业务很好，原有的产能饱和了，需要重新建厂房，上流水线，训练技工，耗时一两年。而你的同行花了巨额资金投资建了厂房，上了流水线，训练了一大群技工，却因接不到订单而处于停工或半停工状态。这时，你只需要伸出整合之手，就能轻松获益。你的同行前面所做的工作，都是为你准备的。那么，你觉得整合快，还是创造快？

如果你有一个好产品却没有销售渠道，这时有两个方法：一个方法是，你招聘一个渠道高手，他负责训练一个团队，全国各地租门面，寻找一批店长及促销员、销售人员，花巨大的成本，然后开始为你销售产品；另一个方法是，你去整合他人花了几年和无数心血建成的渠道，只需要把你建立渠道的一部分成本给他们，通过他们的渠道，将赚的钱分一部分给他们。

这两种方法，你觉得哪个比较容易？答案是不言而喻的。这一整合策略告诉我们：喝牛奶不一定要养奶牛。他人的销售团队、渠道一样可以帮你卖产品。

其实渠道整合的神奇之处就在于，通过智慧和方法，走一条他人已经铺好的路，从而快捷、高效、轻松地实现目标。

5. 资源整合八式之五——异业整合：获取更大收益

"异业"是相对于"同业"的概念，代表不同行业。不同行业的企业，也能整合？回答是肯定的。通过分享各自的资源，通过整合对方的资源，降低成本、提高效率、增强市场竞争力。

不少行业在形成固有的盈利模式之后，市场空间和营销渠道相对单一，产品同质化严重，需要开拓新的市场和营销点。所谓"异业整合"，可以用一句很简单的话来总结，就是取长补短和强强联合。

在异业整合中，有一个很好的策略是做好购买时间差整合，这里只需弄清一句话：买我之前跟谁买，买我之后跟谁买？

如果有一类客户，既购买你的产品，又购买其他公司的产品，也就是说，你与一些公司拥有同一类客户，那么，你就可以把产品卖给拥有同一类客户的公司，做最有效的客户资源整合。因为那些公司花费了大量人力、物力所开发出来的客户，大部分也都是你的客户，他们在茫茫人海中找出了你的客户，你只需要在他们公司花少量的时间及人力、物力，就可以找到大量的客户。

6. 资源整合八式之六——淡旺季整合：开启多元化营销

很多行业都存在淡季和旺季的问题，要么很忙，要么很闲，想要找到一个折中点，并不是一件容易的事。如果利用淡旺季整合的思维，这个问题其实可以迎刃而解。在进行淡旺季整合时，首先要问自己两个问题：我忙时谁闲？谁忙时我闲？

这两个看似不起眼的问题，却道出了淡旺季整合的关键。

7. 资源整合八式之七——季节整合：大幅度提高效率

中国的地域差异性很大，很多行业都会因季节的问题产生很多困扰。其实，季节的差异，也是可以通过整合解决的。

所以，春夏秋冬的季节难题不是不能解决的。只要会利用季节整合的思维，就不存在因季节带来的困扰和损失。

8. 资源整合八式之八——利益伙伴整合：优势互补，共享成果

俗话说，"一个篱笆三个桩，一个好汉三个帮"，创业路上找一些志同道合、有共同利益关系的人结伴而行，你将前进得更快。三国时，刘备事业的成功，其基础之一就是"桃园三结义"时整合了关羽和张飞这两个重要的伙伴。

关于利益伙伴整合，回答下面几个问题，并找到同样的人，就是成功整合的开始：

我成功了，谁会跟着我成功？

谁成功了，我会跟着他成功？

我赚钱了，谁会跟着我赚钱？

谁赚钱了，我会跟着他赚钱？

跟着我们成功的人，跟着我们赚钱的人，我们可以要求他们为我们的成功承担成本、出力、出资源，甚至可以无须成本调动、支配、利用他们的资源。为什么？因为我们成功、赚钱之后他们也会跟着我们成功、赚钱。

那些我们可以跟着他们成功、赚钱的人，我们要想尽办法去帮助他们成功、赚钱。为什么？因为他们成功、赚钱了，我们也就跟着他们成功、赚钱了。

无论是在创业阶段，还是在扩大发展时期，寻找利益伙伴合作，都需要一个慎重挑选的过程，首先要了解自己合作的目的，再分析对方的优缺点，然后综合考虑选择。需要注意的是，找到利益伙伴并非就万事大吉，还要经历日后经营中的磨合期。我们在挑选合作伙伴时注重以下几个特征，可以避免在日后的经营过程中产生重大分歧，从而保证企业的稳定运行。

（1）志同道合：拥有共同的目标和经营理念是合作的基础。

（2）优势互补：最成功的合作事业是由才能和背景各不相同的人合作创造出来的。

🔊 **拓展案例 2**

合纵连横，同业整合，依附强者，弱者变强

整合方式：合纵连横。

整合前情况：在广州做了10多年奶牛生意的李总，规模和产值方面一直没有突破，十几年来，奶牛总共也就400头，年产值也只有600万元。多年来，他多次去银行想要贷款扩大规模，可是银行嫌他的企业太小，偿债能力较差，多次尝试都吃了闭门羹。这年，蒙牛集团来广州建基地，如果和蒙牛集团签订供销合同，不仅牛奶销路有了保证，而且收奶的价格也比一般奶厂每吨高出200元。这个千载难逢的机会李总是志在必得。但是去和蒙牛集团一谈，人家的要求是农场养殖规模至少要在1 000头牛才能签订合同。只有400头奶牛的李总再次陷入困境，自己一时间根本拿不出那么多钱去再买600头奶牛，眼看机会要失之交臂，这可怎么办呢？难道像他这样的小企业就命中注定了不能做强做大吗？

整合过程：偶然的一次机会，李总走进了一个整合营销的课程现场。一心想要振兴自己企业的李总在听完课程以后，一下子打开了思路，开始按教师讲的分析：我的目的是什么？和蒙牛集团签约；我有什么，有场地；我缺什么，缺奶牛。分析到这里，李总豁然开朗，以前总是把所有问题都归结到钱上，以前虽然知道自己缺奶牛，却只知道用钱去买，不知道能用一系列的整合方法把奶牛整合回来。他运用整合中最基础的方法合纵连横，先联合弱者，把周边一些零散的养牛农户整合到自己的农场，为他们免费提供场地，而且保证他们的牛奶销路，但是要求他们的牛在自己的农场实行统一管理，很多散户都非常愿意以这种方式与李总的大农场合作，仅用了一个多月的时间，李总就从散户手里整合了600多头奶牛，达到了蒙牛集团要求的数量。接着他运用依附强者的做法，积极与蒙牛集团沟通，最后顺利与蒙牛集团签订了供销合同。

整合后情况：与蒙牛集团签订了供销合作合同以后，李总的农场很快突破了过去十几年来一直没有突破的年产值。不仅如此，好事接二连三地降临到农场：以前拒绝李总的银行听说李总的农场规模翻了一番多，而且还与蒙牛集团这样的大企业签订了合同，自动找上门来要求以很低的利息贷了400万元给他；当地政府也给他这种规模的农场予以了大力支持，无条件为他的农场提供了150万元的扶持资金。

整合成果：这样一来，李总多年来的凤愿终于实现了：第一，农场规模扩大了；第二，多年来困扰他的资金困难解决了。经历了这次成功的整合，李总的目标更远大了，对资源整合的信心也更加充足了。

🔊 **拓展案例 3**

借天下智慧——局部整合顶级专家，实现年产值翻3倍

整合方式：向专家借智慧。

整合前情况：在接触到资源整合理念之前，南海步依内衣厂的曹总经营着一家60多人的内衣加工企业。企业一直面临着资金不足、销售不畅两大困境。当时，内衣厂每月的营业额只有100万元左右，而影响企业不能很好发展的因素，主要存在于人才、管理、资金这几个方面。

整合过程：曹总应邀听了资源整合理念的推广课，老师在推广课上只是蜻蜓点水地讲了一些关于资源整合、借力、交朋友的观念和方式，就已经深深地吸引了曹总。他在后续的课程单，更加系统地整理了老师所讲的关于整合人才、局部整合的方式，并且很快就将这些理论应用到自己的企业当中。他分析了自己企业的情况：规模小、产能低下，自己是销售人员出身，内衣厂的专业技能和管理才能都欠缺。现在缺的，一是技术类的专家来指导；二是管理类的人才来管理。于是，他使用借智慧的方法，聘用了内衣业顶级的管理和技术专家，作为他的顾问。由于两位专家的顾问费用都比较高，曹总就将整合理念中的"借"与"分"相结合，一方面只占用专家很少的时间作为自己的顾问；另一方面，曹总把自己企业的利润分红分一部分给专家，平时只支付较少的顾问费。

整合后情况：一旦与企业利润分红联系在一起，专家的积极性也高了，每周都会有3天待在厂里指导工作，大大提高了工作效率和产品质量。通过整合专家，借用他们的智慧，仅仅一年不到，企业的年营业额就翻了3倍。

整合成果：至此，企业曾经长期面临着的人才、管理和资金瓶颈也全部都解决了。尝到整合的甜头后，曹总对资源整合更加热衷了，他把企业交给专人打理，自己则专门负责企业在人脉、渠道等方面的资源整合。如今，曹总还用低成本或零成本整合了多家内衣加工企业，使自己企业的规模扩大到400多人。目前曹总已经拥有2家品牌销售公司、2家电子商务公司，还有4个销售中心，30多家经销商，这些都是他课下不断整合的成果。

☀ 创业提示

资源在于整合而不在于拥有。创业者不是在拥有资源的时候才去创业，而是在没有资源的情况下去寻找资源来创业。企业家的资源整合力决定他的竞争力。

❯ 任务实训

1. 你觉得当前大学生创业最大的障碍是什么？当机会、团队、资源都具备了，是否就可以创业了？

2. 结合案例《从偏科少年到著名作家》，谈一谈：当你决定去做一件事的时候遇到大多数人反对时，你还会不会去做？分析一下，如果做了，会出现什么后果？

创业观察

模块五

创业方向——选择比速度更重要

通过本模块的学习，学生能够了解不同的创业方向，并能够结合自身优势进行创业方向选择，同时，结合互联网＋思维拓展创业思路。

模块导读

党的二十大报告指出："建设现代化产业体系。坚持把发展经济的着力点放在实体经济上，推进新型工业化，加快建设制造强国、质量强国、航天强国、交通强国、网络强国、数字中国。"

为建设创新型国家和落实"科教兴国"战略的需要，高校在创新创业教育中鼓励大学生创业，大学生如果有好的创意不仅能拉动地方经济建设，自己成功就业的同时也能够带来更多的就业机会，带动更多大学生就业。但是，大学生毕业后初入社会，往往不知如何进行创业方向选择，创业方向的选择对于创业者来说至关重要，创业方向选择往往能决定你的努力能否得到回报。该模块能够让学生知晓创业方面的政策导向，了解创业时如何进行盈利模式的选择，如何建立竞争优势，如何让创业方向与自己匹配，并知晓创业过程中的可控风险。另外，还会引导学生用"互联网＋"思维将传统与互联网相结合的创新性商业模式应用于创业项目。

案例导入

任正非，华为缔造者

任正非，华为创始人、总裁。1988年，43岁的任正非创立华为，启动资金仅有2万元，业务主营为通信设备销售。任正非19岁考上重庆建筑工程学院（现并入重庆大学），毕业后任正非入伍当通信兵，参与一项军事通信系统工程时取得多项技术发明创造，两次填补国家空白，过硬的专业素质成为任正非勇于实践、敢于创业的底气。任正非认为企业

最重要的是将产品卖出去，为了提高市场占有率和口碑，华为不吝投入、不计成本，做法看似愚蠢，却能从跨国巨头手中抢下客户。华为进军美国时就遭到在数据通信领域处于绝对领导地位的思科公司起诉，任正非一边聘请律师应诉，一边成立合资公司"华为三康"，最终成功突破国外公司围剿。华为公布2021年全球销售收入为6 368亿元人民币，净利润1 137亿元人民币，同比增长75.9%。自1987年创立以来，40多年间，华为从一家代理销售香港公司用户交换机（PBX）的企业，成长为全球通信龙头。中央人民广播电台曾评价任正非，作为华为创始人，用实际行动重新定义了中国企业家精神。他的创业故事激励着无数企业家搏杀奋斗。他和他缔造的企业一样沉稳低调，历经沉浮坎坷，却最终披荆斩棘，登上了时代的巅峰。

📚 分析解读

习近平总书记向2021中关村论坛致贺时曾说：中国高度重视科技创新，致力于推动全球科技创新协作，将以更加开放的态度加强国际科技交流，完善全球科技治理，更好增进人类福祉。华为在任正非带领下成为5G技术定义者，以强烈的民族荣誉感和使命感进行技术创新，以品质赢得世界信赖并成功战胜一次又一次风险挑战。人生路漫漫，希望各位同学能够把握好人生的主动权，以青春之我，创建青春之国家，让奋斗成就青春华章。

任务一　大学生创业方向选择

一、政策导向

（一）为什么遵从政策导向

1. 顺流者生

一个国家的投资环境，始终离不开政治导向，国家支援什么行业的发展，这个行业就会有好的政策扶持为依托。一方面，政策为创业者提供创业资源和创业机会，有时还会为创业者提供专业知识和实践技能的相关培训，并有助于扩展创新创业者的社会关系网络，逐步树立创业者的自信心，为创业者实现创业梦想带来动力；另一方面，还有经济方面的支持，像政府扶持产业、朝阳产业、科技产业等，可以获得政府部门直接拨款扶持，或者通过政府购买服务、政府合作公司、银行等部门牵线实现金融政策合作等。

政策的导向会帮助创业者快速地进入创业正道，创业者若能遵从国家战略、政策导向，并按这个方向进行发展，便会在项目设立、场地、投资、融资、财税等方面得到便利与扶持。有了政策的支持，就会获得相关部门的项目与合作，就会借助国家产业政策所鼓励的力量乘势而上，有"借东风"、开"顺风船"之效。

◁)) 拓展案例 1

李开宝的家庭农场

李开宝是荆州市八岭山镇的一位农民，通过学习国家有关政策，在有关部门的支持下，流转了 1 700 亩土地，开办了李开宝家庭农场，大力发展水稻、油菜种植，不仅获得了当地政府的鼓励，还受到了中共中央政治局委员李鸿忠的接见。如今，他的家庭农场生产发展得十分顺利。2015 年 1 月，李开宝的家庭农场通过湖北省有关部门的审定，已经被认定为湖北省首批省级示范家庭农场，在社会上产生了很好的影响。到 2022 年，李开宝共流转耕地 3 200 亩，耕、种、管、收全程机械化，并实行科学管理，农业生产达到专业化、集约化、标准化、商品化水平，实现产量效益双倍增长。

2. 逆流者亡

若创业者反其道而行之，则容易受到约束。如果创业者的创业方向与国家的产业政策相偏离，那么创业企业的发展会受到种种限制，由此会增加创业的阻力而增加创业成本，发展受限，就会面临被淘汰的风险；如果创业者的创业方向与国家的产业政策相对立，那么创业企业的发展不仅会受到种种限制，还会受到各种法规的制约，触犯了法律还会受到法律的制裁，这必然会导致企业被淘汰。

◁)) 拓展案例 2

罂粟种植

罂粟是一种草本植物，其果实的汁液可以制成鸦片。鸦片最初是作为药用，目前在药物中仍有应用，如阿片粉、托氏散、阿橘片等，主要用于镇咳、止泻等。由于对人体健康不利，使用不当会有严重危害，被各级政府严禁种植和贩食。但是，还是有少数人出自某种目的，未经有关部门允许，在一些比较偏僻的地方种植罂粟。虽然种植罂粟也要付出一定的劳动，但是由于该生产者的努力方向与国家的产业政策相背离，国家有关部门不仅不会鼓励，还会禁止；相关机关也会严厉打击。一旦发现未经允许的罂粟种植，不仅会组织人员毁掉罂粟，还要对种植者给予相应的处罚。

3. 大树底下好乘凉

对于创业者来说，政策指引的方向往往就是投资的方向，国家的战略规划、产业政策、财政政策、货币政策等就如同大树，俗话说"大树底下好乘凉"，如互联网＋创新创业、新能源汽车、绿色农业、废旧资源回收、污水处理、新型清洁能源、面向农村的服务业等。

拼多多，"拼"出千亿市值企业

黄峥，拼多多创始人，2015 年创立拼好货平台，开创了拼团购物低价模式，传递"拼着买，更便宜"的拼团模式，形成独特新社交电商思维。2016 年，拼多多与拼好货合并，用户通过发起和家人、好友的拼团，以更低的价格，拼团购买低价商品，让消费者体会更多的实惠。2015 年 4 月拼多多上线以来，曾于 2019 年 12 月入选 2019 中国品牌强国盛典榜样 100 品牌，2020 年年底拼多多年活跃买家人数超过 7.8 亿，年交易额为 16 676 亿元，成为中国用户规模最大的电商平台。为帮助农民拓展农产品销售渠道，拼多多启动"寻鲜中国好农货"公益助农活动，以时令为依托，在中国寻找最好的当季食材，拼多多坚持"零佣金"及"拼购＋产地直发"的模式，通过从品牌营销到流量扶持的综合规划，助力农特产地和产业带取得销量和品牌声量双赢。作为承办中国农民丰收节金秋消费季的唯一电商平台，拼多多早在 9 月初就上线"多多丰收馆"，并投入 50 亿平台惠农消费补贴，与全国各大农产区共庆丰收节。拼多多持续推进国外电商业务，2023 年 3 月 13 日，拼多多电商正式进入澳大利亚和新西兰，持续推动中国制造直连全球市场。拼多多"拼团"新社交电商思维，依托物联网、大数据等新一代信息技术应用，通过企业、社会、政府共同参与解决农产品销售难题，不仅是一个商业创新，还是一个社会创新。

（二）如何遵从当前的政策导向

《国务院关于大力推进大众创业万众创新若干政策措施的意见》（国发〔2015〕32 号）中提出：不断完善体制机制、健全普惠性政策措施，加强统筹协调，构建有利于"大众创业、万众创新"蓬勃发展的政策环境、制度环境和公共服务体系，以创业带动就业、创新促进发展。

1. 当前的政策导向

（1）"一带一路"。"一带一路"是"丝绸之路经济带"和"21 世纪海上丝绸之路"的简称。它将充分依靠中国与有关国家既有的双多边机制，借助既有的、行之有效的区域合作平台。在"一带一路"倡议下，我国积极发展与沿线国家的经济合作伙伴关系，共同打造政治互信、经济融合、文化包容的利益共同体、命运共同体和责任共同体。

（2）中国制造 2025。中国制造 2025，是中国政府实施制造强国战略第一个 10 年的行动纲领。《中国制造 2025》提出，坚持"创新驱动、质量为先、绿色发展、结构优化、人才为本"的基本方针，坚持"市场主导、政府引导，立足当前、着眼长远，整体推进、重点突破，自主发展、开放合作"的基本原则，通过"三步走"实现制造强国的战略目标：第一步，到 2025 年迈入制造强国行列；第二步，到 2035 年中国制造业整体达到世界制造强国阵营中等水平；第三步，到中华人民共和国成立 100 年时，综合实力进入世界制造强国前列。

（3）"互联网+"。"互联网+"行动计划将重点促进以云计算、物联网、大数据为代表的新一代信息技术与现代制造业、生产性服务业等的融合创新，发展壮大新兴业态，打造新的产业增长点，为大众创业、万众创新提供环境，为产业智能化提供支撑，增强新的经济发展动力，促进国民经济提质增效升级。

（4）"大众创业、万众创新"。李克强总理在公开场合发出"大众创业、万众创新"的号召，最早是在2014年9月的夏季达沃斯论坛上。当时他提出，要在960万平方千米土地上掀起"大众创业""草根创业"的新浪潮，形成"万众创新""人人创新"的新势态。习近平总书记在公开场合发出"创新是民族之魂，是时代主题；创业是发展之基，是富民之本。"的号召。党的二十大报告指出，完善促进创业带动就业的保障制度，支持和规范发展新就业形态。

◀) 拓展案例4

中国"互联网+"大学生创新创业大赛

习近平总书记曾给第三届中国"互联网+"大学生创新创业大赛"青年红色筑梦之旅"的大学生的回信中写道：实现全面建成小康社会奋斗目标，实现社会主义现代化，实现中华民族伟大复兴，需要一批又一批德才兼备的有为人才为之奋斗。艰难困苦，玉汝于成。今天，我们比历史上任何时期都更接近实现中华民族伟大复兴的光辉目标。祖国的青年一代有理想、有追求、有担当，实现中华民族伟大复兴就有源源不断的青春力量。希望你们扎根中国大地了解国情民情，在创新创业中增长智慧才干，在艰苦奋斗中锤炼意志品质，在亿万人民为实现中国梦而进行的伟大奋斗中实现人生价值，用青春书写无愧于时代、无愧于历史的华彩篇章。

（5）支持大学生创新创业的指导意见。《国务院办公厅关于进一步支持大学生创新创业的指导意见》（国办发〔2021〕35号）提出：以习近平新时代中国特色社会主义思想为指导，深入贯彻落实党的十九大和十九届二中、三中、四中、五中全会精神，全面贯彻党的教育方针，落实立德树人根本任务，立足新发展阶段、贯彻新发展理念、构建新发展格局，坚持创新引领创业、创业带动就业，支持在校大学生提升创新创业能力，支持高校毕业生创业就业，提升人力资源素质，促进大学生全面发展，实现大学生更加充分更高质量就业。并从如下方面提出指导意见：提升大学生创新创业能力；优化大学生创新创业环境；加强大学生创新创业服务平台建设；推动落实大学生创新创业财税扶持政策；加强对大学生创新创业的金融政策支持；促进大学生创新创业成果转化；办好中国国际"互联网+"大学生创新创业大赛；加强大学生创新创业信息服务。

（6）实施就业优先战略。党的二十大报告提出，实施就业优先战略。就业是最基本的民生。强化就业优先政策，健全就业促进机制，促进高质量充分就业。完善促进创业带动

就业的保障制度，支持和规范发展新就业形态。健全劳动法律法规，完善劳动关系协商协调机制，完善劳动者权益保障制度，加强灵活就业和新就业形态劳动者权益保障。

2. 政策支持的创业行业／方向

（1）节能环保：包括资源循环利用、废弃物回收利用等；

（2）新一代信息技术产业：包括移动互联网、跨境电子商务、农村电子商务；

（3）生物产业：包括生物医药、绿色农业；

（4）高端装备制造产业：包括飞机、航空、高铁、轨道交通、机器人等；

（5）新能源产业：包括核能、太阳能、风能等；

（6）现代农业：包括规模化、科技化的现代家庭农场；

（7）现代物流业：构建快速高效的现代物流体系，解决"最后一公里"。

（三）享受政策红利

1. 大学生创新创业门槛降低

省、区、市、学校等各级创业孵化园、创业基地等均为大学生创业提供了高效便捷的登记服务。《国务院办公厅关于进一步支持大学生创新创业的指导意见》（国办发〔2021〕35 号）中指出，要推动众创空间、孵化器、加速器、产业园全链条发展，鼓励各类孵化器面向大学生创新创业团队开放一定比例的免费孵化空间，并将开放情况纳入国家级科技企业孵化器考核评价，降低大学生创新创业团队入驻条件。政府投资开发的孵化器等创业载体应安排 30% 左右的场地，免费提供给高校毕业生。有条件的地方可对高校毕业生到孵化器创业给予租金补贴。

2. 免费创业服务

对于有创业意愿的大学生，可免费获得公共就业和人才服务机构提供的创业指导服务，包括政策咨询、信息服务、项目开发、风险评估、开业指导、融资服务、跟踪扶持等"一条龙"创业服务。国家支持行业企业面向大学生发布企业需求清单，引导大学生精准创新创业。鼓励国有大中型企业面向高校和大学生发布技术创新需求，开展"揭榜挂帅"。

3. 减税降费

《国务院办公厅关于进一步支持大学生创新创业的指导意见》（国办发〔2021〕35 号）中指出，高校毕业生在毕业年度内从事个体经营，符合规定条件的，在 3 年内按一定限额依次扣减其当年实际应缴纳的增值税、城市维护建设税、教育费附加、地方教育附加和个人所得税；对月销售额 15 万元以下的小规模纳税人免征增值税，对小微企业和个体工商户按规定减免所得税。对创业投资企业、天使投资人投资于未上市的中小高新技术企业以及种子期、初创期科技型企业的投资额，按规定抵扣所得税应纳税所得额。对国家级、省级科技企业孵化器和大学科技园以及国家备案众创空间按规定免征增值税、房产税、城镇土地使用税。做好纳税服务，建立对接机制，强化精准支持。

4. 享受普惠金融政策

《国务院办公厅关于进一步支持大学生创新创业的指导意见》（国办发〔2021〕35号）中指出，鼓励金融机构按照市场化、商业可持续原则对大学生创业项目提供金融服务，解决大学生创业融资难题。落实创业担保贷款政策及贴息政策，将高校毕业生个人最高贷款额度提高至20万元，对10万元以下贷款、获得设区的市级以上荣誉的高校毕业生创业者免除反担保要求；对高校毕业生设立的符合条件的小微企业，最高贷款额度提高至300万元；降低贷款利率，简化贷款申报审核流程，提高贷款便利性，支持符合条件的高校毕业生创业就业。鼓励和引导金融机构加快产品和服务创新，为符合条件的大学生创业项目提供金融服务。

5. 享受大学生创新创业保障政策

《国务院办公厅关于进一步支持大学生创新创业的指导意见》（国办发〔2021〕35号）中指出，落实大学生创业帮扶政策，加大对创业失败大学生的扶持力度，按规定提供就业服务、就业援助和社会救助。加强政府支持引导，发挥市场主渠道作用，鼓励有条件的地方探索建立大学生创业风险救助机制，可采取创业风险补贴、商业险保费补助等方式予以支持，积极研究更加精准、有效的帮扶措施，及时总结经验、适时推广。毕业后创业的大学生可按规定缴纳"五险一金"，减少大学生创业的后顾之忧。

【拓展知识】

大学生一方面享有国家就业政策、法律、法规所规定的权利；另一方面也应当履行自己应尽的义务。

1. 回报国家与社会

我国宪法中规定，劳动对于公民来说，既是权利也是义务，是权利和义务的统一。对于高校毕业生而言，不仅要履行作为公民必须履行的劳动义务，而且按照"得之于社会，还之于社会，报之于社会"的原则，高校毕业生在毕业后要积极地回报国家、社会和家庭，承担起自己应尽的义务。

2. 服从国家需要

虽然毕业生在择业过程中主要参考其个人意愿，可以根据个人意愿选择用人单位，但作为当代大学生，上大学所要缴纳的学费占培养经费小部分，国家和社会为大学生的成才付出了很大代价。因此，大学生就业不仅是个人行为，还要服从国家和社会的实际发展需要。

二、盈利模式

无论选择哪一个创业方向，都要选择一种盈利模式。盈利模式的选择需要考虑目标客户、市场需求、竞争环境、成本结构和收益模式等因素。盈利模式是管理学的重要研究对象之一。盈利模式经常被提及，但是迄今为止依然没有一个统一的概念。盈利模式概念的表述方式有很多种，但多数研究文献认可的观点是盈利模式直接影响企业的利润来源和结构，其核心是价值创造。目前，盈利模式的概念能够概括为运营观和盈利观两种观点。运

营观是站在经营管理层面分析，认为盈利模式是战略的具象化，是企业特有的、能够实现企业价值创造和获取、利益分配的商务结构，是各项业务、资源和各方面利益关系等综合体现，是实现企业价值最大化的运行机制。而盈利观是从利润的角度出发，认为盈利模式是获取利润的方式和途径，盈利能力大小与赚取的利润多少呈正相关。两种观点从不同的角度界定了盈利模式的概念。

盈利模式和商业模式较为相似，皆和企业的运营相关。盈利模式更注重怎样获取企业自身的价值，从盈利的角度引导企业的资源配置；而商业模式是企业进行商业活动的方式，商业模式更注重针对目标客户，企业进行价值创造、获取收入的过程，更强调企业给什么样用户创造什么价值。商业模式能够拆解为价值主张、盈利模式、关键过程和关键资源 4 个相互联系的部分，盈利模式实质上是商业模式盈利方面的细化分析，通过对盈利模式的分析，能够清晰地看到公司的盈利来源和未来发展方向。因此，作为一个初创企业，选择什么样的盈利模式很重要。

（一）盈利空间是项目生存发展的基石

创业项目无论是提供产品还是提供服务，必须有盈利空间，有钱赚才能做，企业不关心盈利，衰败只是时间问题。有盈利空间才能支付员工薪酬、场地租金等。盈利空间是项目生存发展的基石，也是创业者安身立命的根本。不盈利的项目，叫作公益项目。

（二）盈利模式的选择

1. 商品差价模式

商品差价模式是指卖货挣差价，这是商品流通中，最传统的盈利模式，如实体店、网店。

2. 服务收费模式

服务收费模式是通过提供服务获取服务报酬，也是传统的盈利模式之一，如教育培训、咨询中介等。

3. 广告推广模式

广告推广模式是搭建公众媒体服务平台，通过提供广告位，获取推广费，如网络建站、自主广告、淘宝客推广。

4. 虚拟物品 / 资格模式

虚拟物品 / 资格模式是在网络游戏或服务中，出售虚拟物品 / 资格，获得盈利，如网络游戏装备、QQ 道具、会员服务等。

5. 佣金返点模式

佣金返点模式是通过为现有的商品、服务供应商提供销售支持，而获得返点，如酒店、餐饮预订，商品导购、促销团购等。

6. 加盟费模式

加盟费模式是创造好的商品、渠道、模式，在各地招代理商、加盟商，通过代理加盟费用盈利，如连锁店。

7. 配套出售模式

在配套出售模式中，一种产品由基础产品、配套产品（与基础产品配套使用的）两部分组成。前者免费赠送或低价出售（低于成本价），后者则高价出售，是企业最主要的收入来源。例如，吉列公司的剃须刀与刀片、雀巢公司的胶囊咖啡机与咖啡胶囊、惠普公司的喷墨打印机与墨盒。

8. 附加项目模式

当核心产品的价格竞争很激烈时，很多附加产品会使总价上升，最终，客户虽然会比预期花费更多，但是可通过挑选满足他们具体需求的产品而获益。附加产品的范围非常广，可以是附加特色、附带服务，也可以是产品附加功能，还可以是个人定制产品……例如，有的航空公司，向乘客提供价格很低的机票（核心产品），许多附加产品单独收费，如登机服务、餐饮、旅游保险、优先登记、超重行李。

9. 免费增值模式

免费增值模式是免费提供一个产品/服务的基础版本，与此同时，用户通过追加费用，可以获得产品/服务的高级版本，如百度网盘、免费阅读书籍、看视频的平台等。

10. 固定费用模式

固定费用模式是消费者一次性购买一项服务/产品，然后可以根据自己的意愿随意使用，如自助餐厅。

盈利模式还有很多种，不同的创业项目选择有所不同，例如，现在比较流行的"盲盒经济"，也可以算作一种盈利模式。网上有段子总结：炒房是70后的狂欢，炒股是80后的疯狂，炒币是90后的荒诞，炒鞋是00后的盛宴，炒盲盒是10后的时尚。据泡泡玛特创始人王宁介绍，起售价59元的Molly一年就能卖出500万只，单单是Molly每年就能带来近3亿元的营收。

（三）盈利模式的优点、缺点

哪种盈利模式最适合初次创业的大学生？接下来分析一下各种盈利模式的优点、缺点。

1. 商品差价模式

优点：简单易行，投资灵活，回报快。

缺点：有库存，资本占用，有场租。

2. 服务收费模式

优点：资金周转快，无库存，知识密集型。

缺点：资本占用，有场租。

3. 广告推广模式

优点：互联网模式，场租成本小、资本占用小，边际成本为零。

缺点：靠平台流量。

4. 虚拟物品/资格模式

优点：互联网模式，场租成本小、资本占用小，边际成本为零。

缺点：靠规模流量，广告投入大。

5. 佣金返点模式

优点：场租成本小、资本占用小，边际成本为零。

缺点：靠流量，广告投入大。

6. 加盟费模式

优点：传播速度快，扩张迅速。

缺点：前期建设周期长，投入大，风险较高。

7. 配套出售模式

优点：通过降低购买基础产品的门槛，提高消费者的忠诚度，当消费者开始购买配套产品时，企业就开始盈利了。

缺点：靠流量，开始盈利时间长。

8. 附加项目模式

优点：是否要选择附加产品及选择什么附加产品，客户可以自由选择。

缺点：客户因为选择了可选的附加产品，他们在购买最终产品时，可能比购买相似竞品花费更多。

9. 免费增值模式

优点：通过产品的免费版本建立起庞大的初始客户群，吸引流量，以此为基础，将来通过产品的高级版本将一些初始客户转化为付费用户，实现付费客户与非付费客户的交叉补贴。同时，能获得大量的使用数据和反馈意见，帮助你进一步打磨产品。

缺点：免费模式只是对于用户，成本由你承担，更多的用户并不等于更多的利润，因为免费用户有时远远超过了付费用户，用户存储的数据及需要加工的数据量翻了一倍，需要支持的客户数量上涨了3倍，加大了维护成本。

10. 固定费用模式

优点：对消费者来说，在成本可控的范围内，可以无限制地消费。

缺点：靠流量，成本大。

根据以上分析，初次创业的大学生由于经验少、人脉窄、资金紧缺、抗风险能力低，但是接受新事物的能力强、思维活跃、勇于接受挑战，能够与项目一起慢慢成长，所以可以优先选择商品差价、服务收费、广告推广3种盈利模式。

🔊 **拓展案例5**

哔哩哔哩盈利模式分析

哔哩哔哩弹幕视频网（以下简称"B站"），是一个以ACG（动画、漫画、游戏）文化内容和弹幕（观看视频时弹出的评论性字幕）为主的视频网站，受众人群多数是喜欢 ACG 文化的小众年轻人。B 站的视频内容以视频上传者（简称"UP 主"）的自制内容为主，其占比 90% 左右，其中许多优秀的作品都会有很多的用户发表弹幕以互相交流，经过 10 多年的积淀，B 站有了属于自己的、风格鲜明的氛围和交流方式。而在其他视频网站中没有类似的 ACG 弹幕视频网站可以与之相比，所以，B 站属于较为特殊的存在，其盈利模式也与传统的视频网站不同。

B 站不仅是一个观看电视剧或电影的网站，还是一个汇聚多方面内容的交流区，包括番剧、鬼畜、国创、音乐、游戏、舞蹈、知识等方面，每一方面都会形成不同的文化圈，使相同爱好的人（简称"同好"）一起交流，形成良好的氛围并增强用户黏度。B 站现在已经成为"Z 世代"主要活动网站和文化社区。根据 QuestMobile 统计，B 站是 24 岁以下年轻人最偏爱的视频网站，并常年占据"00 后"搜索榜单前列。B 站中有很多的创作者（简称"UP 主"）对内容进行创作投稿，如果用户喜欢这些创作者的创作内容，可以对内容进行打赏，在 B 站称为"充电"，以 1B 币 =1 元人民币的价格进行购买，激励作者进行创作，从而吸引更多的 UP 主进入 B 站。

会员制是 B 站主要的盈利点之一，主要包括会员影片、使用 4K 的清晰度、游戏礼包等，符合受众群体的需求。直播业务虽然不是 B 站的主推项目，但是与其他直播平台相比，网站抽成合理，用户黏性大，不容易流失。B 站还通过游戏代理和游戏充值获利，同时也在自行研发游戏以掌握技术和留下用户。旗下电竞公司参加比赛的收益也是 B 站盈利的一部分。B 站提供以 ACG 文化为中心的线上周边购买服务和线下的各种漫展、演唱会、歌剧等活动的门票销售，其还收购了部分国内外的漫画版权和纪录片版权，在用户使用或观看时都可获得收益。B 站大多数动漫、游戏、漫画等内容，主要面向"Z 世代"的年轻人，他们是主要的观看者和表达者，观看者通过观看优秀的作品进行打赏，表达者通过发布优秀的作品获得用户的打赏并与网站进行分成，这种相互的表达增加了用户黏性，并吸引了新用户。根据 2019 年第一季度至 2020 年第四季度的财报显示，B 站的月活跃用户在不断增加，2020 年第四季度月活跃用户突破 2 亿人大关，仅 7 个季度月活跃用户就增加了 1.01 亿人。月付费用户增加 1 220 万人，呈现稳定上升趋势，是 B 站主要的收入之一。除来自用户的收入以外，在广告商、合作商的项目中，B 站也享有收益。B 站的主要盈利来源分为游戏、直播、增值服务、广告、电商及其他业务收入六部分。

（资料来源：裴淑红，余舒琪，戚少丽.哔哩哔哩弹幕视频网盈利模式分析［J］.会计师，2022（19）：26-29.）

三、竞争优势

创业方向一旦选择，创业企业如何建立竞争优势很关键，例如，企业能否及时把握

市场环境变化并做出应对策略，在决策力方面优于其他企业；企业是否已有健全的领导机构，是否制定了工作流程，在执行力等方面优于其他企业；企业是否拥有甘于奉献又能创造价值的员工，在员工方面优于其他企业；企业产业链与供应链上下游渠道是否畅通，在渠道方面优于其他企业；企业是否具备持续创新力，在产品和服务创新方面优于其他企业……对于一个在市场竞争中胜出且一直立于不败之地的企业来说，需要从很多方面建立竞争优势，下面仅从以下两个方面告诉大家如何建立竞争优势。

（一）锁定客户群体

"企业是为解决顾客的问题而存在的。"项目的选择必须以市场为导向，创业不能凭自己的想象和愿望，而要从社会需要出发，以满足顾客需求为立足点和出发点，无论是定方向还是选项目都会变得很简单。创业者要通过市场调查做详细的了解，清楚市场需要什么？谁会来购买你的产品或服务？顾客群体是谁？为顾客解决什么问题？

（二）赢取客户的选择

1. 让客户为你"转身"

在行业竞争异常激烈的情况下，必须善于揣摩客户的需求，了解市场环境，清楚自己与竞争对手的优劣势，才能提供有竞争力的产品或服务，赢取客户的选择，让客户为你"转身"。

2. 影响客户选择的主要因素

（1）可获得性：是否易见？是否易得？酒香也怕巷子深，客户看不见，得不着，一切都是徒劳。

（2）个人喜好：充分尊重客户的个性需求，投其所好，提供专属定制产品或服务。

（3）性价比：与同行业相比，价格水平是否有优势；质量、品牌、声誉、口碑等是否可信。

（4）便利性：能否为客户提供便利的购买条件，包括地理位置、物流配送、支付方式等。

3. 扬长避短，赢取芳心

优秀的创业项目，要针对以上影响客户选择的主要因素，与竞争对手进行全面细致的比较分析，扬长避短，赢取芳心。对于契合客户的需求，在市场竞争中有优势的创业项目，才可以说："I Want You."

四、自我匹配

市场很大，市场可供选择的项目非常多，创业的项目也可以细分很多类别，但并不是每一样都能适合创业者。而创业者只能选择一个创业项目，确定了创业项目，就确定了创业方向。创业者应根据自身的优势，选择与自己的专业、兴趣、特长相匹配的项目。同时，还要考虑时代创业趋势，例如，在互联网时代，通过"互联网＋"大学生创新创业大赛涌现出很多互联网＋创业项目；在共享经济时代，又涌现出共享单车、共享汽车、共享按摩椅、共享充电宝、共享洗衣机等创业项目；在数字时代，又涌现出数智机器人、大数据金融、大数据分析等方面的创业项目。另外，由于是初创企业，资本较少，风险承受能力较差，还应考虑选择轻资产，注重创新和科技的创业项目，并把握好进入市场的时机。选择创业项目时，要保持高度警惕，不要做"擦边球"项目（如模仿肯德基等的加盟项目、钻政策空子的项目等），要看自己是否了解所选项目行业特性，还要看自身素质、专业能力与所选项目的匹配度。

（一）适合自己的才是最好的

一个好的创业项目需要符合 3 个条件：一是创业所选择的项目和产品必须是真实的根植于生活，是社会大众所必需的；二是所选择的项目和产品的市场规模要足够大；三是产品要能重复消费，渠道要能重复使用。符合以上 3 个条件的创业项目或许很多，如何进行进一步的筛选，则需要知己知彼，结合创业者的兴趣爱好、专业特长、人脉资源、投资能力等各方面综合考虑。

俗话说隔行如隔山，适合自己的才是最好的，发挥己之所长，把握天时、地利、人和是取得成功的关键。

（二）个人／团队优势分析

1. 兴趣爱好

兴趣是最好的老师，兴趣也是创业的动力。若将自身的兴趣爱好与所从事的事业结合起来，那将是一件美妙的事情。因为在工作过程中将源源不断地获得愉悦感、成就感，这将成为推动自己不断前进的动力。兴趣可以让人沉浸其中，乐此不疲。例如，很多创客、极客在切入项目和发展企业时选择自己兴趣所在的领域，因兴趣而萌生的创业往往会走得更远并且更容易取得成功。马云说过这样的一句话：100 个人创业，其中 95 个连自己怎么死的都不知道。从创业的第一天开始，就意味着你要经历很多的困难和失败。尤其作为我所提出的独立个人创业，你更需要涉足很多你之前并不熟知的领域，所以一旦你选择的项目根本不是你喜欢的，那么很有可能半途而废。

2. 专业特长

专业和特长是大学生创业项目选择的主要影响因素之一。大学生创业选择与自己专业相关的项目，可以充分发挥自己的专业优势，提高创业的成功率。选择一个自己感兴趣又能充分发挥自身特长的项目是非常棒的，也许选择正确了，你的创业就已成功了一半。

3. 人脉资源

在创业过程中，人脉资源是第一资源。有丰富良好的人脉关系，能方便地找到投资、技术与产品、销售渠道等各种创业机会。整合人脉资源是创业成功的基本条件之一。大学生的人脉资源相对较窄，若创业项目的方向与亲戚朋友、父母祖辈所从事的行业相契合，

那将是一个比较好的选择。

4. 投资能力

俗话说"有多少钱，办多大事"，创业离不开初始资金的支持。例如加盟麦当劳、肯德基虽然比较赚钱，但投资金额过高。对于初次创业的大学生来说，眼高手低绝对是一大禁忌。由于资源匮乏、资金短缺，应该从小生意做起，逐步积累资金与经验，慢慢做强做大。

（三）资源与项目的自我匹配

综合考虑个人／团队的兴趣爱好、专业特长、人脉资源、投资能力，优先筛选与自身特点、资源相匹配的创业项目。适合自己的，才是最好的！

五、财务可靠

很多大学生创业者都不是学财会相关专业，虽说他们自身的专业知识与能力足以为创业提供很多创意或者技术支持，但是创业项目要想成功运行起来，需要有财务方面的合理规划，这就需要有财务管理人员，这样才能将筹集到的资金进行合理配置，发挥资金最大的使用效益，提高使用效率，以尽可能少的资金为企业创造尽可能大的利润。财务可靠是创业者必须做到的一件事，创业过程中树立良好的财务管理理念，会使企业避免发生财务风险，并能够精准进行成本控制，发挥预算管理水平，做出正确的财务决策。

（一）财务规划

如何获得启动资金？启动资金能支撑多久？什么时候能回本？预计的盈利目标是否实现？现金流是否充足？这些问题显然不可能在创业初期轻松地解决，创业者需要在项目一开始就为自己做一个详细的财务规划。

（二）财务报表

财务报表，是对企业财务状况、经营成果和现金流量的结构性表述。财务报表包括资产负债表、利润表、现金流量表、所有者权益（或股东权益）变动表以及附注。资产负债表、利润表和现金流量表分别从不同角度反映企业的财务状况、经营成果和现金流量。附注是财务报表不可或缺的组成部分，是对在资产负债表、利润表、现金流量表和所有者权益变动表等报表中列示项目的文字描述或明细资料，以及对未能在这些报表中列示项目的说明等。

1. 资产负债表

对于初创公司来说，财务规划不需要很复杂。第一个需要编制的财务报表是资产负债表。资产负债表是反映企业在某一特定日期的财务状况的会计报表。

创业者首先要清楚项目的初始资金来源，是自己或合伙人出资的，或者是跟亲戚朋友借的，或者向银行等金融机构申请的无抵押无担保的大学生信用贷款。收到自己或合伙人的出资款分别计入资产负债表的所有者权益方及负债方。然后，列出初始资金的使用方向，如租场地、买办公用品、购进存货、存入银行等，计入资产方。

2. 利润表

第二个需要编制的财务报表是利润表，利润表是反映企业在一定会计期间的经营成果的会计报表。在销售收入、产品定价的假定前提下，测算一定期间的营业收入；测算固定开支，包括房租、员工工资、采购费用等，形成营业支出；据此测算利润表。

3. 现金流量表

第三个需要编制的财务报表是现金流量表。现金流量表是反映企业在一定会计期间的现金和现金等价物流入和流出的会计报表。现金流是创业项目的命脉，掌握着项目的生死大权。一个项目无论有多好的创业想法，有多么出色的团队，要是现金流断了，必死无疑。客观科学的现金流估计，前提是对市场销售、定价、客流量等关键要素进行深入有效的调查，然后做出精确的判断。一般来说，执行企业会计制度和企业会计准则的大中型企业必须编制现金流量表。执行小企业会计制度的小型企业不必编制现金流量表。

（三）坚持财务可靠原则

财务可靠，就是创业项目的财务规划是以真实的市场调查结果与公允的价格评估、销售测算为基础。不能过于乐观地估计收入、成本，也不能虚增利润。对于创业者来说，财务规划一定要实事求是，项目选择一定要谨慎小心。由于大学生初始资金少、抗风险能力低、融资能力弱，在财务可靠的基础上，根据测算的报表，应该优先选择如下创业项目：

（1）资产总额小，资产负债率低——低门槛，船小好调头。

（2）资金周转快，固定成本小——轻资产，有利润，周转快。

（3）现金流充足——避免资金链断裂风险。

◀)) 拓展案例 6

诚实守信是指言行跟内心思想一致，不弄虚作假、不欺上瞒下，做老实人，说老实话，办老实事。诚实守信是做人的基本准则，也是公民道德规范的主要内容。社会生活中的人们由不相识到相识，由不了解到了解，靠的就是诚信。人无信不立，国无信不强。市场经济越发达，职业越社会化，道德信誉就越重要。自古以来，人们将"诚实"和"守信"视为道德的最高境界，也将其作为道德的基本要求，甚至将诚实作为安邦治国、修身养性的根本。

宇通作为中国客车行业龙头企业，通过获得经认证的经营者（AEO）资格等方式加强诚信体系建设，不断提高企业诚信软实力。苦练内功，提升企业诚信水平。企业从组织结构控制、会计系统控制、信息系统、进出口业务控制和内部审计控制等方面，完善内部管理制度和流程，制定明确的财务管理规范，提高信用级别，形成有效的内部动态监督机制。在保障进出口场所安全、进入控制、人员安全、商业伙

伴安全、货物与集装箱安全、运输工具安全、信息技术安全、危机管理等方面完善贸易安全管理体系，获得了海关 AEO 资格认证，成为国际贸易合作方和世界海关的可信任合作伙伴。

信守承诺，按时交付国外订单。受新冠肺炎疫情影响，公共交通运营需求减弱，客车行业面临巨大的压力，面对外需不足、运输成本上涨等情况，企业以信守承诺为根本，积极与相关部门沟通协调，克服口岸运力紧张的实际困难，创造性采用火车拉客车的运输方式，按时履行境外百余辆客车订单任务，受到了国外客户好评，维护了企业信誉形象，进一步树立了中国出口企业的良好形象。

六、风险可控

(一) 创业就是风险与机遇并存

任何事物都有它的两面性，创业也不例外，风险与机遇永远是并存的。绝对没有风险的投资是奢望，那些标榜"零风险创业"及"我方出资，你方挣钱"的广告不要轻易相信。

创业意味着开拓新的领域，前方的道路可能铺满鲜花，也可能荆棘密布，隐藏着许多不可预知的风险。

(二) 创业风险的种类

1. 法律风险

产品或服务经营的模式，如果不符合法律法规的规定，就可能掉进违法犯法的陷阱，如传销、走私、倒卖火车票等。

2. 经营风险

经营不善导致亏损，资金链断裂；团队不和导致项目难以为继。

3. 信用风险

如交易对手、合作伙伴的违约等不可预见的信用风险。

(三) 充分评估风险并加以控制

对于创业中的风险，必须提前进行充分的评估，并做好控制：若创业项目本身就处于法律的禁区，建议及时撤出；若处于法律的灰色地带，建议尽早与主管部门做好沟通；对于不可预见的信用风险，提前做好最坏的打算，准备应对预案。

充分评估风险，并提前做好风险控制预案的项目，更容易受到投资者的青睐，在待选创业项目中脱颖而出。

☀ 创业提示

要选择那些朝阳行业去创业，而不要选择夕阳行业，创业者需要观大势，顺势而为。同样一个朝阳项目，也有淡季和旺季，如果创业者要进入，最好选在淡季时进入，这样可以有时间学习，当旺季来临时，你已经做好了准备。

❯ 任务实训

一、实训目的

培养和提高学生独立思考并解决问题的能力和团队协作精神，激发学生的创造力和创新精神，提升自主创业意识，帮助他们更好地掌握从事创新创业所需的技能和知识，并做出准确的创业方向选择。

二、实训内容

1. 观看学习近两年全国"互联网＋"大学生创新创业决赛路演视频，并分组讨论交流心得。

2. 结合自身实际，以"互联网＋"大学生创新创业大赛项目为启发，拟选择一个适合大学生的创业方向，从创业方向的选择、认识和自身优势等方面进行 200 字自我陈述。

3. 进行市场调研，结合自身优势与劣势，从以下 12 个创业方向中找到适合自己的创业方向，并根据创业方向的选择进行 200 字简要陈述。

（1）科技导向型。科技导向型包括高校知识成果与校外企业合作或联合研发的企业技术创新项目、基础前沿理论研究、高校科技成果转化项目 3 个方面。高校每年有大量的论文和项目在国家政策鼓励中进行成果转化，现有政策引导师生共创、科技成果转化股权，要学会从目前高校实验室里寻找创业项目。

（2）轻资产运营模式。大学生创客本身资源和资本有限，要学会卡位在数字世界中用轻资产模式来选项立项。可以通过杠杆模式或共享经济模式来撬动重资产环节，采取多种形式的战略业务合作、参控股等模式进行总资产领域的布局，将重资产做轻，形成护城河，可以采用多种轻资产运营的方式展开，如卖课程、做线上培训、小红书的引流变现等。

（3）消费导向型。目前的大学生消费群体月均基本为 800～2 000 元，消费习惯、消费偏好、消费行为都产生了巨大的变迁，更注重多元化、定制化、个性化、网红化的消费产品。因新零售尤其是无人货架、无人零售等新消费渠道的产生，就诞生了很多爆款的休闲零食类企业。

（4）文创导向型。随着消费升级尤其是内容付费的火爆，一波围绕着 UGC 和 PGC 等展开，不管是音频、视频、图片、小说、影视等精神产品，因其消费者既是消费者又是内容的参与者和创造者，引爆了文创产业。大学生对派对、市集、演讲、二次元等模式都习

以为常，这里面蕴含着巨大的产业机会，IP化、个人品牌IP化，彰显着时代的主张和个人的品牌调性成为吸引年轻创客尤其是大学生创客的关键赛道和创业风口。

（5）融合导向型。将科技与接地气的产品结合产生"1+1>2"的化学效应，科技与文创、金融等应用场景的链接和融合带来巨大的想象空间，该领域的创业需要能将科技与应用场景的深度融合，取决于对目标人群的精准把握，对大学生创业者挑战非常大，但前景可观，也是资本密集关注的重点赛道。如湖南宁乡的农业园内部有机融合、苏州震泽的全产业链发展融合等。

（6）嫁接导向型。目前的许多传统产业在新经济浪潮面前无所适从，原来的团队和产业基础转型升级乏力，缺乏创新人才、创新思维、创新模式，这一领域存在着巨大的创业机会和时代机遇，大学生创客群体可将新思维、新模式与传统产业的转型升级融合，找准其中的切入点，重新定位新项目，新老企业彼此协同自身在资源、资金、产业链、线上线下运营的优点，构筑新的业务增长点，实现新项目的弯道超车。

（7）防作恶导向型。随着国家法律法规和商业文明的进步，这种作恶型公司的反面存在着巨大的商业机会，如何防范这些不良企业对消费者的危害，尤其是对校园细分人群的危害，形成了在信息安全、食品安全、校园安全、航天安全、人身安全等领域的新的创业机会。如针对校园信息安全领域的校园卫士、解决无人机乱飞乱停的压制无人机项目、反媒体欺诈的项目等。

（8）NGO导向型。目前的社会组织、公益类项目因其影响力大、非营利性、公益类组织、跨国界、边界协同等特点成为大学生创业选项的一个赛道。许多大学生在校期间多参与过校内校外各个协会以及官方或非官方的公益组织，这些项目因其公益性，基本是靠募捐来维持运营。但也有一些项目开始探索在商业与公益的构筑防火墙，让商业保障公益持续运行，如以参与项目、马拉松、运动同步等形式与公益捐赠挂钩。

（9）模仿导向型。"模仿也是创新"这种创业选项已经不适合目前的创业项目选择，模仿看上去成本最低，但系统成本其实最高。毕竟之前大家靠模仿还可以通过人口红利、政策红利去榨取产业利润，但这里面也蕴含着其他的创业机会，如服务于追逐风口的项目和个人，服务业一直是模仿者的热土，目前也存在着大量模仿的机会，但这种也要与线上、大数据、新零售等领域进行融合升级。

（10）个人IP网红型。随着自媒体等传播媒体的出现，网红经济或者说是注意力经济成为新经济浪潮中的一朵浪花，通过打造个人IP，吸引媒体和社会公众的关注，能够吸引媒体资源和流量资源，然后通过嫁接项目，实现商业变现。

（11）代理导向型。不管是加盟一个网红奶茶店、一个彩票店，还是加盟新晋网红品牌的校园代理，这都是一个很好的创业起点，可以依托强大的企业后盾和市场支持，成为一个店长、校园代理、地区总代，要留意新模式、大数据、区块链等技术对商业的改造，并在其间发现合适的商业机会。

（12）政策导向型。目前政策导向型集中了两个方面：一个是大学生返乡创业；另一个是科技成果转化。目前，高校大学生返乡创业政策成为乡村振兴战略的关键一环，家乡对返乡创业的大学生在项目注册、入孵化器、投融对接、政策补贴、住房等领域都给予了倾斜性的扶持。目前整个国家政策导向和创投焦点，集中于产学研用尤其是科技成果转化项目方面，这里面蕴含着大量的"金矿"和巨大商业机遇。科技成果的转化将与企业的规模优势、品牌、组织能力、专利技术、资源资本等一起构筑成企业的核心竞争力，因而高校科转市场成了兵家必争之地。

（资料来源：海源资本管理合伙人孙松廷发表于福布斯公众号的文章《12个最合适大学生创业的方向》2019.05.09.）

任务二　创新商业模式探索

随着"中国制造2025"的提出，智能制造成为制造业转型升级的主要方向，大批传统制造企业努力提升技术水平，以期走出价值链低端，实现产品高附加值转变。但在技术升级之外，还需要企业不断推进价值主张、价值创造、价值传递和价值网络多要素模块整合优化，创新商业模式才能完全实现国家"供给侧改革"中企业战略转型的宏伟目标。在产业互联网背景下，传统制造企业如何利用现代信息技术，通过改变与相关利益者传统的垂直式产业链关系，重构价值网络平台，突破企业发展天花板，是值得深入探讨的问题。

当前中国经营环境发生了根本性变化，互联网技术的广泛运用，导致了传统制造企业需要进行战略转型和组织变革，构建新的商业模式是实现转型升级的必经之路。相对于战略升级研究，商业模式创新研究更加模型化、系统化。"中国制造2025"旨在进一步整合互联网技术与制造业，在此背景下实业界和学术界普遍认为，"制造业服务化"和"制造业生态化"是传统制造业未来转型方向。两方面转变意味着传统制造企业在价值主张、管理系统、企业生态网络和利益分配的再造和重构，不仅仅是产品升级与销售网络扩张，本质上是整个商业模式的变革和创新。

案例导入

【案例1】海尔的缔造者张瑞敏在1985年，抡着一把大锤砸醒了海尔员工的品牌意识、市场意识，为海尔奠定了以品质为核心的"品牌战略"。通过引进先进的生产线和领先的质量管理与流程管理思想，张瑞敏为海尔投入市场的产品的高良品率打下了坚实的基础。以品质打造高端家电品牌——卡萨帝瞄准高端消费者这个高速发展的独特阶层，秉承对消费者需求的理解以及世界顶尖设计及创新的支持，海尔为卡萨帝成功抢占高端市场，有效遏制西门子、博世等品牌的垄断地位。接下来是品类扩展，在后来的道路上，海尔通过多元化发展战略，以"快鱼吃休克鱼"的方式大刀阔斧地进行兼并、收购，并复制海尔

的品牌文化，在国际市场崭露头角，为海尔打造"世界品牌"建立了强大的品牌资产。

【案例2】华为以一家公司之力，凭借自主技术研发立足，置之死地而后生。截至2020年5月，全球已申请5G标准专利29 586项，其中华为5 947项，占比20.1%，排名第一。唯有科技创新才能使我们的民族立于不败之地。华为副董事长徐直军曾在华为质量变革联合颁奖典礼上说："未来随着经济、社会、产业的进一步发展，随着大数据、云计算等新技术的应用，客户和我们面临的挑战会越来越大。所以面向未来，我们要与客户一起去平衡机会与风险，快速响应最终用户的需求，实现客户与我们的可持续发展。如果客户要求我们把质量做好，或者客户把质量作为最基本的隐性需求，那我们在产品和交付质量上就一定要满足客户的要求甚至超过客户的期望；如果客户以快速响应他的客户的需求为优先，并且愿意承担适当降低质量要求所带来的风险，那我们就要在满足一定质量要求的情况下力争快速交付，与客户充分沟通，在客户认可的情况下帮助客户实现机会与风险的平衡。"

【案例3】柳传志及其管理班子就像一位蓄势待发的"抢断王"，从最早的"联想汉卡"，到IBM微机的代理商，再到创建自主品牌的计算机生产商和销售商，最后反向收购IBM个人计算机业务，最终将联想打造为全球销量第一的计算机品牌。中国的制造业基础薄弱，创新研发能力与发达国家差距甚远，通过做代工获得生产设备、先进的管理经验，并培养了技术人才，然后实施逆向研发，快速抢占市场，是中国制造业的真实写照。华为、中兴、吉利等大量后来声名鹊起的企业，都经历过这样的发展阶段，但最后都必须创建自主品牌，进行自主创新，才能实现品牌的迭代。做逆向研发并不是中国制造业的"专利"，在知识专利壁垒高筑的今天，发达国家在高端产业领域依然效仿这种模式。但能否在市场立足，实现长远的发展，仍然需要建立自己的核心产品和核心技术。

📚 分析解读

党的二十大报告指出："必须坚持科技是第一生产力、人才是第一资源、创新是第一动力，深入实施科教兴国战略、人才强国战略、创新驱动发展战略，开辟发展新领域新赛道，不断塑造发展新动能新优势。"创新是引领社会发展的第一动力，是建设现代化经济体系的战略支撑。自主创新是增强国家核心竞争力、实现经济社会高质量发展的必由之路。随着全球信息化进程的不断推进和经济服务化趋势的加剧，产业边界逐渐模糊或消融，产业融合促使经济形态发生颠覆性变革，形成经济网形态。传统零售商业模式也随着科技的发展和消费者行为的变化受到深刻影响，最终催生融合型的新业态和新模式。

一、传统行业

近年来，随着中国人口红利的日渐消失，外来制造业正逐步转移到东南亚及印度、巴西、墨西哥等劳动力成本较低的国家。正如美国提出制造业回归概念，中国制造业的未来应该考虑如何能够长远提升中国创造的能力及产业投资、经营环境，而不应该仅仅停留在早期代工阶段。

目前，中国制造业生产技术特别是关键技术主要依靠国外的状况仍未从根本上改变，部分行业劳动密集型为主，附加值不高。尽管我国制造业的技术创新有所提高，但在自主开发能力仍较薄弱，研发投入总体不足，缺少自主知识产权的高新技术，缺乏世界一流的研发资源和技术知识，以及缺少对国外先进技术的消化、吸收和创新，基本上没有掌握新产品开发的主动权。

国际金融危机之后，各国更加重视以科技创新拉动经济发展，国际分工体系开始出现生产布局多元化、设计研发全球化等趋势，全球价值链的重塑日见端倪，与之相伴的是制造业从新兴经济体回流发达国家。

（一）OEM 模式"后遗症"凸显

2013 年中国货物进出口总额达 4.16 万亿美元，而自主品牌出口只占 11%。我国低端出口产品占出口总额的比重高达 20%，美国和德国各只占 1%。可以说在国际市场上，中国自主品牌的缺失已经成为制约中国由制造大国迈向制造强国的瓶颈。中国制造业长期居于全球价值链的中下游，它所带来的"后遗症"也是逐渐暴露出来。

（1）出口利润微薄，使得企业无力进行品类的扩充和生产装备的更新。从全球产业价值链来看，代工生产环节创造的附加值不足 30%，剩下的 70% 则来自以品牌为核心的研发与营销环节，生产环节所能分享的利润甚至低于 10%，大部分企业只能靠OEM 赚取微薄的加工费。例如中国是全球最大的芭比娃娃制造地，在中国的零售价可以卖到 500 多元，但中国企业得到的加工费只有 3 ～ 4 元。目前中国较大的 OEM 企业并不多，从事中低端产品制造的大多是中小规模的乡镇企业、民营企业。他们做得最多的工作就是来料加工、来件装配、来样加工，出口利润微薄是品牌缺失最真实的写照。

（2）抗风险能力薄弱，一旦无利可图或世界经济不景气就容易遭受毁灭性打击。这种依赖 OEM 的对外贸易模式，在世界经济稳定、繁荣时往往呈现一派生机勃勃的景象，而且准入门槛低，随便开个小作坊就可以接单，在沿海"前店后厂"的模式俯拾皆是。不过，OEM 产品毛利很低，建立在廉价劳动力之上的盈利模式对价格极其敏感，当出口价格下调 10%，或在遇到经济危机外贸订单缩减时，企业就会面临无利可图的境况，大量企业会成批倒闭。2008 年前后"珠三角"就出现过倒闭潮，当国际市场原油、有色金属等主要工业原材料价格上涨，那些靠在生产环节赚取加工费的厂商独力难支，卷资跑路的老板蔚然成风。反观那些在"微笑曲线"中培育出自主品牌和研发创新能力的企业，受到金融危机的冲击较小，他们可以降低管理费用、市场推广费用或加大内需的供给来化解外贸缩减的压力。

（二）从中国制造到中国"智"造

在 20 世纪 90 年代初，中国经济就告别了"全面短缺"的时代，在改革开放后的第一代创业者中，一些富有远见的企业家敏感地意识到，未来市场的竞争核心是品牌的竞争。品牌是归属于商业组织的一种无形的资产，但它的本质还是产品。

中国的现代化制造业起步较晚，在 20 世纪 80 年代初步成形，直至 20 世纪 90 年代才逐步建立起品类齐全、品种多样、配套完善的独立工业体系。与发达国家相比，中国制造业的整体技术和装备水平有着 20 多年的差距，但并不影响在某些领域建立后发优势打造为"世界品牌"。纵观中国制造业过去 30 余年，那些成为驰名世界的品牌的晋升历程，大致有两种成功的路径。

1. 以品质为核心，走品类扩张的创牌之路

2015 年，华为明确提出：公司一切工作，要以质量为优先，研发、采购、制造、供应、交付……都要以质量为优先。华为对客户负责，首先要考虑质量；与供应商分享，首先也要考虑质量。所有采购策略中，质量是第一位的，不管是技术评分，还是商务权重等，都要以质量为中心。没有质量就没有谈下去的可能性。要以用户体验为中心，不断提升质量竞争力，实现质量溢价。通过目标、标准牵引，构建质量比较优势，华为的追求是"质量高于日本，稳定性优于德国，先进性超过美国"。时刻铭记质量是华为生存的基石，是客户选择华为的理由，把客户的要求与期望准确传递到华为整个价值链，共同构建华为品质。面向未来，华为明确提出要"以质取胜"，以质量树立品牌，以服务赢得客户信任。"以质取胜"意味着华为视质量为企业的生命，把质量作为企业价值主张和品牌形象的基石，是华为对践行"时刻铭记为客户服务是华为存在的唯一理由"所做出的承诺。"以质取胜"意味着华为要面向最终客户的需求和体验打造精品，交付高质量的产品和服务，持续不断地让客户体验到华为致力于为每个客户创造价值，使客户高度满意并决定选择和推荐华为。"以质取胜"还意味着华为坚持质量第一，反对低质低价，倡导通过提升质量来降低生命周期总成本，倡导打造精品并按价值定价把产品卖到合理的价格，用合理的利润来持续提升品质，保证给客户提供优质的产品和服务。

2. 品牌战略

中国制造业不断面临发达国家产业回迁、产业升级的压力，而且那种依靠廉价劳动力、资源能源消耗大，甚至以牺牲环境为代价的发展模式难以为继。此外许多发展中国家也在加快产业布局，积极参与全球产业的再分工，承接了外资产业的转移。中国的制造业，尤其是盘踞在东南沿海的中小企业的唯一出路就是迎难而上，接受市场竞争的洗礼。那些缺乏市场营销和战略管理能力的企业，那些没有建立自主品牌和营销渠道的企业，那些对品牌的认知停留在销量、订单和广告上的企业，那些仍在坚守"山寨"堡垒的企业，被整合、被淘汰、被改造也许是推动中国制造业健康发展不破不立之举。

中国的制造业正面临一个机遇与挑战并存的历史契机。"一带一路"倡议的实施，为我国制造业海外创牌创造了难得的历史机遇。中国制造业经历长达 40 余年的积累，一批优秀的品牌已在各领域建立了自主创新、资本创新的优势，相关的产业配套、外贸通道、政策支持等已经完善。通过国际并购的方式突破技术壁垒的封锁，实现对国际市场的间接渗透和占有，同时辅之国际化的品牌传播策略，提升品牌的知名度和美誉度。对于不具备国际并购能力的企业来说，可以通过产业整合、协同运作或者抱团出海、品牌共享的方式，构建海外资本平台让自主品牌"走出去"。

二、互联网思维

(一) 去中心化

在一个分布有众多节点的系统中，每个节点都具有高度自治的特征。节点之间可以自由连接，形成新的连接单元。任何一个节点都可能成为阶段性的中心，但不具备强制性的中心控制功能。节点与节点之间的影响，会通过网络而形成非线性因果关系。这种开放式、扁平化、平等性的系统现象或结构，我们称为去中心化。

1. 互联网原住民的思考方式

现在一切都变了：年轻人不再仅仅看电视，而是在互联网、手机上随时随地接收信息，随时随地发送信息，随时随地制造信息，随时随地娱乐信息。所以每一台计算机、每一个手机、每一个人都变成一个信息中心，整个人类社会变成多中心社会，人类进入了"多中心时代"。其实，在解释这个概念时，很多人往往陷入一个困局：去中心化就是不要中心，导致一个本来说得通的例子也陷入自相矛盾。例如微博是一个去中心化的体现，每个人都是一个可以去连接他人、影响他人的节点，有人就说了"微博中那些明星不就是中心吗？他们一说话就会产生强大的影响力"，这就是典型的误解去中心化的表现。去中心化不是不要中心，而是中心多元化，任何人都可以成为中心，任何中心都不是永久的，中心对每个人不具备强制作用。微博上有很多明星是影响众人的中心，每个明星都是靠着粉丝的拥簇，都在一定时期内影响着他人，他没有强制影响粉丝的权力，哪一天他不红了他的中心影响力便会不断削弱。微博上还有很多网红，他们最开始可能只是个默默无闻的平常人，但通过微博他们也可以产生自己的影响力并且在某个时期内成为一个中心。每个人都可以去联结和影响别人，当自己的价值主张吸引了他人的关注和支持，那么他就成了一个中心，也就是说每个人都可以成为中心，每个中心都依赖每个个体的支持拥簇，离开个体便不存在中心。

2. 微信的去中心化探索

微信的去中心化做得怎么样呢？张小龙阐述公众平台的 8 大观点时这么说：鼓励提供有价值的服务，消除地理位置、消除中介，微信做一个真正的去中心化系统，不会提供中心化的流量入口。张小龙作为顶级产品经理有着出色的产品素养，甚至可以说理想主义，但别忘了"公司的目的是营利"。腾讯给了微信足够的时间来做用户体验和理想主义者的

产品，当下社交第一产品微信已经成了一个潜藏金矿的宝地，腾讯想变现盈利，但是要平衡体验和利益，或者可以说成平衡理性主义和现实主义。

微信真的坚守去中心化的阵地吗？这个可能不太好回答，说他坚守吧也有，微信公众平台不断优化体验完善功能，鼓励各种服务商入驻，并加强对优质内容的尊重和保护；说他没坚守吧也算，朋友圈自年初 Feed 广告首发后便越发增多，最近一段时间连着看到好几个广告，图文＋链接、文字＋视频＋链接感觉越发凶猛，或许有一天这将成为朋友圈的日常，除此之外微信的二级入口给了京东，"钱包"更入驻了点评和美丽说等，公众平台通过微信广点通投放广告，这一系列动作使微信越看越像个流量分发平台了。

可以这样说，没有完全的中心化和去中心化，就像大家普遍认为淘宝、京东是中心化平台，但它们的用户也可以通过社交渠道去分享发掘流量，淘宝有自己的"社区"，京东也有自己的"发现"，这些都是去中心化的形态。我们只能从一款产品的大多数形态和方式去判断它目前属于中心化还是去中心化的类型，谁敢说以后它们不会互相转化呢？说某个人坚强无比，但他也有默默流泪的时候；水在沸点以下是液态，沸点以上就是气态了，压强一变沸点都还得变呢。如此种种，没有完全不要的某个东西。

（二）快速精准

信息传播渠道的变化，引发了用户需求的变化，也导致了信息提供者的被动应变。对于希望提供产品和品牌信息的企业来说，信息内容的迭代压力是扎实的考验，远比简单的建立一个形式上的"自媒体"要困难得多，学雷军搞演讲、搞微博、搞社区、搞口碑传播，形式很容易学，但说什么、怎么说、什么时候说，大部分的企业都不得其法，而类似小米这样的企业，则是不断从媒体行业中吸收人才，强化自己的优势，在信息的快速更新迭代上做得更好一些。与此同时，对应信息的快速更新，产品的快速更新也成为另一个支持信息传播的焦点。只有产品不断体现出变化，信息快速更新才不是无病呻吟，这对于企业的创新和研发能力提出了更高的要求。

如果产品更新跟不上，那就只有搞花边，没事和业内的对手打打口水仗，搞搞"西红柿"这样的花絮，在不涉及产品的情况下保持曝光度，雷军、刘强东、周鸿祎等人都深谙此道。如果创新迭代可以跟上，却把握不住新媒体传播的特点，例如极路由，不知道该说什么，不知道什么时候说，结果就是适得其反。互联网追求的不仅是一个快字，精准（信息精准、投放精准、控制精准）更重要。

（三）情感品牌

信息传播的去中心化和快速化，带来的副作用是公信力的缺失，既然人人都有发言权，大家都可以"7×24"模式传播自己的观点，那谁说的更有道理，谁更具备说服力，对用户来说就是个很麻烦的事情。微博时代的"方韩大战"给了我们一个好的样本，在这个事件中，双方发言的对与错、道理与逻辑都已经不再重要，重要的是在情感上用户更相信谁，由此我们看到了一场没有结果的信息对抗。对于公众来说，这是一场闹剧，但对于企业来说，这是个很好的传播典范。如果能建立起有效的情感品牌，有足够的亮点，迎合用户在情感上、价值观上的需求，那么即使身上背负的争议再多，也依旧能有足够强大的传播效力。微博上的陆琪、天天开炮的周鸿祎、青年导师李开复，这些人虽然类型不同，但无不如此。当然在这方面做得最好的，还是郭敬明，《小时代》的票房成功，让所有的抨击看起来都是个笑话，因为他打造了自己足够多的粉丝群体，影评人能奈他何呢？这些人看的不是《小时代》，看的不是郭敬明，看的是他心理认同的东西。我们这个年代，真与假已经变得不那么重要，大家并不在乎真相，在乎的是真相是不是自己想要的那个真相，如果不是，他宁可选择不信。对于互联网企业的产品和服务来说，也是如此，只要你做的不是差到令人发指，能有一些打动用户情感的包装特色存在，例如小米手机的"青春发烧"、极路由的"自由"、360的"挑战强者"，就一定有一群认同这些价值观，进而认同产品的群体跟上来。这是互联网产品运营的核心思维。其他诸如用户体验、免费运营等，都是表面的手段而已。

三、"互联网＋"商业模式探索

习近平总书记提出，要着力推动互联网和实体经济深度融合发展，以信息流带动技术流、资金流、人才流、物资流，促进资源配置优化，促进全要素生产率提升，为推动创新发展、转变经济发展方式、调整经济结构发挥积极作用。互联网已经逐渐跳出一个行业的范畴，正成为国民经济的一大新引擎。

（一）商业模式的概念

哈佛商学院教授克莱顿·克里斯滕森认为，商业模式就是如何创造和传递客户价值以及公司价值的系统。它包括客户价值主张、盈利模式、关键资源和关键流程4个环节。通俗地讲，就是：第一，你能给客户带来什么价值？第二，给客户带来价值之后你怎么赚钱？第三，你有什么资源和能力实现前两点？第四，你如何实现前两点？

在价值传递环节，主要是我们常说的信息流、资金流和物流，而电子商务的蓬勃发展，打通了物流、信息流和资金流，缩短或者重构"传递价值"的商业价值链。互联网已经全面渗透并改造了价值传递环节，实现了数字世界和物理世界的融合，减少甚至消灭了中间环节，重构了商业链条。而以往这些渠道分走的利润，在今天的效率来说，是过高了。当前，互联网开始向价值创造环节进行渗透，特别是向产品研发和制作等领域渗透。

移动互联网相比于个人计算机（PC）互联网，在更大程度上改变着人类社会的生活习惯，引领着未来商业的发展趋势，PC互联网的商业模式是通过入口级产品获取用户，把控网络流量，最后通过流量变现来获取盈利。移动互联网的商业模式是通过极致的产品和服务来获取用户，把用户变成自己的"粉丝"，然后通过跨界整合资源来为用户提供更好

的用户体验，最终提高用户的 ARPU 值（每用户平均收入），形成有黏性的用户平台后再寻找盈利模式。之所以会形成这样变化的原因在于以下几个方面：

（1）移动互联网用户量更多，但是碎片化的特征导致无效流量增加，无法通过简单的流量变现来盈利。

（2）PC 互联网只能通过标准产品来获取用户，而移动互联网可通过非标产品（服务）来获取用户，从而提高对用户的黏性，形成"粉丝"群。

（3）移动互联网的强社交属性增加了用户平台的黏性。

（二）常见的"互联网＋"商业模式

1."互联网＋"企业："工具＋社区＋电商"模式

互联网的发展，使信息交流越来越便捷，志同道合的人更容易聚在一起，形成社群。互联网将散落在各地的星星点点的分散需求聚拢在一个平台上，形成新的共同的需求，并形成了规模，解决了重聚的价值。在信息经济下，基于时间和空间、基于兴趣、基于内容的重新聚合，这是信息开放和平台化信息交流的结果。以往按照地域、教育程度、收入、年龄、阶层来划分受众群体，如今按照兴趣、价值观、娱乐和生活方式等共同的行为方式来重新划分人群。

人们在社区中重构彼此的关系，而企业的生存机会恰恰在于参与并组织社区的构建，从中重构与用户的关系，而交易是在关系中自然发生的。所以，这个时代的商业模式要着眼于构建并深化企业与用户两个主体之间的关系，而不是产品的买卖关系。

因此，未来商业边界的核心是社群，而不是产品，每个行业中的商业创新，都源自对同质性的消费族群的痛点挖掘，以及在此基础上构建的产品与服务要素的重新组合。例如小米从一开始就是通过手机软件系统来构建用户社区，而不是卖产品。

移动互联网正在催熟新的商业模式撒手锏，"工具＋社区＋电商"的混合模式已经浮现。"工具＋社区＋电商"的三位一体化模式将成为移动互联网时代的主流模式，如妈妈帮、陌陌……最开始就是一个工具，都是通过各自工具属性、社交属性的核心功能过滤到了大批的目标用户，然后才培养出了自己的社群，但正在成长为社区并开始逐步嫁接电商业务。

为什么会出现这种情况？简单来说，工具如同一道锐利的刀锋，它能够满足用户的痛点需求，但它无法有效沉淀粉丝用户，社区就成为沉淀用户的必需品，而电商化是衍生盈利点的有效方式。三者看上去是 3 张皮，但内在融合的逻辑是一体化的。例如微信就是一个非常典型的案例，它作为一个社交工具，加入了朋友圈点赞与评论等社区功能，继而添加了微信支付、精选商品、电影票、手机话费充值等功能。

互联网的商业模式中有 3 个层次，最底层以产品为中心，其次以平台为中心，而最高层是以社区为中心。这样就会出现社区商业：内容＋社区＋商业。内容是媒体属性，用来做流量的入口；社群是关系属性，用来沉淀流量；商业是交易属性，用来变现流量价值。用户因为好的产品、内容、工具而聚合，然后通过社区来沉淀，因为参与式的互动，共同的价值观和兴趣形成了社群而有了深度链接，用定制化 C2B，用交易来满足需求，水到渠成。

社群商业本质是"对人的需求满足"，对于相同偏好、相同共识的人深度挖掘其需求及体验感，进而为商业模式提供基础和依据，颠覆了传统工业时代的产品导向的产业思维，社群商业的基础是需要建立共同价值观、相同爱好，并深化这种关系。在这个过程中产品仅仅是一种媒介而已。

现实中每个消费者都可能和素未谋面的消费者在某个购物社交网络中相互交流，分享他们的消费主张，形成物以类聚、人以群分的消费社群。他们自我意识强烈，对产品和服务的需求不再停留于功能层面，更想借此表达自己的情感。社群商业实际上是建立在分享经济基础上，也就是说分享自己的生存状态、兴趣、爱好为基础所建立起来的，分享经济的模式在移动互联网世界中将逐渐延伸，甚至最终将影响整个社会。这个过程中的各种商业模式创新将不断涌动，推动分享经济走向成熟。

很多人羡慕小米手机的粉丝经济、口碑营销，其实小米模式的真正核心是社群，逐步吸引一个以百万级数成长的新生代社群迅速壮大，成为其运营的核心，围绕这个核心社群，小米甚至重构了从产品定位、研发设计、产品迭代更新、营销推广与客户关系、售后服务等整个商业模式。小米手机通过小米社区和线上线下的活动，聚合了大量的手机发烧友群体，这些米粉通过社会化网络源源不断地给小米手机的产品迭代提供建议，同时又在不断地帮助小米做口碑传播，这群人就是小米的粉丝社群。这是一群以兴趣和相同价值观集结起来的固定群组。他们是"臭味相投"的用户，它的特质是去中心化、兴趣化，并且具有中心固定边缘分散的特性。

2. "互联网+"企业：长尾型商业模式

长尾概念由克里斯·安德森提出，这个概念描述了媒体行业从面向大量用户销售少数拳头产品，到销售庞大数量的利基产品的转变，虽然每种利基产品相对而言只产生小额销售量，但利基产品销售总额可以与传统面向大量用户销售少数拳头产品的销售模式媲美，核心是"多款少量"。所以长尾模式需要低库存成本和强大的平台，并使得利基产品对于兴趣买家来说容易获得。

工业时代的商业模式是 B2C（Business-to-Customer），B 是指企业，C 是指消费者，是以商家为核心来推动消费，可以看到商家是整个商业模式的重点，商家去做用户调研、新产品开发，猜测消费者要什么，推出自己的商品，然后做广告，做营销，吸引消费者的注意力，最后通过渠道把产品推到消费者面前，这是以厂家为核心的运作机制。但是未来的商业模式，必定是以消费者为核心的"C 驱动 B"的商业模式。

如此断言是因为互联网第一次把 C（Customer）集合在一起的成本降到了最低，特别是当社交网络服务（SNS）化逐步发生之后，物以类聚，人以群分，有类似需求的人聚集到一起，再提供定制化的服务与产品，成本必然会降低。以往厂家没有办法找自己的目标客户，要把目标客户都拢到一起成本非常高，但是现在在互联网由于通过媒体、社交、互动，很多类似的人已经天然地聚到了一起，而他们很愿意把自己的需求明确地表

达出来，让商家更好地服务于他们。所以会看到未来的商业模式会逐步地演化成"C2B"（Customer-to-Business），也就是从大规模生产走向大规模定制，最后走向个性化定制，这个速度会越来越快。

在这个过程中，定制最大的价值是在于消灭存货，因为定制是先销后采，先有了订单再去生产，所以原则上是没有存货的。但是工业经济是一定有存货的，因为先采后销。这是一个高效率的商业模式。C2B的模式怎样实现？最终另外一个同步演化的是整个商业会从供应链变成"协同网"。工业时代典型的特点：大规模、标准化、流水线、供应链是一脉相承的，都是线性的、单向的、命令式的。给人最典型的感觉就是线，是串联、单向的过程。但移动互联网时代不可能因为一个标准化产品形成大量的用户。未来只有个性化的东西才有市场，信息全部透明以后，所有的信息不对称造成原有的商业模式必然被摧毁。

互联网最核心的是网，是一个并发的、同步的、分步式的、点状的、实时的配合，就会看到整个商业体系越来越扁平化、知识化、平台化。供应链也会逐步向协同网去转变，一个订单的产生，信息会被同步分享到可能与这个订单有关系的所有相关企业。以前这么做的成本很难承受，但是现在由于有了互联网的产品和技术，这样的信息同步传输在产品上是能够实现的。这是一个产业格局的描述，前端是C2B，后端是协同网。

3. "互联网+"企业：跨界模式

凯文·凯利曾说："不管你们是做哪个行业的，真正对你们构成最大威胁的对手，一定不是现在行业内的对手，而是那些行业之外你看不到的竞争对手。"互联网彻底颠覆了人们对产品、服务约定俗成的印象，如火锅店可以是最好的美甲店，咖啡馆是VC聚集地，银行等待区域是小型书店。一切都在跨界，一切都在颠覆，很多跨界与颠覆，超出了人们的想象力。不同行业以互联网新概念、新技术、新产品和新模式为基础，融入自身行业内容，实现跨界融合。

2013年，"BAT"三巨头（百度、阿里巴巴、腾讯）不约而同地跨界经营，掀起互联网金融风暴，各种"宝"如雨后春笋般出现，被称为"互联网金融元年"。互联网金融彻底颠覆了市场对货币基金的认识，利用现代信息技术，极大地提升了金融服务质量和效率，为实现全民理财带来了便利。在互联网企业的竞争压力下，基金、保险、银行、券商更多呈现的是"躁动"状态，不断推出新业务、更新系统、跨界合作。

华为是一家什么企业？它是一家硬件企业？软件企业？还是？很难说。移动互联网时代，你很难用一个"属性"去界定一个企业，行业、企业之间的边界将模糊不清，无边界时代已经来临，"互联网+"将成为前瞻性企业的竞争制胜利器。例如，"互联网+汽车"，将来，一切汽车都会完成网络互联，"车轮上的移动互联网"为用户提供了全新体验；"互联网+金融"，线上信息与线下业务进行整合，银行产品就能创造出更多的销售机会；"互联网+家电"，未来家电内部智能互联、跨界融合、终端一体化将成为趋势；"互联网+旅游"，通过定制化城市或景区服务类App、基于位置服务（LBS）等技术手段与游客互动，还包括依托于智能手机的旅游规划，预订和分享旅行体验；"互联网+"……跨界思维的核心是颠覆性创新，且往往源于行业之外的边缘性创新，因此要跳出行业看行业，建立系统的、交叉的思维方式。用跨界的思维，突破传统的惯性思维，超越传统的经营理念和商业模式，才会有弯道超车的机会。可以说，互联网模糊了所有行业的界限，使跨界成为一种新常态。

互联网对传统行业的破坏性创造主要体现在以下几个方面：

（1）从侧翼发起进攻，颠覆性破坏。互联网创新从来不是正面进攻，而往往是绕过重兵布防的马其诺防线，从侧翼发动致命一击。例如三星、苹果击溃诺基亚，并不是靠能打电话、发短信、摔不坏的手机，而是靠能上网、看电影、听音乐、拍照片、玩游戏的智能手机，它们颠覆了手机的概念。

（2）以用户为中心，得用户者得天下。百度、阿里巴巴和腾讯，之所以能牢牢占据中国互联网食物链的顶端，百度占据了信息端，阿里巴巴占据了交易端，腾讯占据了交际端，就是因为它们有庞大的用户群。

（3）颠覆传统行业的竞争壁垒，借力打力。互联网大大降低了跨界的竞争壁垒。例如，传统银行辛辛苦苦建立起来的营业网点成为用户把钱存进支付宝的工具；微信通过通信录分分钟秒杀了移动、联通的通信铁塔和电信牌照。

互联网企业进行跨界，无论是水平扩展还是垂直整合，都是以用户为中心的。水平扩展的出发点就是满足用户任何可以满足的需求；而垂直整合的出发点是完美地满足用户某个方面的特殊需求。它们之所以能够赢得这场跨界竞争，一方面是因为它们掌握用户数据，对于用户的收入状况、信用状况和社会关系及购买行为数据等都非常清楚；另一方面它们又具备完整的用户思维，懂得每时每刻关注用户需求及用户体验，自然而然就能够做到挟"用户"以令天下。

互联网带来的跨界浪潮正在以前所未有之势颠覆着传统企业，竞争随时可能从某个意想不到的角落出现，因为互联网大大降低了跨界的竞争壁垒。很多原来"八竿子打不到"的人成了你的竞争对手，你的同行早已经不是你的竞争对手，他跟你一样成为"免费"的受害者。最大的挑战不是现有市场竞争对手的挑战，而是那些不知从哪个方向来的野蛮人，冷不丁一记猛拳就把你打倒。企业在这个时代的焦虑和尴尬，无疑来自我们正在经历的各种商业革命。过去不再成立，未来看不清晰。比"被征服"更为可怕的是"不知道会被谁征服"。

大数据时代，云计算的发展，一切都在经历一个推倒重来的过程，你不敢跨界，就有人跨过来"打劫"。创新者以前所未有的迅猛，从一个领域进入另一个领域。门缝正在裂开，边界正在打开，传统的广告业、运输业、零售业、酒店业、服务业、医疗卫生等都可能被逐一击破。更便利、更关联、更全面的商业系统，正在逐一形成，世界开始先分后合，分的，是那些大佬的家业；合的，是新的商业模式。小米模式颠覆了制造业，打车软件颠覆了出租车业，自媒体颠覆了纸媒，余额宝颠覆了理财，或许这些颠覆有很多都还在前进的路上，也有很多会在中途倒下，但我们无法否认商业的版图正在裂变，新生的力量正在喷薄而出，在这些颠覆的背后，跨界创新成为新的潮流。

互联网为什么能够如此迅速地颠覆传统行业呢？那是因为，从应用工具到思维模式，从产品到人才，互联网企业的效率都要比传统企业高出很多，互联网颠覆实质上就是利用高效率来整合低效率，对传统产业核心要素的再分配，也是生产关系的重构，并以此来提升运营效率和结构效率。互联网企业通过减少中间环节的方式，减少所有渠道不必要的损耗，减少产品从生产到进入用户手中所需要经历的环节。因此，对于互联网企业来说，只要抓住传统行业价值链条当中的低效或高利润环节，利用互联网工具和互联网思维，重新构建商业价值链就有机会获得成功。

马化腾在企业内部讲话时说道："互联网在跨界进入其他领域的时候，思考的都是如何才能够将原来传统行业链条的利益分配模式打破，把原来获取利益最多的一方干掉，这样才能够重新洗牌。反正这块市场原本就没有我的利益，因此让大家都赚钱也无所谓。"正是基于这样的思维，才诞生出新的经营和盈利模式及新的公司。身处传统行业的人士在进行互联网转型的时候，往往非常舍不得、更不愿意放弃依靠垄断或信息不对称的既得利益。

因此，往往想得更多的就是，仅仅把互联网当成一个工具，思考的是怎样提高组织效率、如何改善服务水平，更希望获得更大利润。如传统企业转型电商，大部分考虑的都是线下经销商的利益应该如何分配，所以基本上都会搞出一个新品牌或者新的产品系列，反观那些新兴互联网企业就完全没有这样的包袱。所以我们常讲，颠覆性创新通常来自门口的"野蛮人"，就是因为传统企业很容易受到资源、过程及价值观的束缚，难以实现转型。

4."互联网＋"企业：免费模式

小米科技董事长雷军曾说："互联网行业从来不打价格战，它们一上来就免费。传统企业向互联网转型，必须深刻理解这个'免费'背后的商业逻辑的精髓到底是什么。"

"互联网＋"时代是一个"信息过剩"的时代，也是一个"注意力稀缺"的时代，怎样在"无限的信息中"获取"有限的注意力"，便成为"互联网＋"时代的核心命题。注意力稀缺导致众多互联网创业者们开始想尽办法去争夺注意力资源，而互联网产品最重要的就是流量，有了流量才能够以此为基础构建自己的商业模式，所以说互联网经济就是以吸引大众注意力为基础，去创造价值，然后转化成盈利。凯文·凯利在《技术元素》中这样说："目光聚焦之处，金钱必将追随"，在抢夺注意力资源的时候，免费模式是最有可能成功的模式。在"互联网＋"时代，商业模式的精髓就是能够在"免费"的背后，找寻到适合自己的清晰可行的盈利模式。

高德地图副总裁郄建军曾说："如果想要做互联网，那么就必须要先'挥刀自宫'，让客户端没有成本，这样才能在产品上不断创新，之后再来建立其他的商业模式，这就是互联网的生存法则"。

原来生产硬件的厂商，主要是通过硬件销售来赚取利润，比如手机和电视厂商等。但是在小米等互联网公司闯入之后，就换了一种全新的玩法，不再从硬件上挣钱，而是将用户引导进其构建的一个网络生态系统里面，通过多样化、个性化的服务来黏住客户并形成消费。因此他们的硬件便可以以成本价甚至更低价卖给用户。这就导致 TCL 等传统制造厂商们采用的原来层层代理的渠道利益分配，很难再与小米这样的公司拼价格。

免费作为一种营销策略乃至商业模式，已经越来越多地被那些具备洞察力的企业和品牌所认知和广泛运用，并创造着可观的利润，不仅仅是数字经济领域，在传统实体市场同样如此。免费模式打破了固有的"交易"一词的概念，但不是所有人都能理解免费背后的真正内涵。传统企业做影响力的方式是投放广告，或者在客流量大的地方租下铺面，让消费者知道自己。互联网企业大多通过提供免费但有价值的服务让用户体验并传播。互联网的一个核心观念是用户体验至上，创造机会让用户去体验，在这个过程中感受到价值，把商业价值建立在用户价值之上。

互联网里最可怕的武器就是免费，免费也是最难学的武功，免费是一个双刃剑，把免费用好了可以帮助你快速前进。但是用不好，很可能就被免费所颠覆。周鸿祎认为："你要把东西做得便宜，甚至免费；超出用户的预期体验，就能赢得用户。你赢得用户了，就为你的成功打下了坚实的基础。"

很多互联网的公司刚开始都以免费、以好的产品吸引到很多的用户，然后通过新的产品或服务给不同的用户，在此基础上再构建商业模式。那么对于迫切想进行互联网转型的传统企业来说，要想生存下去，就需要通过新的价值链来建立一种新的商业模式。原来赚钱的生意可能免费，或者降低利润，然后通过原先的生意来积累人气和客户群，进而推出新的增值服务，所以未来很多企业都会变成靠提供服务来赚钱。免费模式的根本问题在于如何通过免费实现盈利，只有当免费的过程本身创造新价值，让所有参与者都能分享到这份新创价值，真正的免费才是可行的，盈利才是可持续的。

天下没有免费的午餐。所谓的"免费"，只不过是在你收费的地方我免费，因为我能通过别的地方赚钱，也许赚的钱还是你的钱，也许赚的是别的用户的钱，也许赚的是广告商或者其他人的钱。所以传统企业一定要想清楚以下几个问题：你究竟拿什么免费？这个东西会不会变成一项基础服务？通过免费能不能得到用户？在得到用户和免费的基础上，有没有机会做出新的增值服务？增值服务的用户愿意付费吗？

如今，"免费"正悄然演变成一种全新的商业模式，它所代表的正是数字化网络时代的商业未来。克里斯·安德森在《免费：商业的未来》一书中曾指出：所有企业都将不得不应对免费时代的来临，要在数字经济时代抢占品牌先机，关键就在于比你的竞争对手先做到让产品免费。其实《连线》杂志主编凯文·凯利在《技术要什么》里早就预言说，在未来（至少在很短的一段时间内），我们制造的一切都将免费，包括冰箱、滑雪板、激光投影机、服装等，实现的前提是，这些东西融合在网络节点中，成为网络服务的载体。虽然移动终端的利润趋近于零，但通过内置的各种增值服务，同样可以建立起互联网化的商业模式。所以，今天在互联网上凡是懂得免费之道的企业，都会比较容易在这次新的浪潮中弯道超车。

5. "互联网+"企业：O2O 模式

1 号店联合创始人、董事长于刚曾说："O2O 的核心价值应该是充分利用线上与线下渠道各自的优势，让顾客实现全渠道购物。线上的价值就是方便、随时随地，并且品类丰富，不受时间、空间和货架的限制。线下的价值在于商品看得见摸得着，且即时可得；品牌可以直接和顾客接触、沟通，顾客也可以享受面对面的服务。从这个角度看，O2O 应该把两个渠道的价值和优势无缝对接起来，让顾客觉得每个渠道都有价值。"

2012 年 9 月，腾讯 CEO 马化腾在互联网大会上的演讲中提到，移动互联网的地理位置信息带来了一个崭新的机遇，这个机遇就是 O2O，二维码是线上和线下的关键入口，将后端蕴藏的丰富资源带到前端，O2O 和二维码是移动开发者应该具备的基础能力。

什么是 O2O？O2O 是 Online to Offline 的英文简称。从狭义来理解，O2O 就是线上交易、线下体验消费的商务模式，主要包括两种场景：一是线上到线下，用户在线上购买或预订服务，再到线下商户实地享受服务，目前这种类型比较多；二是线下到线上，用户通过线下实体店体验并选好商品，然后通过线上下单来购买商品。从广义来理解，O2O 就是将互联网思维与传统产业相融合，未来 O2O 的发展将突破线上和线下的界限，实现线上线下、虚实之间的深度融合。其模式的核心是基于平等、开放、互动、迭代、共享等互联网思维，利用高效率、低成本的互联网信息技术，改造传统产业链中的低效率环节。

一般而言，企业 O2O 主要有以下 4 种模式：

第一种是线上交易到线下消费体验（Online to Offline）模式。这是很常见的 O2O 模式。各种手机优惠券、打折券及生活服务类的团购 App，都是线上交易，然后到线下消费体验，如携程网的"线上预订酒店、线下入住酒店"。

第二种是线下营销到线上交易（Offline to Online）模式。随着二维码的兴起，很多企业通过带有二维码的宣传标识，让用户通过二维码扫描完成线上交易，如用户通过手机扫描二维码标识，进入电商平台，用户在手机上完成在线购物。

第三种是线下营销到线上交易，再到线下消费体验（Offline to Online to Offline）模式。这种模式就是用户在线下看到海报信息后通过扫描二维码，到线上完成身份认证与交易，然后用户去线下的数家联盟商户完成消费体验。如在地铁口看到餐厅带二维码广告，扫描后就可实时预订座位、获取折扣，然后到餐厅进行消费体验。

第四种是线上交易或营销到线下消费体验，再到线上消费体验（Online to Offline to Online）模式。这种模式在会展、交友、培训沙龙等活动中常见，例如，你在线上报名参与主题活动，线下进行现场体验，再到线上进行体验分享。

以上 4 种模式仅仅是对客流、价值流在线上、线下的流转进行了粗略的划分，每个O2O 企业或多或少地运用到其中的一种或几种，不能单一地将某个 O2O 企业划入其中一种。

苏宁 10 年前向互联网转型，据战略定位，苏宁开始走上了"一体两翼"的互联网转型路径，"一体"就是以互联网零售为主体，"两翼"就是打造O2O的全渠道经营模式和线上线下的开放平台。2020年度苏宁易购营收2 600亿元，云网万店平台商品销售规模同比增长33.61%，自营商品销售规模同比增长45.28%。

苏宁董事长张近东坦言，移动互联网将推动形成现代零售业转型变革的第三次浪潮，即互联网技术支撑下的O2O模式。相对纯电子商务这种过渡性商业模式，线上便利与线下体验完美融合、互联网技术应用与零售核心能力充分对接的互联网零售模式将是未来相当长时间里零售业转型变革的方向。

O2O成为移动互联网时代的标配。在"信息+时空"的全新商业形态中，通过整合线下零售和线上平台：线下的零售店为优质的线下体验、扩展品类和打通支付环节，增加消费者的选择空间和方便度；由线上到线下的过程中，通过定制化的信息推送、精准营销、优惠的会员服务和物流打通，形成消费者的良好购物闭环体验，从而提高消费者的黏性和忠诚度。

"互联网+"企业，强调把传统行业与互联网衔接起来，通过互联网强大的组织效率与创新能力改造传统行业，尤其是制造业，将互联网与工业、商业、金融业等服务业的全面融合，实现创新驱动。另外，传统产业在面临"互联网+"大潮时，普遍面临着把硬件变成服务，把功能变成体验，把用户变成粉丝的艰难转型。"O2O+"则为"互联网+"有效落地提供了一种思路：通过强调用户至上、线下体验和在线支付，O2O成功地把客户变为用户，进而变为粉丝，同时借助于粉丝经济和在线支付，通过软硬结合和追求极致体验，又为硬件服务化提供了可能性，如小米手机就是典型案例。

6."互联网+"企业：平台模式

海尔集团董事局主席张瑞敏曾指出，传统经济时代，企业的方向用一句口号概括就是"做大做强"。但在互联网时代，这个口号应该审慎考虑。因为互联网时代不是"做大做强"，而更应该是做平台型企业。

张瑞敏曾在海尔集团互联网创新交互大会上提出"企业平台化、用户个性化、员工创客化"3个概念。"企业平台化"即外部平台化，指的是商业模式层面。"用户个性化"指的是生产模式，现在的用户需求千差万别，随时在变，怎么去捕捉它呢？进入移动时代，你只能不断和他交互，而且交互不好你马上就会被打倒。"员工创客化"即内部平台化，指的是组织管理层面。

平台是什么？平台就是快速配置资源的框架，因为只有在平台上，很多资源才可以快速配置，到最后就变成一个可以自循环的生态圈。平台具有两个特性：第一是开放，第二是资源。平台就是生态圈。如淘宝，在传统零售行业里面，电商的发展速度远远超过传统商业的发展速度，因为电商有平台，包括3大平台：第一是信息交互平台，第二是支付平台；第三是配送平台。在信息交互平台上，所有的买家、卖家，以及厂家的所有信息都在这个平台上可以见到。但如果到一个商场去，就不可能获得这么多信息。

（1）平台型商业模式的概念。平台型商业模式是指在平等的基础上，由多主体共建的、资源共享、能够实现共赢、开放的一种商业生态系统。百度、阿里、腾讯三大互联网

巨头围绕搜索、电商、社交各自构筑了强大的产业生态。未来商业竞争不再只是企业与企业之间的肉搏，而是平台与平台的竞争，甚至是生态圈与生态圈之间的战争。构建平台是一种战略选择，构建平台生态圈更是大战略布局。平台型商业模式最有可能成就产业巨头，全球最大的100家企业里，有60家企业的主要收入来自平台型商业模式，包括苹果、谷歌等。

《平台战略》一书中说：两个或者更多有明显区别但又相互依赖的客户群体集合在一起的平台，它们作为连接这些客户群体的中介来创造价值。关键是平台必须能同时吸引和服务所有的客户群体并以此来创造价值。平台对于某个特定用户群体的价值本质上依赖于这个平台"其他边"的用户数量。如只要有足够多的游戏，一款家用游戏机平台就能吸引足够多的玩家。另外，如果有足够多的游戏玩家已经在玩游戏，游戏开发商就会为新的视频游戏机开发（更多的）游戏。平台战略研究专家、麻省理工学院教授迈克尔·库斯玛诺对"平台"的定义：首先要有被众多公司应用的基础技术或者产品（也可以是服务）；其次要将众多参与方（市场参与者）汇聚于一个共同的目的；最后通过更多用户、更多补充的产品和服务使其价值以几何级数增长。如QQ，用户和朋友在平台上可以分享音乐、图片、信息，可以吸引广告商。它们向用户免费提供平台，用户越多，可以收取更多的广告费。

张瑞敏对平台型企业的理解就是利用互联网平台，企业可以放大，原因：第一，这个平台是开放的，可以整合全球的各种资源；第二，这个平台可以让所有的用户参与进来，实现企业和用户之间的零距离。在互联网时代，用户的需求变化越来越快、越来越难以捉摸，单靠企业自身所拥有的资源、人才和能力很难快速满足用户的个性化需求，这就要求打开企业的边界，建立一个更大的商业生态网络来满足用户的个性化需求。通过平台以最快的速度汇聚资源，满足用户多元化、个性化的需求。

（2）平台型商业模式的特征。

①开放：这既是判断一个平台的要素，也是生态圈是否具有活力的首要条件。因为只有开放才能承载各种资源，从用户到供应商，从设计、传播到涉及产业链的各相关机构及力量。开放不仅是一种姿态，更是一种打破边界、让资源无障碍流通或整合的保障。

②平台化：平台是载体，是聚集各种资源的地方，无平台无以承载企业、供应链各个环节与用户的交互。

③网络化：网络让天各一方的人与人、人与机构、机构与机构，在信息的交互、支付方面实现零距离、无缝对接。未来，所有的商业规则都将建立在网络化之上，无网络化，无以让开放的平台产生具有爆发力的聚合力量。

④交互：平台是交互的场合，交互是开放的初衷与延伸。交互让平台和生态圈具有生命活力。

⑤共赢：共赢是交互所秉持的最基本原则，是生态圈得以持续的规则保证。

（3）如何构建平台生态圈。互联网的世界是无边界的，市场涉及全国乃至全球。平台型商业模式的核心是打造足够大的平台，产品更为多元化和多样化，更加重视用户体验和产品的闭环设计。平台模式的精髓，在于打造一个多方共赢互利的生态圈。

对于平台运营商必须要问自己几个关键问题：我能否为平台上的客户吸引到足够数量的用户？哪些用户对价格更加敏感？能够通过补贴吸引价格敏感的用户吗？平台另一边是否可以产生充足的收入来支付这些补贴？

①找到价值点，实现立足。回顾腾讯QQ的整个发展历程，不难发现所有的平台企业一开始都是从满足一个点的需求出发的，先解决一部分人的共性需求（社交），让自己成为这个领域的专家，成为这个领域最好的公司。然后在慢慢发展的过程中，发现客户的需求量越来越大，越来越多的客户来使用你的产品，来通过你的产品或服务解决他们生活中存在的一些问题，这个时候就会逐渐地走向平台之路，但是在这个过程始终没有改变的是对于用户需求的理解和满足，对于用户体验的极致追求，这样以后才有可能真正成为一个平台型企业。

②建立核心优势，扩展平台。在平台的基础上，建立起如技术、品牌、管理系统、数据、用户习惯等自己容易复制别人很难超越、边际成本极低或几乎为零的无形资产优势，才能增加平台的可扩展性。在网络效应的推动下，使平台迅速做大，以实现更大的平台价值。腾讯以即时通信工具为平台，聚集了数以亿计的用户，其平台模式的核心不在于技术，而是在于对用户心理需求的准确把握。因为QQ，腾讯抢占了PC时代的用户心理高地；因为微信，腾讯抢占了智能手机时代的用户心理高地。

③衍生更多服务，构建生态圈。在建立起来的平台上，构建更多高效的辅助服务，能增强平台的黏性和竞争壁垒，最终形成平台生态圈。例如，百度通过为用户提供搜索、游戏、音乐、旅游、视频、地图、百科、输入法等多种免费服务构建了平台生态圈。而其中的每项服务都是一个入口，都可以将用户引入，之后影响其使用更多服务，最终形成对平台生态圈的完全依赖。如此，让用户牢牢地黏在百度的生态圈平台上，而使其他意欲挑战其单一平台服务的竞争对手，望尘莫及。

④平台战略升级，巩固生态圈。当不具备构建生态型平台实力的时候，那就要思考怎样利用现有的平台。平台不是一天建成的，平台生态圈更不是一天建成的，对于传统企业的互联网化，不要轻易尝试做平台，中小企业不应该一味地追求大而全、做大平台，而是应该集中自己的优势资源，发现自身产品或服务的独特性，瞄向精准的目标用户，发掘出用户的痛点，再设计好针对痛点的一系列引爆点，则可以高效地打造核心用户群，并以此为据点快速地打造一个品牌。

相关数据显示，2022年海尔智家全球营业收入达到2 435.14亿元，同比增长7.2%；归母净利润达到147.11亿元，同比增长12.5%。面对这个充满不确定性的市场，正如海尔智家董事长兼总裁李华刚在财报中所说："我们唯有启动一场勇敢的变革才能在这个波动的环境下，交付更好的价值。"

平台最大的优点就是有群聚效应。例如，一个商业地产综合体怎么形成？先建成写字楼让大家来这里办公，人多了，就要配套餐饮服务、商场百货，接着是影院、娱乐，当这些都妥当，旁边的住宅楼会涨价，最后就形成一个广场业态。当然平台不是一个可以规划出来的事情，因为你很难判断，现在要做的事情能不能获得市场和客户的认可。所以周鸿

祎也说他们做的事情，是一不小心走出来的，并非刻意为之。

平台比拼的是整体竞争力，如果自己回报丰厚，但平台上的合作伙伴赚不到钱，这样的平台迟早难以为继。因此，必须努力提高平台的整体竞争力，而不仅仅是只关注自身利益的最大化。所以，马基雅维利说："不管做什么事，如果不是参与各方都能得到利益，这件事就不会获得成功，即便成功也不能持久"。

四、"互联网＋"传统零售商业模式创新路径

基于互联网思维创新商业模式，是对价值系统的全新变革。未来应针对商业模式创新驱动因素寻求零售商业模式创新路径。

（一）整合资源协同发展

零售企业因为所拥有的资源不同，因而线上线下融合方式以及成熟度也各有不同。从国外成熟的零售市场看，许多传统零售企业通过发展线上渠道，最终达到线上线下协同，提高企业竞争能力。零售企业商业模式创新应该遵循线上线下多渠道融合的发展趋势。对于传统零售企业，其优势在于已有的线下门店和长期零售经验，应当抓住电子商务机遇，积极开拓线上渠道，从而达成线上线下协同。实行线上线下同价，关闭部分无效或低效的门店，相对缩减传统业务以提高运营效益。重新定义实体店和电商平台的定位和功能，实体店除了销售外，更应着重增强展示、体验、服务、仓储、物流等功能，满足消费者对体验的需求；电商平台重点在销售，特别是标准化产品的销售，侧重便利性。这两个平台共享同样的库存、商品、物流和服务。

（二）创新多元化盈利模式

在互联网思维下，零售企业在保持连锁店稳健、快速发展态势基础上，大力发展电子商务，不断丰富产品线、优化购物流程，突破实体经营的局限，充分利用服务终端为消费体验、售后、提货、物流提供便利，使盈利模式多元化成为可能。线上线下协同发展的零售企业不应该只依靠年费、平台使用费、技术服务费和销售佣金等固定模式，应该依托自有业务和服务盈利，创新多元盈利模式，形成运营、营销、仓储物流、客服和金融等多种服务盈利模式并存的态势。零售企业要在尽可能大的范围内收集顾客资料，带给顾客更好的消费体验的新产品开发模式。在提供产品或服务之前，先在仿真环境下进行体验和感受，据此不断改进产品和服务，保证所提供的产品或服务成功概率非常高之后，再将产品或服务推向市场。这种模式有利于建立更高的顾客忠诚度。

（三）不断加强新技术应用

传统零售企业要积极应用先进网络技术，对传统零售商业模式进行创新。要善于运用互联网和移动互联网技术，打造属于自己的网络销售渠道和营销战略。零售企业可以利用

先进技术进行智能有效的管理，快速响应市场动态并增强执行能力，有利于零售商业模式更加合理。在协调和监督连锁经营店铺方面，企业总部工作人员可以利用协作技术进行协调和指导，如视频会议及共享电子工作空间等；零售企业可以利用物联网技术将商品与互联网连接起来，并利用云计算技术进行综合数据分析和智能处理，从而有效管理种类繁多的商品。

（四）构建价值网络体系

电子商务发展改变了零售业的产业格局，零售业已经从传统供应链上每个环节的衔接发展到目前产业链上的产业融合。在互联网思维下，零售企业价值链的各环节应该是彼此间分享信息和知识，通过对信息进行专业化处理，整合资源以形成战略联盟。竞争者可以促使企业不断地创新，促进企业产品的更新换代。在价值网模式下，企业竞争是体系竞争，大数据将替代平台作为新的模式构建的基础。零售企业作为供应商、品牌商与客户的联系桥梁，应该优化企业关系网络，与客户、供应商、品牌商形成价值网关系，寻找更多、更新的合作点。

五、零售商业模式创新需要注意的问题

（1）零售商业模式创新是一项复杂的系统工程。零售企业要有全局意识，认识到商业模式创新是一个复杂的系统工程，商业模式的各基本要素之间要紧密关联、相互匹配。政府和企业应该联合创造一个良好的市场竞争环境，使竞争机制更加合理、竞争平台更加完善、开放程度更高。

（2）零售商业模式创新的核心是消费者需求。零售企业要时刻关注顾客价值主张的变化，必须以顾客需求为导向，识别和深度挖掘尚未被满足的市场需求空白点，通过客户细分对核心资源优化组合，要能体现顾客价值最大化原则。

（3）零售商业模式创新要落实在效率提升和成本优化上。零售商业模式创新要能够推动企业资源的整合运用，不仅要体现出企业管理效率以及业务工作水平的提升，还要能够实现更高的成本控制目标，为实现企业的差异化战略目标提供更加坚实的基础。

（4）零售正确把握创新决策者的创新特质。在进行商业模式创新时，要充分考虑零售企业高层管理者的创新特质，了解相关管理人员在面临确定的既得利益与不确定的未来收益时的风险态度、进取精神等，结合管理者自身情况，审慎选择创新决策者。

☀ 创业提示

　　传统企业进行商业模式的转型和升级，企业需要考虑的是做追求最大化利益的"头牌"还是做创造共赢共好的"平台"？平台商业模式可以助力企业增长，打造共创、共享、共赢的生态圈。

> **任务实训**

一、实训目的

掌握基本的实践创新、基础创业思维。

二、实训内容

1. 根据自身实际，拟选择一个创业方向/项目，并对其宏观政策、盈利模式、市场竞争力、自我匹配程度、财务规划及风险控制中需要注意的问题进行分析，然后写一篇1 000字左右的分析报告。

2. 创业充满挑战，创业成就人生，但并非每一个人都适合相同的创业方向，下面为大家准备了一套创业测试题，帮助你选择合适的创业方向。

（1）在圆形、三角形、S形三种图形中，你更喜欢哪一种？

    A.圆形——2分   B.三角形——1分

    C. S形——0分

（2）以下文学作品你更喜欢哪一种？

    A.诗歌——0分   B.小说——1分

    C.哲理散文——2分

（3）你对学习演奏一种乐器是否有兴趣？

    A.没有——2分

    B.非常希望有机会能学习——0分

    C.说不上——1分

（4）你属于哪种性格？

    A.比较安静——2分

    B.比较爱动——0分

    C.介于两者之间——1分

（5）你做事情条理性与逻辑性强吗？

    A.很差——0分

    B.我做事总是井井有条——2分

    C.不算很好——1分

（6）你上学的时候，哪门功课学得更好？

    A.数学——2分

    B.语文——1分

    C.外语——0分

（7）你在衣着化妆方面是否很有天赋？

    A.是——0分

    B.不是——2分

    C.说不上——1分

（8）公司组织的节日 Party 需要大家表演节目，你会怎么做？

　　A. 我可不擅长——2 分

　　B. 我非常乐意有机会让大家见识我这方面的才艺——0 分

　　C. 虽然不很擅长，也会尽力——1 分

（9）周末如果有空闲，你会选择哪种休闲方式？

　　A. 看书——2 分

　　B. 逛街购物——1 分

　　C. 动手做些小饰品——0 分

（10）外出旅行，你更喜欢去哪些地方？

　　A. 风景优美的人间仙境——1 分

　　B. 充满文化气息的名胜古迹——2 分

　　C. 不为人知的山野小景——0 分

（11）朋友在一起讨论问题，通常情况下，你的见解是？

　　A. 总能令人耳目一新——0 分

　　B. 与他人大致相同——2 分

　　C. 偶尔也有一番见地——1 分

（12）如果某件事吸引了你，你会怎么做？

　　A. 通常都是被事物的表象或者有趣的地方所吸引——0 分

　　B. 如果被吸引，我就一定要对它探个究竟——2 分

　　C. 如果可能的话，我也会参与其中——1 分

（13）你喜欢陶艺吗？

　　A. 似乎很时尚，我也想把它作为一种休闲方式——1 分

　　B. 不是很喜欢，但我想了解人们为什么喜欢陶艺——2 分

　　C. 非常喜欢，自己动手做些陶艺品会独具特色——0 分

（14）下面的场景你更喜欢哪个？

　　A. 静谧深邃的森林——2 分

　　B. 蓝天白云下的草场——0 分

　　C. 怪石林立的高山峭壁——1 分

（15）如果能力许可，在人事经理、记者和自由画家 3 种职业中，你会选择哪种职业？

　　A. 善于处理人际关系的人事经理——2 分

　　B. 能言善辩、可能接触社会各色人等的记者——1 分

　　C. 尽管有可能非常清贫，但是可以率性生活的自由画家——0 分

测试结果

0～8 分：你比较适合从事时装设计、歌唱演艺、绘画、舞蹈等艺术类职业，你喜欢

创造性的工作，富于想象力，通常喜欢与观念而不是事务打交道，比较开放、独立、有创造性。如果你不能成为艺术家，仍然可以选择那些能发挥你的艺术能力或者创造性的工作。

9～22分：你比较适合从事行政管理、秘书、会计、金融、人事经理等事务性工作。你为人随和，善于处理琐碎事务，凡事都会考虑客观效果，愿意适应周围环境，这些都是从事事务性工作必不可少的品质。

23～30分：你比较适合从事实验室研究员、医生、理论家、编辑、发明创造、工程技术等需要充分脑力劳动的工作。你具有安静、理性、善于思考的性格，逻辑性强、好奇、聪明、仔细、独立、安详，喜欢独立解决问题。

每个人都有无限可能，因此，以上测试仅供参考，对于创造者来说，保持良好心态很重要，要虚心请教，成功自然就会到来。

❯拓展阅读——创业寓言故事

寓言一：相信自己是一只雄鹰

一个人在高山之巅的鹰巢里，抓到了一只幼鹰，他把幼鹰带回家，养在鸡笼里。这只幼鹰和鸡一起啄食、嬉闹和休息。它以为自己是一只鸡。这只鹰渐渐长大，羽翼丰满了，主人想把它训练成猎鹰，可是由于它终日和鸡混在一起，它已经变得和鸡完全一样，根本没有飞的愿望了。主人试了各种办法，都毫无效果，最后把它带到山顶上，一把将它扔了出去。这只鹰像块石头似的，直掉下去，慌乱之中它拼命地扑打翅膀，就这样，它终于飞了起来！

寓言点拨：宝剑锋从磨砺出，梅花香自苦寒来。顽强不屈是华夏大地经受考验、中华民族涅槃重生的精神密码，吃苦能够锻炼人的意志、强健筋骨，能让人历练能力、提高本领，创业能考验人、锤炼人，一个人只有经受挫折才能成长，经历了风雨才能见彩虹。

寓言二：钥匙与锁

一日，夜深人静，锁叫醒了钥匙并埋怨道："我每天辛辛苦苦为主人看守家门，而主人喜欢的却是你，总把你带在身边，真羡慕你啊！"而钥匙也不满地说："你每天待在家里，舒舒服服地，多安逸啊！我每天跟着主人，日晒雨淋的，多辛苦啊！我更羡慕的是你！"一次，钥匙也想过一过安逸的生活，于是把自己藏了起来。主人出门后回家，不见了钥匙，气急之下把锁给砸了，并顺手扔进了垃圾堆里。进屋后，主人找到了钥匙，气愤地说："锁也砸了，现在留着你还有什么用呢？"说完，把钥匙也扔进了垃圾堆里。在垃圾堆里相遇的锁和钥匙，不由感叹起来："今天我们落得如此可悲的下场，都是因为过去，我们没有看到对方的价值与付出，而是这山望着那山高，彼此斤斤计较，相互妒忌和猜疑啊！"

寓言点拨：很多时候，人与人之间的关系都是相互的，互相扯皮、争斗，但这样只能是两败俱伤，唯有互相配合、相互欣赏、相互团结、相互支持、相互信任、相互珍惜，方能共赢。创业时少不了合伙人，少不了投资人，如何处理与这些人的关系，往往决定了创业的发展走向。

寓言三：毛驴和白马

一天，毛驴和白马结伴到山区。在平川大道上，白马奋起四蹄，扬起尾巴，不一会儿就把毛驴甩到了后边。白马转过头来看了看毛驴，见它摇着两只大耳朵，不紧不慢地走着，非常着急，便朝毛驴大叫起来："喂，怎么不把脚步迈得紧一点儿？看你那慢吞吞的样子，我们什么时候才能到达目的地呢？你这黑驴子，真是个庸才！"毛驴听了白马的训斥，一不生气，二不泄气，仍然一步一步地向前走着。毛驴和白马进入山区后，那山路变得又陡又窄，崎岖不平，白马的速度不知不觉地慢了下来，身上的汗水像刚洗过澡似的。毛驴却加快了步伐，噔噔噔地赶到了前面。白马看毛驴走起羊肠小路来是这样的轻松，不解地问："黑毛驴，你为什么走起山路来比我快呢？"毛驴回答说："因为术有专攻，各有所用。在一定条件下落后的，并不都是庸才啊！"

寓言点拨：好一个"术有专攻，各有所用"！在某一方面技不如人，并不表明自己一无是处，所以不必妄自菲薄；同样，别人某些方面不如你，也不能代表他没有别的长处，所以不可骄傲自大。

寓言四：狮子和羚羊

每天，当太阳升起来的时候，非洲大草原上的动物们就开始奔跑了。狮子妈妈教育自己的孩子："孩子，你必须跑得再快一点，再快一点，你要是跑不过最慢的羚羊，你就会被活活地饿死。"在另外一个场地上，羚羊妈妈也在教育自己的孩子："孩子，你必须跑得再快一点，再快一点，如果你不能比跑得最快的狮子还要快，那你就肯定会被他们吃掉。"

寓言点拨：要有理想有目标，狮子的理想是吃上羚羊这美味佳肴；羚羊的目标是不会被狮子吃掉。对于创业者来说必须要有远大的理想和目标，才有价值。在自然界中，狮子和羚羊，为了生存，只有不停地向前跑，才不会被自然界淘汰。对创业者来说，只有不断地学习，不断地创新，不断地发展，才会跟上时代前进的步伐，才不会落伍。

寓言五：自己拯救自己

某人在屋檐下躲雨，看见观音正撑伞走过。这人说："观音菩萨，普度一下众生吧，带我一段如何？"观音说："我在雨里，你在檐下，而檐下无雨，你不需要我渡。"这人立刻跳出檐下，站在雨中："现在我也在雨中了，该渡我了吧？"观音说："你在雨中，我也在雨中，我不被淋，因为有伞；你被雨淋，因为无伞，所以不是我渡自己，而是伞渡我。你要想渡，不必找我，请自找伞去！"说完便走了。第二天，这人遇到了难事，便去寺庙

里求观音。走进庙里，才发现观音的像前也有一个人在拜，那个人长得和观音一模一样，丝毫不差。这人问："你是观音吗？"那人答道："我正是观音。"这人又问："那你为何还拜自己？"观音笑道："我也遇到了难事，但我知道，求人不如求己。"

寓言点拨：人生总会经历风雨，遭遇困境，在哪儿避雨，什么时候得渡，想要真正得救，只有自己靠自己。创业之路坎坷艰辛，唯有靠自己，方能见彩虹。

创业观察

模块六
创业计划书——兵马未动，粮草先行

学习目标

通过本模块的学习，学生能够了解创业风险的类型及如何防范规避；认识商业计划的作用；掌握商业计划书撰写方法；掌握商业模式设计的策略。

模块导读

商业模式的设计与创业计划书的制定是创业过程中最为重要的内容之一。创业计划书是创业的行动导向和路线图，既为创业者的行动提供指导和规划，也为创业者与外界的沟通提供基本依据。创业计划书需要阐明新企业在未来要达成的目标，以及如何达成这些目标。创业计划书要随着执行的情况而进行调整。一份完整的创业计划书包括封面、目录、执行概要、正文和附件等。创业计划书的正文包括企业描述、产品或服务、创业团队、创意开发、竞争分析、财务分析、风险分析和退出策略等内容。

本模块主要介绍商业模式的定义、本质与构成要素，商业模式的盈利逻辑；创业计划的作用和主要内容；常见创业风险等。通过学习，学生能够掌握商业模式创新的思路方法，掌握评估商业模式的标准和方法；掌握创业计划的信息搜索和论证途径，掌握创业计划书的内容和撰写技巧；掌握创业风险的来源；培养正确认识商业模式在当前创业模式中的重要价值；意识到创业计划对大学生创业的重要推动作用；意识到创业风险的存在，并科学地处理风险。

案例导入

一秒到家，快递"配送到家"

电商业带动快递业高速发展，2010—2022 年，快递量增长了 48 倍，而快递员数量仅增长了 8 倍。派件费低，快递员不愿送；包裹量大，快递员送不动；即使到家，用户常因各种原因无法签收。投入快递柜或快递驿站，成为快递员的主要选择。超七成快递无法配送到家。用户怨声载道，快递员有苦难言，投诉和争端居高不下。国家公布了针对快递行业的行政法规——《快递暂行条例》规定：快递员拒绝送货上门属于违反规定。《快递市场管理办法》规定：不得擅自将快件投递到智能快递箱、快递服务站等快递末端服务设施。如有违反，直接责任人员将会面临最高 3 000 元的罚款，快递企业面临的罚款达 3 万元。各省市不断出台相关规定，明确"配送到家"方案。国家邮政局：末端服务是"到门"和"到人"的最后一环。在市场需求与国家政策的双重引导下，国内独角兽企业杭州一秒达科技有限公司打造的国内首家社区万物到家智能服务平台——"一秒到家"应时而生，率先打响快递配送到家革命第一枪、开启万亿到家服务新入口！基于"一秒到家"平台和智能收纳魔盒，"一秒到家"完美破解送货上门难题。用户在"一秒到家"App 下单，系统将取件码同步至专职社区管家，社区管家从快递驿站/快递柜取出快递，送到用户家的魔盒保管，业主到家取出即可。有了"一秒到家"，快递员不用挨个快递送到家，用户不论何时回家快递已到家，快递滞留、丢失、到家等问题迎刃而解。"一秒到家"历经数年潜心研发，推出拥有多项专利的自研设备："一秒到家"智能收纳魔盒。小体积，大容量：不用时，仅门锁大小；使用时，打开的魔袋可容纳多个包裹。无须等待，一键开箱：用户、授权的快递员、社区管家、家人均可通过手机便捷操作使用设备。魔盒为用户带来安全、便捷、省心、省力的快递到家服务，深受用户喜爱。

"一秒到家"，始于快递，却不止于快递。近年来，中国社会老龄化越发明显，"80、90、00"后"懒宅族"越发壮大，这部分人群希望足不出户，就能获取方方面面的到家服务：收寄包裹、买菜买烟、遛猫遛狗、照顾宠物、代扔垃圾、衣服干洗、家庭快修等。2016—2021 年，中国到家业务市场规模从 1 700 多亿元增加至 20 800 多亿元，年复合增长率达 64%，成为增长最快的行业之一。"一秒到家"，聚焦社区配送最后 100 m，以"免费送包裹上门"快速切入社区，低成本高效率获取社区精准需求，为社区用户提供一站式到家服务，真正做到"一键下单，万物到家"：快递包裹、水果生鲜、日用百货、团购订单、家政服务等。共赢才能长久，"一秒到家"的商业模式符合各方利益，真正实现"多方共赢"。

（1）对于业主：省时、省力、安全，一键解决在家所有上门需求。

（2）对于快递企业：大大弥补末端派送能力，降低投诉率。

（3）对于电商平台：显著提高末端服务质量，提升平台优势。

（4）对于社区商户：带来多元化经营收入，增加特色服务。

（5）对于物业：大幅提高物业服务质量及口碑，与业主关系更融洽。

"一秒到家"，"一秒达"有限公司历经 4 年重磅推出。

2018 年，"一秒达"率先提出快递企业联合共配理念，打通各家快递公司数据接口，孵化超 300 个联合共配分拣中心，大大提升行业运营效率。"一秒达"直接参与全国快递驿站、快递柜布局，联合菜鸟及各家快递公司打造末端驿站 11 万家、快递柜 20 万个。

2020 年，"一秒达"联合各大平台公司挖掘用户需求、以社区为核心，打造到家业务新模式，"一秒到家"平台上线。

发展至今，"一秒达"以社区为核心场景，解决社区配送"最后100 m"难题，致力于打造国内领先的万物到家智能服务平台。

家庭是幸福的港湾，"一秒到家"是幸福的链接点。

（资料来源：https：//www.sohu.com/a/681781814_121613821?scm=1019.20001.0.0.0&spm=smpc.csrpage.news-list.1.1687614295365hxdQvrw.）

📚 分析解读

如果说过去的"懒"是为了节省时间，今天的"懒"则是要为了更加精致地享受美好时光，"质懒"成为一种新的生活方式。从消费升级以及追求效率生活的发展趋势来看，人们"变懒"已经成为一个不可逆转的趋势。通过数据也可以看出，追求便捷、品质的生活方式已经不仅是"Z世代"年轻人的专属，"懒人"用户群体还在向"90后"、80后甚至是70后和60后扩展。随着商业便捷性的完善以及生活服务的不断提高，"质懒经济"也将向着深度和广度继续延展。谁在末端疏通了堵点、消除了痛点、破解了难点，谁就提升了核心竞争力、谁就能赢得发展的主动权。

任务一　商业模式设计

现代管理学之父——彼得·德鲁克指出，今天企业之间的竞争：已经不是产品和服务之间的竞争，而是商业模式之间的竞争！商业模式已经成为挂在创业者和风险投资者嘴边的一个名词。绝大多数的人确信，有了一个好的商业模式，成功就有了一半的保证。那么，到底什么是商业模式？为什么它那么至关重要呢？

商业模式是一个比较新的名词。尽管它第一次出现在20世纪50年代，但直到20世纪90年代才开始被广泛使用和传播。今天，虽然这一名词出现的频率极高，关于它的定义仍然没有一个权威的版本。玛格丽塔在《什么是管理》一书中指出：商业模式就是一个企业如何赚钱的故事。与所有经典故事一样，商业模式的有效设计和运行需要有人物、场景、动机、地点和情节。为了使商业模式的情节令人信服，人物必须被准确安排，人物的动机必须清晰，最重要的是，这些情节必须充分展示新产品或服务是如何为顾客带来实惠和便利的，同时又是如何为企业创造利润的。

商业模式具有"点石成金"的功能。例如，3个人拿同样的1两银子做生意，第一个人买来草绳做草鞋，赚了1钱银子；第二个人看到春天来临，买了纸和竹子做风筝，赚了10两银子；第三个人看到人参资源将慢慢枯竭，于是买了很多人参种子，走到人迹罕至

的深山播下，7 年后收获上好的野山参，收获了 30 万两银子。

从这个例子中我们可以看出：人们付出同样的时间和精力，但是收获不同的利润。第一个人做的是衣食住行的生意，这是必需的需求，总会有市场，每个人都可以做，因此收获一分利，如同现在很多人靠产品与规模取胜。第二个人做的是吃喝玩乐的生意，跟随的是潮流，目标客户范围扩大百倍，而收获十分利，靠眼光取胜。第三个人看到的是未来的商机，敢做而善忍，最终创造了数百乃至于数千的生意，靠的是成功的商业模式取胜。由此，我们可以看出商业模式的重要性。

一、何谓商业模式

（一）商业模式的内涵——实现持续竞争的途径

清华大学雷家骕教授概括出的商业模式定义：一个企业如何利用自身资源，在一个特定的包含物流、信息流和资金流的商业流程中，将最终的商品和服务提供给客户，并收回投资获取利润的解决方案。简单地讲，商业模式就是企业的动态盈利战略组合。

企业商业模式的设计是指结合对企业商业模式本质的认识，在对企业内部组织特征、行业竞争结构进行深入分析的基础上，对商业模式结构体系进行设计，对商业模式进行维度界定并形成系统的过程。通过对设计要素和设计维度的分析，为新创商业模式或既有商业模式的转型提供依据，从而避免在模式设计和后期实施过程中，因为模式构成要素和主要维度的缺失而导致企业经营的失败。较为通俗的定义：商业模式就是描述企业如何通过运作来实现其生存和发展的"故事"。

商业模式是一个综合性概念，企业商业模式是一个复杂的商业系统，其中包含着一系列的要素和构建机制。企业商业模式以盈利和企业的可持续发展为目的。尽管如此，商业模式并非仅仅指单纯的盈利模式。商业模式将价值创造与价值获取有机地结合起来，形成价值发生和获取两种机制在企业内部的平衡。

商业模式设计是一个动态变化的过程。一方面，随着企业的发展与壮大，企业在管理、竞争等方面的能力在逐步提升，也会进一步促进企业改进升级商业模式；另一方面，企业所处的外界环境也在不断发生变化，外界条件的动态变化会给企业经营带来不确定因素，为此企业的商业模式也不会一成不变，而需要根据外界环境的变化、客户需求的变动做相应的调整。

（二）商业模式的要素——关乎企业的成败

商业模式的内容十分广泛，我们常常听到的电子商务模式、B2B 模式、B2C 模式、广告收益模式、佣金模式、社区模式等都是常见的商业模式，而无论哪种商业模式，通常都包含以下 8 个方面的要素。

◄» **拓展案例 1**

　　微信是腾讯公司于 2011 年 1 月 21 日推出的一个为智能终端提供即时通信服务的免费应用程序。微信支持跨通信运营商、跨操作系统平台通过网络快速发送免费（需消耗少量网络流量）语音短信、视频、图片和文字，同时，也可以使用通过共享流媒体内容的资料和基于位置的社交插件"摇一摇""漂流瓶""朋友圈""公众平台""语音记事本"等服务插件。微信提供公众平台、朋友圈、消息推送等功能，用户可以通过"摇一摇""搜索号码""附近的人"、扫二维码方式添加好友和关注公众平台，同时微信将内容分享给好友及将用户看到的精彩内容分享到微信朋友圈。2016 年，微信注册用户量已达到 9.27 亿。

　　（资料来源：蔡金明.创业基础［M］.长春：东北师范大学出版社，2018.）

　　微信为什么能成功？我们来分析一下它的成功要素：

　　商业模式有顾客、价值和利润 3 个核心要素。一个好的商业模式必须回答以下 3 个基本问题：

　　（1）企业的顾客在哪里？

　　（2）企业能为顾客提供怎样的（独特的）价值和服务？

　　（3）企业如何以合理的价格为顾客提供这些价值并从中获得企业的合理利润？

1. 目标群体（客户）

　　目标群体（客户）就是谁付你钱，即公司所瞄准的消费者群体。这些群体具有某些共性，从而使公司能够（针对这些共性）创造价值。微信的目标客户就是所有手机用户，就是移动终端的需求。价值创造是商业模式设计与创新的出发点，也就是针对目标顾客的需求和困扰，企业借助自身资源禀赋，有时还需要整合外部资源，设计一种有效的解决方案（产品或服务）即先创造顾客价值，然后才能创造企业价值。在这个问题上，企业家应该关注自己所提供的产品和服务与目标顾客的需求和痛点之间的匹配度，保证自己所提供的价值主张正是目标客户所需要的。

2. 价值主张

　　价值主张就是给客户什么好处，即公司通过其产品和服务所能向消费者提供的价值，价值主张确认了公司对消费者的实用意义。价值主张要素见表 6-1。

表 6-1　价值主张要素

要素	解释
新颖	产品或服务满足客户从未感受和体验过的全新需求
性能	改善产品和服务性能是传统意义上创造价值的普遍方法
定制化	以满足客户细分群体的特定需求来创造价值
把事情做好	可通过帮助客户将某些事情做好而简单地创造价值

续表

要素	解释
设计	产品因优秀的设计脱颖而出
品牌/身份地位	客户可以通过使用和显示某一特定品牌而发现价值
价格	以更低的价格提供同质化的价值，以满足价格敏感客户细分群体
成本	帮助客户削减成本是创造价值的重要方法
风险抑制	帮助客户抑制风险也可以创造客户价值
可达性	把产品和服务提供给以前接触不到的客户
便利性/可用性	使事情更方便或易于使用可以创造可观的价值

微信能够为客户做些什么呢？

第一，时间碎片需求，如等公交车时有时间碎片，上洗手间时有时间碎片，等电梯时有时间碎片等，我们每天会有很多的时间碎片，这些碎片时间往往很无聊。微信的出现能把这些无聊的时间变得有趣、变得有意义、变得有价值，充分地将时间碎片利用起来，这就是时间碎片的处理需求。

第二，沟通需求，在微信中，我们既可以视频聊天，又可以发语音，还可以发文字、图片，满足了多元化沟通的需求。

第三，信息分享需求，我们去登山，回到家写日记描述登山的感受，或者将写的文章投稿。再如，我们去一趟美国回来，召集一帮朋友一起喝酒，聊一聊在美国的趣事，可以是分享工作，可以是分享生活，可以是分享有趣味的事情，也可以是分享生命哲学观念等，现在通过微信就可以快速便捷地实现了。

第四，节约成本需求，用手机打视频电话比较贵，但是用微信打视频电话就只需流量费用了。用手机发一条短信要一毛钱，但是用微信发信息基本不花钱。

第五，业务需求，打车、给手机充值、办理信用卡还款、购物消费等，都能通过微信来完成。

这不仅需要考虑企业的价值主张与目标客户需求之间的匹配度，还需要考虑企业自身的资源和能力对价值主张的支撑性。也就是需要企业家审视自身所具备的资源与能力是否足够支撑所许诺的价值主张。

忽视该问题所导致的创业失败例子也有很多。许多创业者往往会沉醉于自己所设计价值主张的"精妙"和"有效"之上，却对自身资源能力的支撑性视而不见。当然，目前商业实践进入所谓的价值共创时代，许多竞争不再是"你"和"我"之间的竞争，而是"你们"与"我们"之间的较量。在此背景下，许多企业非常重视自身商业模式的开放性，纷纷设计相应的机制，构建价值网，有效整合企业内外部资源，共同为顾客提供有效的解决方案。

3. 分销渠道

分销渠道就是如何让客户掏钱，即公司用来接触消费者的各种途径，公司如何开拓市场，它涉及公司的市场和分销策略。微信现在已经有好几亿用户，短短几年时间为什么会增速这么快？很简单，它的资源打通了。不管是手机通信录的好友，还是QQ好友，都可以加为微信好友。很多人不会玩微博，也不会玩BBS，但一般会玩微信，因为手机里面有通信录，操作起来很简单。在微信中，一般都是我们认识、熟悉、了解的人。微信把朋友的朋友、亲人的亲人、同学的同学、同事的同事给整合了，是一种倍数推荐的关系。分销渠道的类型及功能见表6-2。

表6-2 分销渠道的类型及功能

渠道类型			渠道功能				
自有渠道	销售队伍	直接渠道	1. 认知	2. 评估	3. 购买	4. 传递	5. 售后
	在线销售		我们如何在客户中提升公司产品和服务认知	我们如何帮助客户评估公司价值主张	我们如何协助客户购买特定产品和服务	我们如何把价值主张传递给客户	我们如何提供售后支持
	自有店铺	非直接渠道					
渠道合作伙伴	合作伙伴店铺						
	批发商						

4. 价值配置

价值配置就是你要如何做，即资源和活动的配置。微信的商业模式特点是圈子是封闭的，微信是一个由熟人关系链构建而成的朋友圈。相对来说，朋友圈是封闭式的，比较安全。这跟微博是不同的，微博是开放式的圈子。信息是开放的，如你发了一条信息，有100人转发，甚至更多人转发，这些转发的是你的朋友或朋友的朋友。更重要的一点，微信是一个自媒体平台。你的生活方式也好，你的工作内容也好，你在做任何事情也好，或者说你要做任何商业推广也好，微信都可以做到一网打尽。我们过去一条一条地发短信，一个一个地打电话，现在只要在微信中发一条信息，朋友圈中的好友都会迅速接收到。

既然商业价值往往需要由多个利益相关者一起创造，那么，主导企业应该设计有效价值分配方案，体现"参与约束"和"激励相容"原则，让各利益相关者都能够从所设计的商业模式中得到好处。"只有这样，你所设计的商业模式才能众人拾柴火焰高"。

建立在信息不对称甚至欺骗基础上的商业模式是不会长久的。随着博弈次数的增加和新兴技术的普及，不少信息在各利益相关者之间的不对称程度会日益降低。只有那些为顾客、利益相关者和企业自身真切创造价值的商业模式是可持续的。

5. 关键资源

关键资源就是明确自己缺少什么资源，即公司执行其商业模式所需的能力和资源。其具体类型见表6-3。

表6-3 关键资源类型

关键资源	解释
实体资产	包括生产设施、不动产、系统、产品、服务、销售网点和分销网络等
知识资产	包括品牌、专有知识、专利和版权、合作关系和客户数据库

续表

关键资源	解释
人力资源	在知识密集型产业和创意型产业中，人力资源至关重要
金融资产	金融资源或财务担保，如现金、信贷额度或股票期权池

6. 合作伙伴

合作伙伴就是谁能帮助你，即公司同其他公司之间为有效地提供商业价值并实现商业化而形成的合作关系。具体包括以下几种关系：在非竞争者之间的战略联盟关系；在竞争者之间的战略合作关系；为开发新业务而构建的合资关系；为确保可靠供应的购买方——供应商关系。

中国南航引进微信提供服务，可以订机票、退机票、办理登机等；招商银行用微信提供会员服务；《潇湘晨报》用微信发一些重要的咨询，这些都是微信的合作伙伴。

7. 成本结构

成本结构可以反映产品的生产特点，从各个费用所占比例看，有的大量耗费人工，有的大量耗用材料，有的大量耗费动力，有的大量占用设备引起折旧费用上升等。成本结构在最大限度上还受技术发展、生产类型和生产规模的影响。分析产品的成本结构，目的就是寻找可以进一步降低成本的途径。

8. 收入模型

就是你有多少种赚钱方式，即公司通过各种收入流来创造财富的途径，通常有 7 种类型，见表 6-4。

表 6-4　收入来源类型

收入来源	解释
资产销售	销售实体产品的所有权
使用收费	通过特定的服务收费
订阅收费	销售重复使用的服务
租赁收费	暂时性排他使用权的授权
授权收费	知识产权授权使用
经济收费	提供中介服务收取佣金
广告收费	提供广告宣传服务收入

微信的盈利模式包括以下 4 种：

第一，免费模式，互联网最成功的盈利模式是什么？就是免费模式。QQ 不收钱，微信也不收钱。为什么 QQ 和微信不收钱呢？因为不收钱有利于找到更多客户。产品很好，又不用花钱，当然有很多人愿意用。

第二，分利模式，所有嫁接在微信平台上的商业交易，腾讯要不要从中挣钱？要，你嫁接我的平台，你多挣一点，我少挣一点。比如腾讯可以把自己的几亿客户重复地给那些嫁接它平台的人使用——可以是卖冰箱的，可以是卖电视机的，可以是卖课程的，可以是卖家具的，可以是卖生活用品的。不管你卖什么，你只要在它的平台上卖，它就要分利。

第三，关联产品模式，你用微信，腾讯不挣你的钱，但是它可以在里面推它的游戏。所以微信的某个版本一开通，进入页面推荐经典飞机大战，就掀起全民"打飞机"热潮。它还推出了天天星连萌、天天爱消除、节奏大师、天天跑酷、欢乐斗地主等游戏，很多玩家都主动花钱买欢乐豆。

第四，小额收费模式，微信可以跟运营商合作，收一点点流量费或套餐费。微信也可以跟商家或企业合作，收取小额费用。

对于经理人来说，他们拥有了一系列全新的方式来规划自己的企业，在每个行业都产生了许多新型的商业模式。以前，因为所有公司的商业模式都大同小异，只要确定一个行业就知道自己该干什么。但是今天，仅仅选择一个有利可图的行业是不够的，你需要设计一个具有竞争力的商业模式。此外，日益激烈的竞争和成功商业模式的快速复制，迫使所有公司必须不断地进行商业模式创新，以获得持续的竞争优势。作为一个公司，必须深入了解公司的商业模式和组成商业元素的不同元素之间的关系，才能在自己的商业模式被复制前重新审视并再次创新。每一种新的商业模式的出现，都意味着一种创新、一个新的商业机会的出现，谁能率先把握住这种商业机遇，谁就能在商业竞争中先拔得头筹。

（三）商业模式的特征

1. 成功的商业模式要提供独特的价值

成功的商业模式要有鲜明的特色，特色在一定意义上说，就是商业价值，就是市场占有率。因为，独特性是能够向客户提供新的功能，提供新的价值，提供价格低而价值高的独特产品或服务。有时候这个独特的价值可能是新的思想；而更多的时候，它往往是产品和服务独特性的组合。这种组合要么可以向客户提供额外的价值，要么使客户能用更低的价格获得同样的利益，或者用同样的价格获得更多的利益。

◀)) 拓展案例 2

成立于 2002 年 6 月的如家酒店连锁公司，由首旅和携程共同投资组建，是一家主业经营经济型酒店的上市公司，现在已覆盖全国 30 多个省、自治区、直辖市的 100 多座主要城市，拥有连锁酒店 700 多家，形成了领先业内的最大的连锁酒店网络体系。如家早在 2000 年就发现，普通大众客群对住宿的要求通常只是满足最核心的需求 3C，即方便（Convenience）、舒适（Comfortable）、干净（Clean），在保证 3C 需求，保留了星级酒店客房设施水平的基础上，如家简化了一些附加功能，通过统一品牌、连锁经营来降低成本，让性价比达到优化的同时，还通过品牌化、标准化和连锁化，固定住了消费者的消费黏性，由此构建了一种基于塔基市场的"如家模式"。国内酒店业虽然发展迅速，但酒店的档次结构不合理：一方面是高星级酒店林立、设施豪华、价格

很高；另一方面，大部分小型旅馆、招待所都是单体店经营，设施和管理陈旧，没有任何品牌规模，在此情况下，如家独辟蹊径将自己定位于既有巨大发展潜力，又不存在强劲竞争对手的中低端经济型酒店市场，其具体理念是，倡导"适度生活，自然自在"，致力于为普通的商务、公务和休闲旅行客人提供"干净、温馨"的酒店产品，同时最大限度地满足现代中国人讲实惠、求时尚的消费新需求。

（资料来源：蔡金明.创业基础［M］.长春：东北师范大学出版社，2018.）

2. 商业模式是难以模仿的

不可被模仿是成功的商业模式的核心特征。易于被他人模仿的商业模式，极易失去独特的领先优势，从而丧失可持续发展的优势，因为迅速跟进的追随者很快就会使创业企业的盈利能力大大下降。因此，难以模仿的商业模式意味着企业的经营模式是可持续的。创业者可以通过有效的手段在一定时间内维持企业的成长速度，而不用太早陷入行业竞争的漩涡。难以模仿的关键在于两个方面：一方面，创业企业的商业模式要充分发挥先行者的优势，让后进入者的获利可能降至最低，这样后进入的追随者对模仿现有的商业模式的兴趣就不会很大；另一方面，为了实现难以模仿的商业模式，创业者必须注重细节。只有执行到位，注重每一个细节，这一特定的商业模式才是竞争对手难以模仿的。当然，如果有可能，创业者必须运用知识产权进行自我保护以防止被模仿。

◄) 拓展案例3

有人说麦当劳是快餐管理盈利模式。有一天，麦当劳之父雷·克罗克到哈佛商学院讲课，他问学生："我们是做什么的？"同学们说："做快餐的。"他说："错了，我们是做房地产的。如果仅做快餐麦当劳早就倒闭了。当然，是把租房与快餐和特许经营结合在一起的。"麦当劳开店铺前，首先精心考察店址，租期20年，租金不变，然后吸引加盟商，把店铺租给加盟商，并向每个加盟商收取20%的租金，以后根据地产增值情况逐渐递增。所以，他认为麦当劳赚的是地产的钱，而不是快餐店的钱。因此，麦当劳的商业模式认定为快餐特许经营（地产增值）模式。其真正的盈利源于特许经营房地产的增值带来的租金差。其全面、独特、难以模仿的品牌效应带来了巨大的商业价值。

（资料来源：蔡金明.创业基础［M］.长春：东北师范大学出版社，2018.）

3. 成功的商业模式是脚踏实地的

企业要做到量入为出、收支平衡。这个看似不言自明的道理，要想年复一年、日复一日地做到，却并不容易。现实当中的很多企业，不管是传统企业还是新型企业，对于自己的钱从何处赚来，为什么客户看中自己企业的产品和服务，乃至有多少客户实际上不能为企业带来利润反而在侵蚀企业的收入等关键问题，都不甚了解。

◀)) 拓展案例 4

很多人都知道，美国电影院线的主要盈利来源（而非收入来源）是在影院出售的食品（冰激凌、爆米花等零食甚至影院餐厅提供的正餐）。人们到电影院来的真正目的不是看电影，而是在闲暇时间最大限度地放松身心。电影观众的这种需求并不是一下子就能发现的，而是从观众看电影时携带零食，甚至先在影院附近的餐厅吃完饭再来看电影等现象中逐渐被识别的。发现这样的需求后，经营影院的人要问的是：我能不能以可控的成本（以观众愿意接受的价格来衡量）提供这样的产品和服务？答案非常明确而令人乐观：接触客户的成本几乎为零，而且产品和服务的渠道具有排他性。客户不可能中途出去吃饭或购买零食，观众爱在这个时候吃冰激凌和爆米花，但很容易化掉的冰激凌、凉了就不好吃的爆米花不大可能从外面携带进来。如果提供这类的产品，就意味着影院拥有了一个其他产品不可能进入的销售渠道，而渠道的排他性意味着这些产品可以以相当高的价格出售，从而获得相当可观的利润。各影院之间可以通过电影的票价展开竞争，竞争的加剧意味着票价出现货品化趋势（以略高于甚至低于成本价出售），但销售冰激凌和爆米花的产品渠道的排他性（其他的影院不可能到这里来卖这些产品）可以有效屏蔽货品化。

（资料来源：蔡金明.创业基础［M］.长春：东北师范大学出版社，2018）

独特性、难以模仿性、实际性，这 3 个基本属性构成了商业模式的基本属性特征。对于成功的商业模式来说，这 3 个属性之间的关系类似通常意义上的木桶效应，任何一个层面存在短板都会对商业模式造成重大伤害。因此，创业者在准备创业的时候，尤其需要警惕那些在其他层面特别突出，但是在某一个层面上存在缺憾的商业模式。

(四) 商业模式的类型

常见的企业商业模式的类型见表 6-5。

表 6-5　企业商业模式的类型

序号	类型	特征	案例
1	平台模式	通过搭建一个合理化的平台，吸引相关人群来经营发展，保证稳定的业务增长和持续发展的动力	淘宝网、QQ
2	网络模式	通过构建密集完整的网络体系，最大限度地占有市场份额，保持对市场的控制度，并整合市场中尽可能多的资源	家乐福、沃尔玛
3	开门模式	前期的销售或服务可能是低价，甚至零价格销售，是后续销售的铺垫，以培养客户的消费习惯和购买忠诚度为目标，使客户的购买行为变成一种长期的重复性行为	360
4	金字塔模式	根据客户的不同特点，对客户群进行细分，提供不同类型、不同层次的产品，以达到最大程度覆盖市场的效果	迪斯尼、宝洁

常见的商业盈利模式如下。

1.B2B 电子商务模式

B2B 电子商务模式的代表是阿里巴巴。阿里巴巴被誉为全球最大的网上贸易市场，不仅推动了中国商业信用的建立，还为广大的中小企业在激烈的国际竞争中带来更多的可能性。阿里巴巴汇聚了大量的市场供求信息，同时通过增值服务为会员提供了市场服务。

2. 娱乐经济新模式

娱乐经济新模式的代表是湖南卫视"超级女声"。这类选秀娱乐经济模式构筑了独特的价值链条和品牌内涵。从 2004 年开始，超级女声通过全国海选的方式吸引能歌善舞、渴望创新的女孩子参赛，突破了原有电视节目单纯依靠收视率和广告盈利的商业模式，植入了网络投票、短信、声讯台电话投票等多个盈利点，并整合了大量媒体资源。到如今的青春有你、创造营等都是在原来模式上的创新。

3. 新直销模式

新直销模式的代表是玫琳凯。多层次人力直销网络是直销模式的根基，这张庞大的销售网上的每一个节点——每一个直销员，都具备经销商和消费者的双重身份。与面向终端消费者、以产品消费价值招徕顾客的常规企业不同，这种销售是面向小型投资主体——个人与家庭，招募他们为经销商，加入直销大军。

4. 国美模式

国美模式的代表是国美电器。家电在中国是成长性较好的商品之一，低价连锁的销售模式深得消费者的青睐。国美电器依靠资金的高周转率，以惊人的速度扩张，国美电器在多个城市拥有几百家直营门店。国美电器的扩张速度是世界知名的家电连锁巨擘百思买公司的 4 倍，利润主要来自供应商的返利和通道费。

5.C2C 电子商务模式

C2C 电子商务模式的代表是淘宝。淘宝以连续数年免费的模式，将最大的竞争对手置于被动地位，并吸引了众多网上交易的爱好者到淘宝开店。淘宝网还打造了国内先进的网上支付平台"支付宝"，其实质是以支付宝为信用中介，在买家确认收到商品前，由支付宝替买卖双方暂时保管货款的一种增值服务。

6. 分众模式

分众模式的代表是分众传媒。其商业价值源于让等电梯的写字楼白领观看液晶屏广告，给广告主提供准确投递广告的新媒体。IZO 企业电视台有效地结合了网络、电视、视频通话技术，是架构在企业网站上的媒体广告方式。它能够在企业网站上将宣传片等内容透过视频窗口在线播放，让企业可以轻松通过声音、影像及文字随时随地享受与世界互动互通。网民通过搜索引擎寻找到企业网站，并观看企业电视、了解企业文化、产品介绍等资讯，受众完全是自主选择的，不带有任何强制性的，这样的主动寻求而非被动接受使受众更易产生兴趣及购买欲望。

7. 虚拟经济模式

代表：戴尔。戴尔公司是全球重要的计算机供应商。它没有生产工厂，也不制造计算机零件。只是利用互联网等渠道了解顾客需要什么样的计算机，然后找到相应组件的厂商，买回组件进行组装。戴尔公司虽然没有建立大型的制造系统，却通过虚拟经营，选择技术上和质量上处于领先地位的、地理位置合适的供应商，将其纳入自己的经营系统。

8. 经济型连锁酒店模式

经济型连锁酒店模式的代表是如家酒店。如家未必是中国经济型酒店的"第一人"，却是迅速地将连锁业态的模式运用于经济型酒店的革命者。由于快速地加盟、复制、扩张，如家酒店及时地占据了区位优势，在众多的同行业竞争者中率先赢得华尔街的青睐，于 2006 年 10 月 26 日成功在纳斯达克上市。

9. 网络游戏模式

网络游戏模式的代表是盛大。盛大独自开创了在线游戏的商业模式。在 2005 年 12 月，盛大主动宣布转变商业模式，将自己创造的按时间收费的点卡收费模式，改为实施道具增值服务的计费模式。盛大希望以一种有效的运转模式发现和满足用户需求，延长游戏的生命期，并为公司的互动娱乐战略提供更持久的现金流。

10. 网络搜索模式

网络搜索模式的代表是百度。搜索引擎已经彻底改变了人们的生活方式，其中竞价排名是搜索最主要的收入来源。百度的收入对竞价排名的依赖程度很高，实质类似做广告，即客户通过购买关键词搜索排名来推广自己的网页，并按点击量进行付费。由于网页左右两边都包含有竞价排名的结果，搜索者很难清晰地辨别哪些搜索结果是付费的。

二、商业模式的设计——思路决定出路，布局决定格局

（一）商业模式的演变历程

商业的兴旺是社会发展的象征，在商业交流伴随着人类社会发展的 3 000 多年的漫长时间里，商业本身的模式也在时空中被雕琢打磨，或缓慢或激越，在时代的牵引下变化着不同的形态，那是一场场时空中的革命。

1. 店铺模式

我们都不会忘记，曾经在放学后风一般地跑进学校旁边的小卖部，买一包瓜子或者薯片，有时在路边买一捧甜滋滋的棉花糖一路吃回家。我们曾在街边的服装店里淘到过便宜又好看的外单尾单，在楼下的小吃店吃过油条、馅饼、炸麻球，也在离家 10 m 开外的五金店买过螺钉。街边店铺带来过便利与实惠，也带来过对东奔西走的抱怨。具体来说，就是在具有潜在消费者群的地方开设店铺并展示其产品和服务。

2. "饵与钩"模式

随着时代的进步，商业模式也变得越来越精巧。"饵与钩"模式，也称为"剃刀与刀片"模式，或是"搭售"模式，出现在 20 世纪早期。在这种模式里，基本产品的售价极低，通常处于亏损状态，而与之相关的消耗品或是服务的价格则十分高。如剃须刀（饵）

和刀片（钩）、手机（饵）和通话时间（钩）、打印机（饵）和墨盒（钩）、相机（饵）和照片（钩）等。这个模式还有一个有趣的变形，软件开发者免费发放他们的文本阅读器，但是其文本编辑器的定价高达几百美元。

◀)) **拓展案例 5**

在 20 世纪 50 年代施乐公司得到了"静电复印技术"，施乐公司预见到这种复印机极大的价值和远大的发展前景，但是该技术的市场化有个严重的问题。当时盛行的复印技术是"光影湿法"和"热干法"，普通复印机的售价是每台 300 美元，施乐公司发明的这种复印机光生产成本就高达 2 000 美元，而其配件成本与竞争对手相比又没有任何的优势，那么在这种情况下如何将静电复印机渗入市场呢？施乐公司并没有放弃这一技术，而是采取了一种新的商业模式，克服了成本高昂的障碍。这种新的商业模式不是传统的出售，而是向消费者提供租赁服务，每个月只需要支付 95 美元，如果每个月复印数量超过 2 000 张，多出的部分每张再收取 4 美分的复印费，这是非常有诱惑力的，因为当时的复印机每天只有不到 20 张的复印量，90% 以上的复印机每个月的复印量少于 100 张。当施乐公司的静电复印机安装到办公室，因为其复印质量高，而且使用非常方便，用户每天的复印量就超过了 2 000 张。除了月租费，超额的复印数量也为施乐公司带来了滚滚利润，使施乐公司每年保持了 40% 的增长，在短短的十几年，施乐公司从一个小公司变成了年收入几十亿美元的跨国大公司，成为世界 500 强之一。

（资料来源：蔡金明.创业基础［M］.长春：东北师范大学出版社，2018.）

3. 硬件 + 软件模式

苹果以其独到的 iPod+iTunes 商业模式创新，将硬件制造和软件开发进行结合，以软件使用增加用户对硬件使用的黏性，并以独到的 iOS 系统在手机端承载这些软件，此时消费者在硬件升级时不得不考虑软件使用习惯的因素。

4. 其他模式

在 20 世纪 50 年代，新的商业模式是由麦当劳和丰田汽车创造的；20 世纪 60 年代的创新者则是沃尔玛和混合式超市 HyPermarkets（是指超市和仓储式销售合二为一的超级商场）；到了 20 世纪 70 年代，新的商业模式则出现在 FedEx 快递和 ToysRUS 玩具商店的经营里；20 世纪 80 年代是 Blockbuster、Home Depot、Intel 和戴尔；20 世纪 90 年代则是西南航空、Netflix、eBay、亚马逊和星巴克咖啡。而没有经过深思熟虑的商业模式是许多网络公司的一个严重问题。

5. 互联网商业模式

互联网商业模式就是指以互联网为媒介，整合传统商业类型，连接各种商业渠道，具有高创新、高价值、高盈利、高风险的全新商业运作和组织构架模式，包括传统的移动互联网商业模式和新型互联网商业模式。随着工业经济时代演进到互联网时代，商业模式发生了极大的改变。在互联网的不确定性下，以往的商业模式被颠覆，传统意义上可依托的壁垒被打破，任何的经验主义都显得苍白无力。黑莓、诺基亚、东芝、摩托罗拉等多家国外著名传统电子厂商被兼并、倒闭的消息接踵而至，而苹果公司成为世界上市值最高的公司。中国的小米公司成立 4 年市值已超百亿美元。无数例子说明，互联网时代的商业模式，需要让消费者参与生产和价值创造，让厂商与消费者连接，厂商与消费者共创价值、分享价值。这样才能够既享有来自厂商供应面的规模经济与范围经济的好处，又享有来自消费者需求面的规模经济与范围经济的好处。

互联网的特质驱动了新商业模式的发展。互联网带来了厂商组织环境的模糊与"混沌"，使厂商的经营处于一种边界模糊、难分内外的环境中。正如管理学家 Tom J. Peters 所认为的："混沌将导致一场革命——一场必要的革命，向我们自以为熟知的关于管理的一切知识提出挑战"。互联网的模糊让传统的产业分工、以往成功的商业模式变得毫无意义。互联网时代环境的不确定性，使厂商的商业模式具有高度的随机性和不固定性，厂商已经没有坚固的壁垒可以依托和支撑，只能求新求变，一切成功的模式在互联网时代都很难持续。互联网推动去中心化，这不仅相对于中心化媒体，甚至与早期的门户和搜索互联网时代相比，如今的互联网已经从少数人建设或机器组织内容然后大众分享转变为共建共享。自媒体使得互联网的中心原子化，信息发生自传播。微信、人人、微博等更加适合大众参与的服务出现，信息由大众产生、大众参与、大众共有，使得互联网内容的来源更加多元化。互联网时代的商业模式具有极强的不可复制性，没有一模一样的东西，也没有完全相同的商业模式。

◄)) 拓展案例 6

10 年的风雨和起落，把一个曾经充满浮躁的互联网产业敲打得更加务实。10 年间，互联网悄然改变了我们的生活模式、经营模式、资本模式，其对经济和社会各个方面的影响力远远超出了我们原来的预期。亚马逊商业模式的一个核心因素在于顾客中心。设计以顾客为中心的选书系统，亚马逊网站可以帮助读者在几秒钟内从大量的图书库中找到自己感兴趣的图书。建立了顾客电子邮箱数据库，公司可以通过跟踪读者的选择，记录下他们关注的图书，新书出版时，就可以立刻通知他们。建立顾客服务部，从 2000 年早期开始，亚马逊雇用了数以百计的全职顾客服务代表，处理大量的顾客电话和电子邮件，服务代表的工作听起来十分单调，比如，处理顾客抱怨投递太慢，顾客修改订单，询问订购情况，甚至是问一些网络订购的基本问题。正是这些看似不起眼的服务工作，使亚马逊网站在历次零售网站顾客满意度评比中名列第一。亚马逊研究顾客购书习惯，发现读者无论是否购买图书，都喜欢翻阅图书内容。因此，为了满足读者浏览某些图书内容的需求，亚马逊网上书店独创了"浏览部分图书内容"（"Look Inside the Book"）服务项目，从而吸引了大量读者上网阅读。目前，亚马逊网上书店已经不

只限于销售图书，它销售的商品包括服饰、电子产品、计算机、软件、厨房用品、家居器皿、照相机、办公用品、儿童用品、玩具、旅游服务和户外用品等。另外，企业和个人可以通过亚马逊的网站，销售新的或者二手商品，以及自己的收藏品。亚马逊可以收取固定的费用、销售佣金，以及对特别商品按件收费。2003 年 9 月亚马逊联合 L.A. Clippers Elton Brand 和体育用品商推出了体育用品商店，经销 3 000 多种畅销品牌，覆盖了 50 多种体育项目，同时，支持各地的青少年体育俱乐部开展活动。

每一次商业模式的革新都能给公司带来一定时间内的竞争优势。但是随着时间的改变，公司必须不断地重新思考它的商业设计。随着消费者的价值取向从一个工业转移到另一个工业，公司必须不断改变它们的商业模式。一个公司的成功与否，最终取决于它的商业设计是否符合消费者的优先需求。

（资料来源：蔡金明.创业基础［M］.长春：东北师范大学出版社，2018.）

（二）商业模式的设计思路

1. 眼观六路，耳听八方——客户需求研究

一个商业模式能否持续盈利，是与该模式能否使客户价值最大化有必然联系的。一个不能满足客户价值的商业模式，即使盈利也一定是暂时的、偶然的，是不具有持续性的。反之，一个能使客户价值最大化的商业模式，即使暂时不盈利，终究也会走向盈利。

首先，企业必须明确为哪部分人群服务，锁定一个相对狭窄的市场，进行市场调研和客户消费心理研究，把有限的资源用在刀刃上。其次，企业要花时间去研究这部分目标客户目前存在什么问题。最后，我们必须把客户需求分层，是重要而且迫切、重要但不迫切、迫切但不重要还是既不重要也不迫切。如果能把握住客户既重要又迫切的需求，就容易成功。

企业还需考虑的是客户的购买动机，通常来说，温饱型客户最关心经济因素（价格），小康型客户最关心功能（实用价值），而富裕型客户最关心心理因素（面子）。因此，小众化群体所处的社会阶层会影响他们对各种解决方案的价值评估。有了初步的产品创新设想后，企业必须与目标客户沟通，检验自己的想法是否有实际意义。同时，还必须了解客户是否愿意支付一定的代价来消费这个产品，他们的切换成本有多高，这是市场调研时最容易忽视的一点。

如何给客户提供独到的价值呢？

企业可以从 4 个方面考虑：第一，你强化了什么要素？即那些比现有解决方案更好的方面。第二，你弱化了什么要素？即把那些客户并不在意的、费力不讨好的东西尽量减少，或降低标准。第三，你去掉了什么要素？即把那些客户用不到的功能去掉。第四，你创新了什么要素？即那些独创的方面。

◀)) **拓展案例 7**

58 同城是中国的一家提供免费分类信息服务的网络公司，由姚劲波于 2005 年创立，于 2013 年在纽交所上市，总部位于北京。其服务覆盖生活各个领域，提供房屋租售、餐饮娱乐、招聘求职等多种生活信息，曾入选"中国互联网 INTERNET 100"的品牌 50 强、北京创新企业 30 强等荣誉。2021 年 1 月 21 日，荣登《2020 胡润品牌榜》寻找最具价值中国品牌，排名第 152 位。

每年毕业季，作为一个国民招聘的大平台，58 同城每年都会在毕业季的时候为年轻人们打开求职大门，通过举办超职季活动，聚拢全国各地千万家有招聘需求的企业，打造一场招聘盛宴——58 同城超职季。

近年来，58 同城运用技术力量，将信息服务从城市延伸到农村，再造一个 58 同城——58 同镇，连接乡镇信息，构建本地、免费、真实、高效的信息服务平台。集招聘求职、房屋买卖、车辆交易、本地交友等便民服务于一体，58 同镇将优质高效信息服务送入农村千家万户，成为农民工作生活的好帮手。58 同镇帮助农民了解农产品产销信息，打破供需信息不对称的现状，提高农产品避险能力，让农民获得更多收入。58 同镇还增设"寻人寻物"公益板块，帮助各地普通群众第一时间精准寻人、寻物，增加寻回机会。以科技创新赋能"三农"事业，58 同镇助力乡村经济腾飞和人文生态提升，不断满足农民日益增长的美好生活需要。

随着整体消费环境的升级，消费者对服务品质、标准要求越来越高，58 同城顺应趋势推出到家精选，提供搬家、保洁、保姆月嫂、家电维修等 15 大品类服务，并建立了统一的服务标准和价格标准，满足消费者多元化的品质生活需求，深受消费者青睐。

可以看到，在生活服务领域深耕多年的 58 同城，传统优势领域正在升级，新孵化的领域也在迅猛增长，而多线业务之间的协同效应也将让 58 同城焕发出更大的活力。

（资料来源：https：//mp.weixin.qq.com/s?__biz=MzUxNzEyNjAzMA==&mid=2247491886&idx=2&sn=92edb2cc7221235c2fe2d26776001e48&chksm=f99e43cfcee9cad985d31429fcf47f72f74c4f7ec9634ec51b3f6affb10daa2b5c1b40794873&cur_album_id=2335891810306654210&scene=190#rd.）

2. 知己知彼，百战不殆——竞争对手研究

首先必须找出你的竞争者，然后要像了解你自己一样了解你的竞争者。他们的产品和你的有什么异同？目前他们的市场份额如何？他们都有哪些营销策略？要清楚哪些人正在与你做着同样的事情，掌握和分析他们的信息，才可以找到自己的生存空间。

除了向成功的企业家学习之外，绝对以顾客的利益和市场需求为行动指南。如果你比竞争者想得更周到，做得更完美，你一直致力于做顾客的"贴心人"，那你就可以战胜你的竞争对手，取得出类拔萃、与众不同的成绩。

至少要找出 10 位和你具有相同客户群体的竞争对手，他们就是和你同分一块市场蛋

糕的对手，或者说你要从他们的手里抢过更多的蛋糕，你的企业才会有立足之地，你要分析对手，才可以战胜对手。

◀》拓展案例 8

瑞幸咖啡（中国）有限公司成立于 2018 年 3 月 28 日，总部位于厦门，是中国门店数量最多的连锁咖啡品牌之一。瑞幸咖啡以"创造幸运时刻，激发美好生活热望"为使命，充分利用移动互联网和大数据技术的新零售模式，与各领域优质供应商深度合作，打造高品质的消费体验，为顾客创造幸运时刻。瑞幸咖啡仅用了 18 个月就在美国纳斯达克证券交易所上市，创下了史上最快在美国上市的中概股企业的记录。过去说到咖啡人们只知道星巴克，但瑞幸在被星巴克垄断的咖啡帝国撬开一道口子，它是如何做到的呢？

1. 企业定位创新

相比星巴克高昂的价格，瑞幸咖啡基于互联网思维选择走低价、高性价比的路线，重点把握中低端消费群体，价格亲民，并且发放补贴吸引顾客消费，占领了低价市场份额，而其亲民的价格也俘获了广大消费者的心。

瑞幸咖啡还提供了外卖、自提、堂食多种方式，打造了"无限消费场景"，将瑞幸咖啡的消费场景延伸到了多重空间场景。

具有创新性的企业定位和价格路线是瑞幸咖啡取胜的关键。

2. 业务模式创新

瑞幸咖啡的门店都没设置收银台，所有交易都是通过小程序或者 App 完成，利用"App+ 支付"模式重组业务活动，精简了线下实体店业务。这不仅使门店运营非常的简洁、高效，还使店面可以小型化，这就意味着它的店面可以开到任何一个小角落，能够无限贴近生活，还能节省开店成本，吸引加盟商。

瑞幸咖啡通过小程序或者 App 与客户进行交互，不仅可以通过提示客户预计取餐时间，减少客人等待时间，加强客户体验感，还能够借助数据技术和人工智能技术搜集客户消费行为的数据，了解客户的消费习惯，并利用数据驱动产品的升级和迭代。也有助于实施精准营销、精准开店和智能管理。

3. 数字化技术助力商业模式创新

瑞幸咖啡董事长兼 CEO 郭谨一曾说："技术优势，是瑞幸区别于一般传统餐饮企业的最重要优势之一。"

在产品研发方面，瑞幸咖啡坚持从数据出发，通过数据分析客户口味偏好。在进行研发时，他们会将各种原料和口味数字化，量化追踪饮品的流行趋势。通过数据分析，得出无数种产品组合，并能帮助查看饮品市场的空白，助力爆款饮品的打造。

在门店管理方面，瑞幸咖啡利用技术赋能，利用数据支撑门店选址，并用智慧方式运营门店，通过大数据算法做好库存和采购管理，对门店设备进行物联网管理，这些新型技术极大地降低了门店管理的难度，让门店运营变得非常简单。

除了上述 3 个方面的创新，瑞幸咖啡在社交媒体营销和代言人选择方面也做得非常出色。

（资料来源：https：//mp.weixin.qq.com/s?__biz=MzUxNzEyNjAzMA==&mid=2247494758&idx=1&sn=1bc93f04872f686a6b5c7e73e49e87d6&chksm=f99e4e87cee9c79114627fcfb267e091b45c04370272d02fdd82e8281aa8b46ea51cb383667c&mpshare=1&scene=23&srcid=0407IRgcYnol654PT8PBKMSn&sharer_sharetime=1680843167524&sharer_shareid=970595e1cca0a5d09682ee78827fd0b5#rd.）

3. 取长补短，相辅相成——寻找最佳模式

商业模式的设计有 3 条途径：一是借鉴国外已经成功的商业模式；二是借鉴国外的成功模式，并根据中国国情和行业特征加以改进和创新；三是自己发明一套商业模式，根据市场调研的结果及寻找到的产品创新的源泉，用全新的思维去改变目前市场上的游戏规则，甚至颠覆行业多年来形成的游戏规则。企业要根据自身实力与行业竞争状况，选择适合自己的商业模式设计方法。任何模式都应以顾客的需求、市场策略和经营特色为中心，在调查中寻找最佳的商业模式。

（1）核心战略：核心战略是商业模式设计需要考虑的第一要素。核心战略描述了企业如何与竞争对手进行竞争，主要包括企业使命、产品/市场定位、差异化基础等基本要素。企业使命表达了企业优先考虑的事项及衡量企业绩效的标准，描述了企业为什么存在及其商业模式预期实现的目标。产品和市场定位的思考是明确企业所集中专注的产品和市场范围。企业内外价值增加的活动可分为基本活动和辅助活动。基本活动涉及企业生产、营销、原料储运、成品储运、售后服务；辅助活动涉及人事、财务、计划、研究与开发、组织制度等。基本活动和辅助活动构成了企业价值链。要使企业有特色，就要有一个不同的、为客户精心设计的价值链。生产、营销和物流必须和对手不同，否则只能在运营效率上进行同质化的竞争。

（2）战略资源：战略资源是指企业拥有的核心能力和关键资产，既是企业实现目标的后盾，也是差异化竞争优势建立的基础。核心能力是新创企业创造产品或市场独特的技术或能力，是企业战胜竞争对手的优势来源。它对顾客的可感知利益有巨大贡献，并且难以模仿。核心能力一般具有独特性、顾客价值、难以模仿、可向新机会转移的特征。企业的核心能力在短期和长期都很重要。短期内，正是核心能力使得企业能够将自己差异化，并创造独特价值；从长期来看，通过核心能力获得成长及在互补性市场上建立优势地位也很重要。大量的事实表明，企业在一个或两个业务上做好，比在许多业务上保持平均水平要好很多。因此，新创企业应着力发展核心能力，将精力集中于核心业务，集中于产品或服务价值链中更小的环节，并成为所服务市场的专家。同样是开餐馆，高档餐厅与连锁快餐店的核心能力肯定是不同的。高档餐厅以环境、菜品单价和质量等取胜，连锁快餐追求标

准化和快速复制化。关键资产是企业拥有的稀缺、有价值的事物，包括工厂和设备、位置、品牌、专利、顾客数据信息、高素质员工和独特的合作关系。作为新企业，应该注重如何创新性地构建这些资产，为顾客创造更高的价值。

（3）价值网络整合：价值网络整合是指从开放协同和价值分享的理念出发，以超越自身的视野，以产业效率提升和价值优化的思维，通过实现企业在资源、产业、价值链以及价值网等层面的整合进行全面的价值创新，从而实现和寻找企业商业模式的思维路径。在实践中，不管是大企业还是小企业，在投资立项时，大多数企业会选择以某一个产业里的单一业务作为基本投资对象。实际上，企业是否要专注于某一个业务并不重要，关键在于能否通过商业模式的创新，将企业所拥有的资源发挥出最大的效用，反过来，任何一个企业有着不同的资源，它们要想将这部分资源的价值最大化，常常需要考虑两方面：一方面，突破产业边界，引进不同的业务组合，因为所有的资源要在各自特定的业务上才能发挥相对更大的价值和作用；另一方面，构建不同业务之间的相辅相成的逻辑，将平凡的业务构建成业务之间能够相互关联的业务组合，最终也能实现不平凡的业绩。当然，商业模式应兼顾产业链上下游的盈利模式，只有产业链的上下游全部都盈利，才是一个好的商业模式，这就是商业模式不同于其他方式的一个很重要的标志，它不但要考虑自己的盈利，还要考虑上下游的盈利。

🔊 拓展案例 9

打败可口可乐

可口可乐是美国梦的代表，我们中国也希望能打败可口可乐。过去好几年涌现了许多可乐企业，如非常可乐、纷煌可乐等。但总体来说没有一个做得很成功。然而，在可口可乐本土美国，有一家以色列公司 Soda Stream 把可口可乐打得很难受。这家企业是这样做的：弄来一台机器，旁边有个水瓶，还有苏打粉。当需要做汽水的时候，按一个按钮，苏打粉就会和水发生化学反应变成汽水。每个人喝汽水的口味都不同，有的喜欢柠檬味，有的喜欢草莓味。这台机器里还有浓缩液，能够根据个人的需求个性化定制，调成不同的味道。这家公司做得很成功，后来在美国纳斯达克上市了。

这家公司抢了可口可乐不少份额，可口可乐已经开始关注它了。后来这家公司还做了一个广告，在一面墙上放了许多瓶瓶罐罐，而在另一面放着它一台机器。广告词写着：一个家庭 5 年时间，需要消耗 1 万多个瓶瓶罐罐。如果是个环保人士，看着这则广告就会想要买台机器取代瓶子，而不是消耗那么多瓶瓶罐罐污染环境。

后来可口可乐开始研究这则广告，试图找些疏漏。最终可口可乐的人发现，广告上把可口可乐的商标露了出来，这就构成了侵权，属于不正当竞争。于是可口可乐就起诉这家公司，结果这家公司竟然还股票大涨。这是因为小企业原本是在小范围出名，可口可乐这样的大公司一起诉，就成了大家茶余饭后的话题。后来大家试用了产品，觉得还不错，就更加出名了。可口可乐只好不起诉了，改成私下收购，然而这家公司不接受收购。这个消息一经传出，公司的名气更大了，股票又是大涨。

这个案例给我们的启示：

（1）中国各种饮料（如凉茶）都做得不错，但是唯独可乐做不起来。这是因为中国做的可乐在与可口可乐竞争时，使用的都是一样的商业模式。一样的商业模式，意味着接触的都是同样的利益相关方。当你还是小企业，用大公司最熟悉、最擅长的套路来竞争是很难取胜的。

（2）以色列公司 Soda Stream 用的是与可口可乐不同的商业模式。当它卖了它的机器后，它还能够持续卖苏打粉、浓缩液等耗材。当它的商业模式不同，意味着接触的利益相关方都与可口可乐不同。原先可口可乐在电视上、渠道上所积累的优势，面对这家小企业，优势也就不存在了。因为可口可乐的优势是基于自己的商业模式所形成的。当两者的商业模式不同时，优势就无效化了。这也是通过商业模式设计可以达到的效果。

（3）这种商业模式在可乐这个行业，称得上创新，但是放宽到整个商业范围，这种技术在咖啡行业比比皆是。这是跨界打击，把其他行业做得非常好的方式应用到本行业。所以，在研究商业模式时，不妨多看看外面的世界，多借鉴其他行业，多尝试跨界，将竞争对手优势无效化。

（资料来源：https：//live.fatiao.pro/article/369594.shtml.）

4. 勇于创新，独占鳌头——品牌策略模式

有些创业者对什么是商业模式都没有搞懂，以为商业模式就是赚钱方法。他们不知道一个商业模式的核心是产品，本质是通过产品为用户创造价值。商业模式还包括定位、寻找需求最强烈的用户群，用聪明的推广方法接触这些用户，在接触过程中不断把产品打磨好，等有了巨大的用户基础，就一定能赚到钱。但是，如果急于赚钱，对不起，运气好的话可能赚点小钱，运气不好就直接完蛋。其实，商业模式不是赚钱模式，它至少包含4方面内容：产品模式、用户模式、推广模式和收入模式（怎么去赚钱）。简而言之，商业模式是你能提供一个什么样的产品，给什么样的用户创造什么样的价值，在创造用户价值的过程中，用什么样的方法获得商业价值。首先是产品模式，也就是你提供了一个什么样的产品。真正能在互联网里做大的公司，都是产品驱动型的公司，所有的商业模式都要建立在产品模式的基础之上。没有了产品和对用户的思考，公司不可能做大，走不了多远。所以，你提供的产品是什么？能为用户创造什么样的价值？你的产品解决了哪一类用户的什么问题？你的产品能不能把贵的变成便宜的，甚至是免费的？能不能把复杂的变成简单的？我认为，这是任何一个创业者在回答商业模式的时候，首先要去考虑的问题。

🔊 **拓展案例 10**

新中式茶饮——茶颜悦色

茶颜悦色成立于2013年，总部位于长沙，是中国区域性茶饮品牌的代表，也是新

中式鲜茶的原创者，秉承中茶西做，健康饮品的发展理念，坚持为广大消费者提供高品质、内涵丰富的茶饮。如今，茶颜悦色凭借其高颜值的现代中国风装修风格、始终如一的中国风品牌形象表达及优质美味的产品，获得了广大消费者的高度认可。也以其具备的地域特点，成为长沙的城市名片。

1. 选择市场空白，首创中式茶饮

近年来，奶茶品牌层出不穷，奶茶市场趋于饱和，竞争也异常激烈，奶茶品牌之间的趋同现象严重。大部分奶茶品牌在风格、产品、装潢方面相似，让消费者越来越感到审美疲劳。茶颜悦色则另辟蹊径，有意与市场上现有产品进行区分，寻找市场空白，选择了饮品界中国风市场的空白深耕。首创以中国风为主题的新中式鲜茶店。茶颜悦色的爆火又借着两股东风，一边是沉睡了 4 700 年的东方茶文化，一边是国潮文化的兴起，使它瞬间变得"亮眼"起来。双重文化资源加持，新中式茶饮顺势而生。

2. 扎根长沙本地，善用营销策略

为了保证产品质量、客户体验和维护品牌形象，茶颜悦色暂未开放加盟，目前所有门店都是直营店，开店区域由长沙逐步拓展至常德、武汉和无锡。比起其他积极吸引加盟商、全国遍地开花的奶茶品牌，茶颜悦色反其道而行，吊足了消费者胃口，稳扎稳打扎根长沙，反而把地域局限转化为自身的特色，化劣势为优势。甚至吸引了不少专为茶颜悦色而来的外地游客，在促进自身品牌发展的同时还带动了长沙旅游业的发展。从本质上看，茶颜悦色扎根长沙的行为是利用了现做奶茶难以跨区域流动的特点，进行的区域性饥饿营销。

这一策略既在一定程度上让长沙本地消费者产生优越感，赢得了本地消费者对茶颜悦色的好感。门店的高度密集化，也让茶颜悦色成为长沙市民喝奶茶的日常化选择。而对于外地消费者来说，茶颜悦色独特的主题风格、优质的产品和口碑，极大程度上激起了消费者的好奇心和购买欲望。

3. 中国风视觉力，塑造文创品牌

在品牌视觉系统打造上，茶颜悦色始终聚焦在"中国风"的主题。

在品牌 Logo 设计上，茶颜悦色使用了 3 个中国经典元素：仕女、团扇和八角窗，展现着中国传统文化的典雅，营造出一种女为悦己者容的唯美意境；同时，茶颜悦色还花重金买下了故宫名画的版权用来作为奶茶杯子上的中式插图，蕴含着各式各样的历史典故、风景名胜。产品包装设计上别出心裁。

在店铺装潢方面，采用了深色的砖墙和木质楼梯、桌椅，墙上的装饰也采用具有典雅的古风字画和挂饰、吊灯；除此之外，茶颜悦色还推出了许多颇具创意的文创周边产品，如杯子、茶叶、明信片、帆布袋等。这些产品可以直接花钱购买，也可以通过购买奶茶所获得的积点进行兑换，积点兑换的行为可以增加顾客对产品价值和性价比的感知。这些文创产品也能增加品牌的内容度，使品牌形象越发饱满和深入人心。

在遍地开花的饮品行业，茶颜悦色能够独树一帜，找准市场定位，在激烈的市场竞争中取得一席之地，靠的就是差异化的产品策略，以及对产品的精心打磨和品牌形象的营造和对营销策略的善用。只有严格把控产品质量，不断推陈出新，完善服务，扎扎实实地走好每一步，才能够长盛不衰。

（资料来源：https：//mp.weixin.qq.com/s?__biz=MzUxNzEyNjAzMA==&mid=2247494341&idx=3&sn=dcfeff89ae01fc1822596c8a1cbf8afb&chksm=f99e4824cee9c132f864c0dc7dedae5070d8d4f178c6a33b1b366921c124c70c390acd1f5f75&mpshare=1&scene=23&srcid=0407kiQzoE5oJnj8rn5Iq0Lf&sharer_sharetime=1680870133804&sharer_shareid=970595e1cca0a5d09682ee78827fd0b5#rd.）

（三）商业模式创新与技术创新

从企业经营利润来衡量，商业模式创新比技术创新显得更加重要。

在很多传统行业，激烈竞争导致日益降低的利润，已经使众多企业纷纷开始寻找新的出路，而到底是技术创新重要，还是商业模式创新重要，在实际范围内都存在很大争议。

在技术不再是稀缺资源的前提下，尤其是在拼成本和拼规模的行业，商业模式的创新，很多时候显然比技术创新更为重要。

其根本原因在于中国拥有一个庞大而低端的消费市场，而且这个市场在绝对意义上说，远远没有饱和，无数商品还没有被寻常消费者享受到，商业并没有得到更广泛的普及。而在短期内，国民的收入不会发生大的变化，这也导致对高端消费的抑制，这个时候，发现新的需求，并且创造出新的需求模式，显得尤其重要。

成功者总是令人羡慕。但是，成功不能复制，成功往往是最不可学的。在2005年的"西湖论剑"时，很多人对阿里巴巴获得雅虎投资表示羡慕，几年之前，阿里巴巴不过是一个婴儿，如今，阿里巴巴通过构建庞大的电子商务帝国，获得了中国电子商务领域的绝大部分市场份额，天猫、支付宝、淘宝等平台获得了巨大的商业成功，很难说这些平台是借助于独特的技术或者平台，这些成功大多来自商业模式的成功，以及超前的商业战略布局。

当年大家都做互联网的时候，只有搜狐、新浪等少数门户网站赚了大钱；等到大家都去做门户网站的时候，互联网却遭遇寒冬，反而是做B2B和B2C的阿里巴巴赚钱了，做即时通信的腾讯赚了钱；等大家都去做电子商务和即时通信的时候，没有想到陈天桥，做游戏就发财了。那些发财的人，都是走的与他人不同的道路。

新的商业模式不仅表现在IT行业，在其他的各个领域，也出现了新的商业模式，如家改变传统酒店模式，以连锁和简化酒店功能的新型商业模式，获得了商务人士的广泛推崇；分众传媒，"发现"了楼宇广告，并且开创了户外媒介传播的新方式；百度开创了中

文搜索引擎，创造了一个巨大的关键词竞价市场。

发现新的需求，并且对各种商业元素进行融合，将导致商业模式的普遍改变。同时，新的商业模式的出现，很大程度上在于未来的不可预知。那些具有异常商业嗅觉的人，才能够把握商机，迅速崛起，这就是为什么新的商业模式往往由新势力创造，而非相近领域的传统强大势力所创造的原因。在日益激烈的竞争中，新的商业模式也会层出不穷，而这也正是商业社会的魅力所在。

三、案例实战

盒马鲜生的商业模式

盒马鲜生的创始人侯毅说："盒马还真的像河马——体型庞大，但温和亲民。盒马鲜生采用庞大体系加互联网的方式亲民。"看上去笨拙的河马，飞快地成长起来。

1. 盒马模式的灵魂：精准定位

第一，目标消费群的定位越是精准，越能吸引目标顾客。盒马鲜生80%的消费者是80后、90后。他们是互联网的原住民，他们是在改革开放中成长起来的新一代消费者，他们更关注品质，对价格的敏感度不高。

第二，盒马鲜生是基于场景定位的，围绕"吃"这个场景来构建商品品类。而且盒马鲜生"吃"的商品品类构成远远超越其他超市卖场，所以在"吃"这个环节上，盒马鲜生一定能够给消费者满意的服务。盒马鲜生做了多种半成品和成品，以及通过加热就可以吃的商品，希望让"吃"这个品类的结构更加完善、丰富。

2. 盒马模式的核心：重新设计了一套消费价值观

商业的本质依然是不断满足顾客的消费需求。基于当前消费的需求特点，盒马鲜生重新设计了一套消费价值观。

第一，"新鲜每一刻"。新的生活方式就是买到的商品都是新鲜的，每天吃的商品都是新鲜的。消费者追求的是新鲜的生活方式，需要什么就买什么，盒马鲜生会快速地送到消费者家中，所以将来很可能就不需要冰箱了。盒马鲜生把所有的商品都做成小包装，今天买今天吃，一次用完、吃完，不同于以前的大批量、大包装。

第二，"所想即所得"。当你在上班，没有时间去买菜的时候，可以在盒马鲜生App下单，在下班途中也可以下单，商品会和你同步到家。线上和线下的高度融合为消费者提供了随时随地的便利购买。盒马鲜生提供的线上商品和线下商品是完全一致的，同一商品、同一品质、同一价格。"所想即所得"，让消费者的生活更加方便。

第三，一站式购物模式。利用互联网技术来扩大盒马鲜生的品类，盒马鲜生有门店，但面积、库存有限。它还扩建了绿色频道，来满足稀有商品的消费需求，顾客可以在盒马鲜生买到5 000元一条的野生黄鱼，这些高档食材在超市是买不到的；还会推出多种多样的预售商品，来引领和满足消费者的各种需求。盒马鲜生是围绕"吃"来定位的，满足顾客关于吃的问题，所以一站式服务具备巨大的商品竞争能力。

第四，让吃变得快乐，让做饭变成一种娱乐。盒马鲜生不断推出各种各样的活动吸引消费者参与，使 80 后、90 后消费者在家里每做一顿饭都能够分享和体现价值。所以盒马鲜生设置了大量的分享、DIY、交流等版块，让有关"吃"的这些事变得快乐，变成一种娱乐，与消费者就会产生很强的黏性。其实质就是要满足消费者对更高品质、更深层次、更广范围、更加个性化的消费追求，让人们生活得更加便捷、更加美好。

3. 盒马模式的关键：新零售模式改变了传统零售模式

第一，门店定位。传统精品超市、社区超市、便利店，以店的规模和人群的划分来定位。而盒马鲜生是围绕"吃"这个场景来构建商品品类的，在"吃"这个环节上，盒马鲜生能够给消费者更满意的服务。

第二，商品结构。盒马模式改变了传统超市、卖场的品类组合原则，使整体的品类组合更浅、更扁平化。盒马追求的目标是为顾客提供一种生活方式，以往在家庭完成的事情放到店里完成，为顾客提供的是可以直接食用的成品、半成品，因此，改变了传统超市的商品结构。这些品类也带来了巨大的毛利空间。

第三，餐饮与超市的融合。盒马鲜生颠覆了传统餐饮业、零售业，餐饮不单单是体验中心，更是流量中心，增强了消费者之间的黏性。餐饮就是盒马鲜生的加工中心，它可以提供更多的半成品、成品在网上销售。接下来，它会跟越来越多的餐饮企业合作，帮助盒马鲜生做半成品和成品在网上销售。

第四，超市功能＋餐饮功能＋物流功能＋企业与粉丝互动的运营功能。纵观盒马模式，它已经不是简单的超市模式，而是一个强大的复合功能体。特别是它基于经营顾客、粉丝互动建立的运营功能、物流功能、餐饮功能，已经颠覆了传统的零售模式。

第五，新的门店组织架构。盒马鲜生有餐饮副店长、物流副店长和线上运营副店长。从门店组织架构来讲，盒马鲜生是线上和线下的高度融合，其大部分销售来自线上。

第六，强大的物流功能。盒马鲜生最大的特点是快速配送，在门店附近 3～5 km 范围内，一般不超过 1 小时送达。使用盒马鲜生 App 购物，不能预约隔天送达，只能当天送达。快速送达，即时消费，如果是第二天才能送到，就不符合消费者的需求场景了。

从盒马的定位、商品结构来看，新零售不是颠覆传统零售，本质依然是顺应消费升级的需求，提升消费者的生活品质，这才是新零售变革的核心内容！

（资料来源：施永川. 大学生创业基础［M］. 2 版. 北京：高等教育出版社，2020.）

思考：

盒马鲜生的成功秘诀是什么？在商业模式上有哪些创新？

☀️ **创业提示**

大学生创业者要根据自己的产品和服务的定位来设计自己的盈利模式。盲目地抄

创新创业基础

袭商业模式，会因为各自企业所处的天时、地利、人和不同，而结果也大相径庭；学会有创新性地借鉴，能够设计出具有创新性和差异化的商业模式，才是企业盈利的保障。

❯ 任务实训

一、实训目的
认识商业模式的盈利模式。

二、实训内容
1. 依据商业模式画布，对小组项目进行商业模式的设计，鼓励学生大胆创新。

2. 将你设计的商业模式，按以下标准以小组互评的方式分别对设计的商业模式进行评估。

主营业务	模式名称	指标分值								模式点评
		独特价值	不可复制	可操作性	持续稳定	扩展延伸	整体协调	具盈利性	具创新性	总分	
		20	15	15	15	10	5	5	15	100	

3. 任选一个企业，分析其商业模式。

（1）目前的客户是谁、客户的偏好，以及偏好如何变化？

（2）企业如何获得利润？

（3）其商业模式的描述及价值实现路径是什么？

（4）描述他们的商业生态系统（构成、相关关系、谁是主导者）。

（5）对其商业模式进行价值评估，并对其模式进行评价。

240

任务二　创业计划书的撰写和项目路演

一、创业计划书概述

（一）创业计划书的含义

著名作家、演说家、企业家陈安之说："成功的五大步骤：明确目标、详细计划、立即行动、修正行动、坚持到底。"因此做任何事情只有预先计划才可能成功。创业计划书是公司、企业或项目单位为了达到招商融资和其他发展目标，在经过前期对项目科学地调研、分析、收集与整理有关资料的基础上，根据一定的格式和内容的具体要求而编辑整理的一个向投资者全面展示公司和项目目前状况、未来发展潜力的书面材料。

好的创业计划书往往被称为风险企业吸引风险投资的"敲门砖"或"金钥匙"。创业计划书是以书面的形式全面描述企业所从事的业务。它详尽地介绍了一个公司的产品服务、生产工艺、市场和客户、营销策略、人力资源、组织架构、对基础设施和供给的需求、融资需求，以及资源和资金的利用。创业计划书即商业模式的可行性报告，也是对自身所从事商业行为的说明书。

（二）撰写创业计划书的意义

1. 创业计划书的意义

创业计划书是创业者吸引投资家的创业资本的一份报告性文件。事实上，创业计划书对于任何形式出资的创业者都是需要的，因为，创业并不是只凭一时的冲动，而是理性的行为。因此，在创业前，做一个较为完善的计划是非常有意义的。

在创业融资之前，创业计划书首先应该是给创业者自己看的。可能许多创业者在刚开始投入一项事业中时凭借的仅仅是自己一腔的热情，然而当真正着手去做一些事情的时候，才会发现需要考虑的地方何止是一处两处，也许有一些创业者只是在自己的脑海里形成一副蓝图，但是如果未雨绸缪，就需要制定一份创业计划书，这样不容易偏离自己原先预定的方向。创业者应该以认真的态度对自己所有的资源、已知的市场情况和初步的竞争策略做尽可能详尽的分析，并提出一个初步的行动计划，通过创业计划书做到自己心中有数。

另外，对于正在寻求资金的创业者来说，创业计划书的好坏往往决定了融资的成败。现代招商融资没有创业计划书基本是不可能成功的，同样没有一个正规、完整的创业计划书也希望渺茫。一个很简单的原因：所有投资者首先面对的是创业计划书而不是项目。创

业计划书的起草与创业本身一样是一个复杂的系统工程，不但要对行业、市场进行充分的研究，还要有很好的文字功底。对于一个初创企业来说，专业的创业计划书既是寻找投资的必备材料，也是企业对自身的现状及未来发展战略全面思索和重新定位的过程。

2. 创业计划书的功能

（1）创业计划书可作为项目运作主体的沟通工具。

创业计划书必须着力体现企业（项目）的价值，有效吸引投资、信贷、员工、战略合作伙伴，包括政府在内的其他利益相关者。一份成熟的创业计划书不但能够描述出公司的成长历史，展现出公司未来的成长方向和愿景，还将量化出潜在的盈利能力。这都需要对自己公司有一个通盘的了解，对所有存在的问题都有所思考，对可能存在的隐患做好预案，并能够提出行之有效的工作计划。

（2）创业计划书可作为项目运作主体的计划工具。

创业计划书可引导公司走过发展的不同阶段，规划具有战略性、全局性、长期性。创业计划书能够帮助其跟踪、监督、反馈和度量业务流程。

一份有想法的创业计划书能帮助创业者认清挡路石，从而让其绕过它。很多创业者都与他们的雇员分享创业计划书，以便让团队更深刻地理解自己的业务到底走向何方。大公司也在利用创业计划，通过年度周期性地反复讨论和仔细推敲，最终确定组织未来的行动纲要和当年的行动计划，并让上级和下级的意志得到统一。

（3）创业计划书可作为项目运作的行动指导工具。

创业计划书内容涉及企业（项目）运作的方方面面，能够全程指导项目开展工作。当建立好公司的时间轴及里程碑，并在一个时间段后，就能衡量公司实际的路径与开始的计划有什么不同了。越来越多的公司都在开始利用年度周期性的计划工作，总结上一周期的成功与不足，以便调整集体的方向与步骤，并进而奖优罚劣，激励团队的成长。

二、创业计划书的撰写

（一）创业计划书的撰写原则

"凡谋之道，周密为宝。"这两句的大意：凡是谋划策略，制定作战方案等，都以周密详细为贵。临阵之时，筹划得越详细，越周密，越能减少失误，越有获胜的把握。

一份好的创业计划书的特点应是关注产品、敢于竞争、充分市场调研、有力资料说明、表明行动的方针、展示优秀团队、良好的财务预计、出色的计划概要等几点。在申请融资时，创业计划书是至关重要的一环，因此，创业计划书在撰写时应遵循以下几个原则。

1. 面向读者、直击主题

创业计划书的读者可能为企业内部（员工或股东）、投资者或其他外部利益相关者。在撰写时要开门见山地切入主题，用真实、简洁的语言描述你的想法，不要浪费时间去讲与主题无关的内容。

2. 通俗易懂、内容清晰

通过创业计划书表达出创业的背景、团队近期或中长期目标；描述清楚细分市场，如行业有多大的吸引力、竞争状况如何等。创业计划书应对创业的构想及盈利模式进行简洁、系统的描述，内容清晰，结构安排合理、完整。要把一个项目的要点讲清楚，尽可能多用图表，少用文字，不要使用过多的技术型数据、公式，应尽量通俗易懂，让听者能在最短的时间内明白你所要达到的目标。

3. 计划周密、凸显优势

创业计划书要了解各个部分的内在联系，在撰写创业计划书的时候要强调这种内在的逻辑，有理有据，水到渠成。尽可能按照如何实现营业循环和盈利来设计创业计划书，凸显自身优势，这样能够让创业计划书条理性更清楚。投资者往往会在创业计划书看了一半的时候，向你提问前面或后面的问题，甚至是你没有想到的新问题。如果没有成熟的思考脉络，很可能无言以对。

4. 数字准确、合理预测

创业计划书的制定是基于信息的收集、市场分析基础上的。市场销售是投资获利的基础，对此，创业者要充分考察市场的现实情况，广泛收集有关市场现有产品、现有竞争、潜在市场、潜在消费者等具体信息，使市场预测建立在扎实的调查、数据之上，否则后面的生产、财务、投资回报预测就都成了空中楼阁。为此，创业计划书中忌用含糊不清或无确实根据的陈述或结算表。另外，如果有大幅上涨的数据，亮出数据，有利于增加底气，提高双方兴奋度。

5. 协调统一、前后一致

许多创业计划书都拥有诱人的介绍、出色的市场策略和专业的财务分析，但是这一个个完美的篇章简单地连接在一起并不足以使之成为一份完美的创业计划书，根据计划书的侧重详略不同，保证其内容的完整性是应对后来答辩环节的必要条件。

创业的目的不仅是追求企业的发展，而且要有创造利润的可能，要突出经济效益。要保证协调统一、前后一致，运营计划完整陈列，涵盖创业经营的各项功能要素，前后基本假设或预估相互呼应，逻辑合理。

统一创业计划书的内容和规格。统一的要求包括内容和风格上的统一。首先是内容上的统一。创业计划书是为了告诉投资者项目为什么值得投资。每个项目的投资原因不一样，而这个原因就是计划书所有内容应该坚持的主题。要说服投资者，就必须注意永远不能偏离设定的主题。当主题确定以后，就应该根据论证主题的需要来收集并遴选材料和数据，出现在计划书的每一个图表、每一份报告和每一张证明都应该能够论证创业者希望投资者相信的结论。其次就是风格的统一。创业计划书在撰写时注意要整体风格需简洁、美观、传递信息明确。目录、实施概要、附录、图表、各部分内容的编排要求版式风格统一、美观整洁，颜色最好不超过3种（主色、搭配色、重点突出色）。文字内容不宜过多，搭配"图片＋图表"方式更能清晰地展示问题。其中图片需画质清晰、质量高。图表需制作精准，数据准确、易识别。

（二）创业计划书的主要内容

1. 摘要

创业计划书中的摘要十分重要，它必须能让投资者有兴趣并渴望得到更多的信息，它将给投资者留下长久的印象。摘要将是创业者所写的最后一部分内容，但是投资者首先要看的内容，它将从计划中摘录出与筹集资金最相干的细节，包括对公司内部的基本情况、公司的能力及局限性、公司的竞争对手、营销和财务战略、公司的管理队伍等情况的简明而生动的概括。如果公司是一本书，它就像是这本书的封面，做得好就可以把投资者吸引住。

2. 企业描述

将企业的历史、起源及组织形式做出介绍，并重点说明企业未来的主要目标（包括长期和短期），企业所提供产品和服务的知识产权及可行性，这些产品和服务所针对的市场及当前的销售额，企业当前的资金投入和准备进军的市场领域及管理团队与资源。如果企业处于初创期，现在也只有一个美妙的商业创意，那么，应重点介绍创业者的成长经历、求学过程，并突出其性格、兴趣爱好与特长，创业者的追求，独立创业的原因及创意如何产生。

3. 产品与服务介绍

创业者必须将自己的产品或服务创意向投资者展示出来，陈述产品和服务的独到之处，也应该指出保护性的措施和策略，主要包括产品的名称、特征及性能用途，产品的开发过程，产品的生命周期或开发进展，产品的市场前景和竞争力如何，产品的技术改进和更新换代计划及成本等。

4. 行业与市场分析

行业与市场分析主要对企业所在行业基本情况，企业的产品或服务的现有市场情况、未来市场前景进行分析，使投资者对产品或服务的市场销售状况有所了解。这是投资者关注的重点问题之一。

对于行业分析，应该回答如下问题：该行业发展程度如何？现在发展动态如何？该行业的总销售额有多少？总收入多少？发展趋势怎样？经济发展对该行业的影响程度如何？政府是如何影响该行业的？是什么因素决定它的发展？竞争的本质是什么？你采取什么样的战略？进入该行业的障碍是什么？你将如何克服？

对于目标市场来说，主要对产品的销售金额、增长率和产品或服务的总需求等做出有充分依据的判断。目标市场是企业的"经营之箭"将产品送达的目的地，而市场细分是对企业的定位，创业者应该细分各个目标市场，并且讨论到底想从他们那里取得多少销售总量收入、市场份额和利润。同时，估计产品真正具有的潜力。

风险投资者是不会因一个简单的数字就相信创业者计划的，创业者必须对可能影响需求、市场和策略的因素进一步分析，以使潜在的投资者能够判断公司目标的合理性，以及他们将相应承担的风险，一定要说创业者是如何得出结论的。目标市场的阐述，应说明市场对产品和服务的接受模式和程度，对投资者而言，要让他确信这个市场是巨大且不断增长的，主要应解决以下问题：你的细分市场是什么？你的目标顾客群是什么？你的 5 年生产计划、收入和利润多少？你拥有多大的市场？你的目标市场份额为多大？

5. 市场营销策略

市场营销，这是风险投资者十分关心的问题，市场营销策略应该说明以下问题：营销机构和营销队伍、营销渠道的选择和营销网络的建设、广告策略和促销策略、价格策略、市场渗透于开拓计划、市场营销中意外情况的应急对策。

在介绍市场营销策略时，创业者要讨论不同营销渠道的利弊，要明确哪些企业主管专门负责销售、主要适用哪些促销工具，以及促销目标的实现和具体经费的支出等。

6. 生产经营计划

生产经营计划主要阐述创业者的新产品的生产制造及经营过程。这一部分非常重要，风险投资者从这一部分要了解生产产品的原料如何采购、供应商的有关情况，劳动力和雇员的情况，生产资金的安排及厂房、土地等。内容要详细，细节要明确。这一部分是以后投资谈判中对投资项目进行估值时的重要依据，也是风险创业者所占股权的一个重要组成部分。

生产经营计划主要包括新产品的生产经营计划、公司现有的生产技术能力、品质控制和质量改进能力、现有的生产设备或者将要购置的生产设备、现有的生产工艺流程、生产产品的经济分析及生产过程等。

7. 管理团队

在风险投资者考察企业时，"人"是非常重要的因素。从某种意义上讲，风险创业者的创业能否成功，最终要取决于该企业是否拥有一个强有力的管理团队。这部分主要是向投资者展现企业管理团队的结构、管理水平和能力、职业道德与素质，使投资者了解管理团队的能力，增强投资信心。

这部分主要介绍管理团队、技术团队、营销团队的工作简历、取得的业绩，尤其是与目前从事工作有关的经历。另外，可以着重介绍企业目前的管理模式，如果无特色，也可以不介绍，或者归入劣势部分。

企业的管理人员应该是互补型的，而且要具有团队精神。一个企业必须具备负责产品设计与开发、市场营销、生产作业管理、企业理财等方面的专门人才。此外，在这部分创业计划书中，还应对公司的组织结构做简要介绍，包括公司的组织机构图；各部门的功能与责任；各部门的负责人及主要成员；公司的报酬体系等。总之，这一部分应让投资者认识到，创业者团队具有与众不同的凝聚力和团结战斗精神，管理团队人才济济且结构合理，在产品设计与开发、财务管理、市场营销等各方面均具有独当一面的能力，足以保证公司以后成长发展的需要。

8. 财务分析

财务分析资料是一个需要花费创业者相当多时间和精力来编写的部分。风险投资者将会期望从财务分析部分来判断创业者未来经营的财务损益状况，进而判断能否确保自己的投资获得预期的理想回报。这部分内容包括过去3年的现金流量表、资产负债表、损益表，以及年度的财务总结报告书。投资计划，需要提供预计的风险投资数额、风险企业未来的筹资资本结构如何安排、获取风险投资的抵押、担保条件、投资收益和再投资的安

排、风险投资者投资后双方股权的比例安排、投资资金的收支安排及财务报告编制、投资者介入公司经营管理的程度。

9. 附录

附录部分应附上关键人员的履历、职位，组织机构图表，预期市场信息，财务报表及创业计划书中陈述的其他数据资源等。

三、创业计划书的项目路演

项目路演就是创业者在讲台上向台下众多的投资者讲解自己的企业产品、发展规划、融资计划。它的好处在于可以同时让多个投资者很认真地倾听创业者的讲解和说明，同时还可以有一个思考和交流的过程。通常情况下，投资者每天看到的计划书和接触的项目很多，甚至有的投资者一天阅读上百份项目计划书，所以筛选项目往往只能凭借一些市场份额、盈利水平等硬性指标，很难了解项目的精彩之处，很多优质的企业都是因此而与投资擦肩而过。

项目路演就是可以让投资者在安静的环境里，在创业者声情并茂的展示下，真正读懂企业的项目，从而做出更为准确的判断。项目路演可分为线上项目路演及线下项目路演。

（一）项目路演前的准备

1. 明确展示的对象

在制定创业计划书时，千万不能一个计划走天下，不同的投资者，关注的领域和侧重点不同，制定的创业计划也需调整一下。如今的投资者可以大致分为两类：一类是侧重数据、分析和模式的投资公司，这种公司大多有外资背景，投资经理、投资总监等更加关注一个创业计划的标准是商业模式、市场规模、未来竞争中的潜力如何等；另一类是传统行业的企业家，他们如今在传统经济发展受阻的大背景下，很多人开始转向投资领域，面对这些传统领域的投资者，创业者的创业计划，一定要越简单越好，最好能简单到产品是什么、定价是多少、一年能卖多少、未来财务预测是怎样的等，他们更加关注短期现金流的数据。

2. 选择合适的陈述人

项目路演最好由创业者本人进行陈述，因为创业者本人作为项目的发起人对项目了解最为深刻。陈述人要清晰自己的演讲时间，并提前做好规划，严格控制时间，反复练习演讲。陈述人的着装也要得体，团队成员最好能够统一着装。另外，陈述人要想演讲生动有趣、充满激情，可介绍个人的经历，通过幽默的语言、手势和激昂的语调来显示热情。

3. 陈述准备

创业者应为项目路演做好准备，精心准备重要的材料，如商业计划书、专利及申请文件、陈述 PPT、产品实物或模型、视频资料等。

（二）项目路演的展示技巧

1. 创业计划书的展示媒介及展示 PPT 制作技巧

（1）创业计划书的展示媒介。我们经常可以看到网络上有很多教我们写创业计划书的文章，大部分标题是这样写的"轻松十页，搞定投资人""价值 10 亿美金的创业计划书是怎样的"。在展示创业计划书时，不要局限于格式。

创业计划书展示的形式很多，如 PPT 幻灯片格式、Word 文件格式、视频、实物展示等，基于每种形式的不同展示特点，常见的一般是需要提供两种版本：一种是完整版本（Word 格式）；另一种是摘要式版本（PPT 格式）。

创业计划书，一般详细版本的用 Word，有 20 ～ 40 页，对产品、市场、竞争等方面有详细的介绍。而现在比较流行的是 PPT 幻灯片版本，有 12 ～ 15 页，侧重核心是投资亮点、数据模型、表格等内容展示，另外，文不如图、图不如表、可用有力的数据说话。重要的是一般要求文稿长度在 8 分钟（说明时间）以内。

（2）创业计划书展示 PPT 制作技巧。如何图文并茂地将故事讲好，是最基础的包装，但是给投资者看，还是需要一件漂亮的外衣。投资者和创业者不同，创业者必须专注一个项目，但投资者只是相对专注某个领域。创业者要的是梦想的实现，投资者要的是投资回报。创业者需用最短的时间、最准确的语言描述一个最清晰的创业规划，这是创业者必须做好的事情。在制作 PPT 幻灯片展示文稿时，需要注意以下几点内容：

①概述。可以一句话方式的项目总结，作为标题。一句话的项目总结，一定要表达出创业者要做的事情到底能够给人们的工作或者生活方式带来什么改变？或者对某个行业的发展带来哪些改变？这部分内容包括产品或服务的简要介绍、演讲要点的简单介绍、这项商业活动带来的潜在收益（商业的、社会的及财务的）简要介绍。

②痛点分析。每一个行业都有自身的不足，指出行业中存在的痛点，并且提出行之有效的解决办法，尽可能地把目前市场上存在的问题说清楚，用客观事实，把问题阐释清楚，让投资人看到行业存在的问题以及你解决问题的能力。

③问题解决。本部分内容需要和前面指出的痛点对应，在讲述时要措辞有力而不含糊。说明问题的解决办法、展示你的解决方法与其他解决方案不同的独特之处，重点写的是亮点或是与众不同的地方，以及说明为了防止他人短期内抄袭你的方案设置了什么障碍等。

④机会和目标市场。描述目前市场规模、目前的经营者、潜在的商机及未来发展趋势等。最好能用图表展示目标市场的规模、预期销售额（最少 3 年）和预期市场份额，并且说明怎样达到你的销售额。

⑤技术。介绍你的产品（服务）涉及的技术或者独特之处时，语言简单易懂、最好使用图片或者数据进行相关描述，可以展示产品的样品，说明可能涉及的知识产权问题。

⑥市场和销售。说明你的产品（服务）定位和品牌策略；现在和未来 5 年内的营销策略，包括销售和促销的方式、销售通路和销售点的设置方式、产品定价策略、不同销售量水平下的定价方法，以及广告和销售计划的各项成本；还要说明顾客服务体系建制构想和顾客关系管理的运作方式等。

⑦竞争。详述你的直接、间接未来竞争者；通过竞争分析说明你与竞争对手相比的竞争优势；说明为什么你的竞争优势是持久的；如果你的退出策略是被某个实力更强的竞争对手收购，不妨在这里提出这种可能性。

⑧管理团队。介绍现有的管理团队，介绍他们的个人背景与专长，以及对这份事业的成功发挥了怎样的重要作用，介绍团队如何展示合作、说明管理团队现存的缺陷及你打算如何弥补。

⑨财务要求。介绍想要融资的渠道及资金的使用方式。资金使用方式的介绍要尽可能具体，尤其是资金筹得后预期能取得的重大进展。

⑩总结。介绍企业的最大优势、介绍创业团队的最大优势、介绍企业的退出战略。

2. 现场答辩与反馈

创业者要敏锐地预见投资者可能会提出什么问题，为此创业者就可以做好准备。答辩阶段是非常重要的，此时投资者往往考察创业者是否挖掘到问题的本质，以及对新创企业了解多少。答辩人要尽量做到语言流畅、层次清楚；内容丰富有条理，逻辑性强、用词恰当；语言表达和思路清晰，对问题的关键理解准确，解释具有说服力，应变能力强。答辩时要注意时间限制，不要几分钟就结束，或者在限定时间里完不成答辩任务。要有良好的心理素质，不要因为任何突发状况而慌乱，要自始至终地保持自信。团队成员要相互配合、相互协调，对创业计划的关键部分要条理清晰、逻辑严谨的表达清楚，做到简明扼要、准确无误。

❯ 任务实训

一、实训目的

掌握创业计划书的内容和撰写技巧；创业路演的技巧。

二、实训内容

请各小组派代表展示其创业计划书。预设展示对象为投资者、同行、意向人才等。其他同学可以进行质疑。

任务三　创业风险提示

一、创业风险释义

（一）创业风险认识

1. 风险的解读

"风险"一词的由来，最为普遍的一种说法是，在远古时期，以打鱼捕捞为生的渔民们，每次出海前都要祈祷，祈求神灵保佑自己能够平安归来，其中主要的祈祷内容就是让神灵保佑自己在出海时能够风平浪静、满载而归；他们在长期的捕捞实践中，深深地体会到"风"给他们带来的无法预测、无法确定的危险，他们认识到，在出海捕捞打鱼的生活中，"风"即意味着"险"，因此有了"风险"一词。

风险是指在某一特定环境下，在某一特定时间段内，某种损失发生的可能性。风险由风险因素、风险事故和风险损失等要素组成。换而言之，在某一个特定时间段里，人们所期望达到的目标与实际出现的结果之间产生的距离称为风险。

风险有两种定义：一种定义强调了风险表现为不确定性；另一种定义则强调风险表现为损失的不确定性。若风险表现为不确定性，说明风险产生的结果可能带来损失、获利或是无损失也无获利，属于广义风险，金融风险属于此类。而风险表现为损失的不确定性，说明风险只能表现出损失，没有从风险中获利的可能性，属于狭义风险。

2. 创业风险的内涵

创业风险是指在企业创业过程中存在的风险，由于创业环境的不确定性、创业机会与创业企业的复杂性，创业者、创业团队与创业投资者的能力与实力的有限性而导致创业活动偏离预期目标的可能性。

（二）洞悉创业风险的意义

1. 理性抉择

要创业就一定要在风险与收益之间进行抉择与权衡，不能为了收益而不顾风险的大小，也不能因害怕风险而失去了目标。在明确认识了风险之后，创业者就要认真地分析自己创业过程中可能会遇到哪些风险，这些可能的风险中哪些是可以控制的，哪些是不可控制的，哪些是需要极力避免的，哪些是致命的或不可管理的，再在风险与收益之间进行抉择与权衡。

2. 降低不确定性

良好的风险规避意识是大学生必须具备的创业能力之一，而创业能力是大学生在创业实践活动中的自我生存、自我发展能力。加强培养大学生创业能力，提高大学生防范和应对危机与风险的能力，是进行大学生创业教育的任务之一。增强大学生创业风险意识、金融危机意识、市场竞争意识，是促使大学生创业能力自觉提高的动力。风险意识的培养和提高需要使大学生学会调研、分析、捕捉市场信息与掌握市场新动态，包括宏观经济、微观经济、产业调整、消费结构等信息研究工作，市场是瞬息万变和残酷的，时刻都有风险，防范风险只能靠自己增强本领、预防和应对市场存在的各种风险。因此，创业能力与创业风险意识的提高对大学生创业成功极为重要。同时，增强大学生学习掌握经济法律基础知识，提高大学生的法律意识，运用法律手段维护自己创业的合法权益。

二、创业风险的来源

大学生创业，除要了解创业的优势和劣势，以及自身所要具备的基本能力之外，更要

知道创业存在的相关风险。在创业过程中可能会遇到风险，大学生需要知道，在这些风险中哪些是可以控制的，哪些是不可控制的，哪些是需要极力避免的，哪些是致命的或不可管理的，以及出现这些风险时，应该如何应对和化解。

（一）常见的创业风险

1. 项目选择风险

项目是整个创业过程的逻辑起点。创业项目的选择关系到企业未来的发展方向，甚至创业的最终成败。项目风险是指在实现创业目标的过程中，因为项目选择把握不清而带来的创业不确定性。受年龄阶段、知识储备等的限制，部分大学生在创业项目的选择上仅凭一时冲动和满腔热血就做出了创业项目的决定。也有不少学生是在功利心的驱使下，看到身边的同学创业成功之后，简单复制、模仿他人的创业范式，缺乏创意。这导致大学生在创业过程中对产品或服务的市场定位及内外部环境的判断等关键点上存在较大风险。

大学生创业者在创业初期一定要做好市场调研，在了解市场的基础上进行创业。一般来说，大学生创业者资金实力较弱，要选择启动资金不多、人手配备要求不高的项目，从小本经营做起比较适宜。

2. 创业技能风险

大学生从象牙塔走出来就开始创业，其间还未实现由学校人向社会人的完全转变，其年龄、阅历、心理等与有社会经验的人相比处于劣势，眼高手低是对当代大学生的综合评价。创业本身是一个复杂的系统工程，市场不会因为创业者是学生就网开一面。在单纯的校园环境中成长起来的大学生，面对社会和市场时，比有社会经验的人更容易迷失和迷茫，思考问题理想化，对困难估计不足。另外，大学生还缺乏创业必备的知识和能力，不了解创业的相关政策法规，也没有在相关企业的工作、实践经历，缺乏能力和经验。同时，这种缺乏不仅表现在职业技能、技术、管理等方面，还表现在人生阅历、心理承受能力等方面。所以，我国大学生创业成功的概率并不高，其技能不足是影响他们创业成功的主要因素。

3. 资金筹集风险

资金筹集风险在创业初期会一直伴随在创业者的左右。是否有足够的资金创办企业是创业者遇到的第一个问题。企业创办起来后，就必须考虑是否有足够的资金支持企业的日常运作。对于初创企业来说，如果连续几个月入不敷出或者因为其他原因导致企业的现金流中断，都会给企业带来极大的威胁。相当多的企业会在创办初期因资金紧缺而严重影响业务的拓展，甚至错失商机而不得不关门大吉。

对于创业者来说，资金越充实，信心就越强。一般来说，起步资金相当于给创业企业输血，而运营资金就相当于企业的造血。当然，我们不能简单地仅以自己的资金来衡量创业的风险。通常，如果一项创业计划失败，创始人可能会失去他们投入的资金。几乎没有例外，他们是最先损失的一批人。但除此之外，亲朋好友等支持者的资金也可能蒙受损失；更有甚者，供应商和银行也可能跟着赔钱，还有政府鼓励创业而投入的创业资金也可能跟着打了水漂。随之而来的就是员工被遣散，写字楼业主的房屋被闲置等。这些都会造成相当大的间接损害，而他们仅仅只是财务上的损失而已。

4. 社会资源匮乏风险

这里所说的资源风险主要是因社会资源匮乏而产生的风险。社会资源是企业及个人在社会上获得成功的重要因素之一，越是社会资源广泛，其获得成功的可能性就越大。企业作为社会企业类公民，需要与各方进行沟通和联系，如政府、社会团体、供应商、销售商等，企业的所有工作都需要调动足够多的社会资源。毫无疑问，初入社会的大学生的社会资源相对较少，尽管有教师和同学的帮助，在一些地方也有政府创业机构的支持，但这些帮助对大学生的创业尤其是企业的持续经营而言，可以说是杯水车薪。所以，当大学生走入社会实施创业时，在宣传广告、市场营销、工商税务等方面将会遇到很多挫折和困难。在面对这些困难时，大学生往往显得一筹莫展，并会为此耗费大量精力、物力及人力，之后又不得不怀着受挫的复杂心情离开。

5. 管理风险

一些大学生创业者虽然技术出类拔萃，但在理财、营销、沟通、管理方面的能力普遍不足。要想创业成功，大学生创业者必须技术、经营两手抓，可从合伙创业、家庭创业或从虚拟店铺开始，锻炼创业能力，也可以聘用职业经理人负责企业的日常运作。

创业失败者，基本上是管理方面出了问题，其中包括决策随意、信息不通、理念不清、患得患失、用人不当、忽视创新、急功近利、盲目跟风、意志薄弱等。特别是大学生知识单一、经验不足、资金实力和心理素质明显不足，更会增加在管理上的风险。

6. 同行竞争风险

寻找蓝海是创业的良好开端，但并非所有的新创企业都能找到蓝海。更何况，蓝海也只是暂时的，所以，竞争是必然的。如何面对竞争是每个企业都要随时考虑的事，而对新创企业更是如此。如果创业者选择的行业是一个竞争非常激烈的领域，那么在创业之初极有可能受到同行的强烈排挤。一些大企业为了把小企业吞并或挤垮，常会采用低价销售的手段。对于大企业来说，由于规模效益或实力雄厚，短时间的降价并不会对它造成致命的伤害；而对于初创企业来说，则可能面临着彻底毁灭的危险。因此，考虑好如何应对来自同行的残酷竞争是创业企业生存的必要准备。

7. 团队建设风险

现代企业越来越重视团队的力量。创业企业在诞生或成长过程中最主要的力量来源一般是创业团队，一个优秀的创业团队能使创业企业迅速地发展起来。但与此同时，风险也蕴含在其中，团队的力量越大，产生的风险也就越大。一旦创业团队的核心成员在某些问题上产生分歧不能达到统一时，极有可能会对企业造成强烈的冲击。

事实上，做好团队的协作工作并非易事。特别是与股权、利益相关联时，很多初创时很好的伙伴都会闹得不欢而散。就是比较成熟的企业，也可能发生内部纠纷，最终导致企业遭受重大损失。例如，2010年国美电器集团的最大股东黄光裕与经理人陈晓的彻底决裂，就在全国范围内掀起了职业经理人与创始人权益的巨大争议。双方明争暗斗历时近2年，

最后以陈晓辞职而告终。因此，从这一影响深远的商业案件来看，做好创业企业的团队建设风险防范，是十分必要的。

8. 核心竞争力缺失风险

对于具有长远发展目标的创业者来说，他们的目标是不断地发展壮大企业，因此，企业是否具有自己的核心竞争力就是最重要的风险。一个依赖他人的产品或市场来打天下的企业是永远不会成长为优秀企业的。核心竞争力在创业之初可能不是最重要的问题，但要谋求长远的发展，就是最不可忽视的问题。没有核心竞争力的企业终究会被淘汰出局。

9. 人力资源流失风险

一些研发、生产或经营性企业需要面向市场，大量的高素质专业人才或业务队伍是这类企业成长的重要基础。防止专业人才及业务骨干流失应当是创业者时刻注意的问题，在那些依靠某种技术或专利创业的企业中，拥有或掌握这一关键技术的业务骨干的流失是创业失败的主要的风险来源。

10. 意识风险

创业者对于自己本身是否有较为科学客观的评价、决策随意、信息不通、理念不清、患得患失、用人不当、忽视创新、急功近利、盲目跟风、意志薄弱等都是意识风险。创业者可能存在的意识风险包括投机心态、侥幸心理、试试看的心态、过分依赖他人、急于回本的心理等。在这些意识中，最主要的就是对创业者本人的特质的清楚认识。无论是谁创业，首先都要认清自己适不适合创业，每个人的思维方式、心智能量、处事能力、创新意识等都是不同的。有的人天生就具有领导才干，有的只适合做一些辅助性的工作。但是，一般需要到 30～40 岁，一个人才能够对自己适不适合创业有清楚的认识。

11. 健康风险

创业是一件繁重、复杂的事，创业者有可能对此估计不足。由于创业者自己当老板，需要统筹一切，方方面面都要照顾到，因而总是非常忙。创业者刚开始都很年轻，有一股冲劲在支撑身体，但时间长了，就会引起很多健康上的问题，如胃溃疡、神经衰弱、偏头痛等都是常见的创业通病，严重者甚至导致精神失常。创业者对健康风险要有充分的估计。大体上，创业者面临的健康问题主要来自两方面：一方面是体力透支、过度疲劳；另一方面是精神压力过大。

在体力方面，创业者既要操心家庭内的事务，又要关心企业的每一件事，对企业的人、财、物进行细致的管理和分配。另外，创业者还会遇到来自各方面的关系往来，要频繁出差、谈判。体力超额透支，有时吃饭没规律，或者在宴席上狂饮暴食，或者由于时间紧不吃饭或胡乱吃点方便食品，不管是凉的还是热的。如果长期如此，即使是铁打的身体也会被拖垮。

在精神方面，创业者除要应付公司内部的人际关系纠纷之外，还要对公司的盈利担忧，担心市场是否接受自己的产品、顾客是否满意、如何与竞争对手竞争等。如果公司运营得不理想，市场不景气，甚至赔了钱，创业者更要忍受来自各个方面的诉苦、抱怨，甚至挖苦、冷嘲热讽。创业者会感觉到巨大的压力，尤其是当市场不景气时，创业者怎么努力也无济于事反而使情况更糟，于是心情更加恶劣，有时甚至可能陷入精神抑郁。

健康的牺牲是大多数创业者的常态。我们常常见到许多常年工作，节假日都在加班加点的企业家，他们在家庭生活上做出了重大牺牲，来支持其企业的发展。很多情况下，这会导致他们的婚姻破裂、与子女关系疏远、忽视了友谊，并且缺乏兴趣爱好。有时候，他们挣的钱很少，反之，如果为他人打工的话，他们工作的时间更少并能赚得更多。但他们仍为梦想努力，对眼前的收入毫不在意。他们渴望独立，希望掌控自己的命运。这是给他人打工永远无法体会到的。当然，这样的困难并非不可避免。它们是大部分企业成功所需的执着所致。从某种意义上讲，公司是一个必须用资金、精力和热情喂养的"孩子"，贪婪而自私，企业家希望有朝一日这个孩子长大成人，回报之前所有的努力。若没有这种始终如一的热忱，绝大多数企业无法实现当初成立时的目标。

12. 机会成本风险

所谓机会成本风险是指创业者选择创业的同时放弃了自己原先所从事的职业所带来的风险。一个人只能做一件事，选择创业就丧失了其他的选择。举一个简单的例子，甲和乙是大学同学，两人同时进了一家公司从小职员做起，甲权衡再三，选择了创业，辞去了在公司的职务，乙认为自己不适合创业，于是老老实实地做一个本分的小职员。对甲而言，原先有一个职业可以满足温饱，现在辞去工作，不但失去稳定的收入（薪水），而且连医疗保险、养老保险、住房福利等都没有了。假如甲将来创业成功，有着发展前景良好的企业，和乙相比，甲真正有了自己的事业，乙尽管工作勤劳，即使当上公司总经理，也不过是一辈子为他人打工。但如果甲创业失败了，几年以后不得不到另一家公司去做小职员，那么相对乙而言，甲不仅失去了几年的福利，而且失去了几年的工作经历。另外，年龄的原因也会使甲丧失一些机会。这种机会成本风险是每个创业者都应认真考虑的问题。如果你认为目前创业的时机成熟，正好有一个很好的商业机会，那么就狠下决心，立即着手创业。如果你觉得没有什么太好的商业机会，而且自己对公司经营运作管理所知甚少，就可以暂时不辞去工作，而是边工作边认真观察，看看所在公司的各层领导是如何工作的，甚至有心学习所在公司开拓市场的技巧，以及公司老总管理公司的技巧。平时设身处地将自己当作公司老总，对不同的情况做出决定，然后和公司老总的决定比较，让事实去检验自己决定的正确与否。而且，你还可以边为其他公司打工，边留心建立良好的商业关系网，等待时机成熟时，再开始创业。

大学生创业过程中所遇到的风险并不是仅此 12 点，在企业发展过程中，随时都将可能有灭顶之灾。保持积极的心态，多学习、多汲取优秀经验，结合大学生既有的特长优势，我们相信大学生创业的步伐，会越走越远，越走越稳。

（二）常见的创业陷阱

1. 非法传销

传销实际上是有组织的犯罪活动，利用参与者对组织者宣称的"一夜暴富"理念产生兴趣，或被传销头目提出的"平等""关爱"等虚拟的东西所迷惑。

目前创业型企业"遍地开花"，相对于常规型企业，这些单位往往对大学生的诱惑更大，不仅能够提供广阔的发展平台，还会提供参与入股的机会。

2. 融资诈骗

对创业者来说，除要对投资公司的背景进行全面调查，还需要保持警惕的心态，特别是对各种付款要求，要多问几个为什么，必要时可用法律合同来保障自己的利益。

3. 网络诈骗

一些不法分子利用高科技手段移花接木，借用正规企业的名号行骗。其实网络只是交易的一种媒介，通过网络获得商业信息后，必须进行线下的考察。特别是业务量大的单子，高利润的项目往往风险也相对较大，创业者更要小心谨慎，亲自走访是非常必要的，不能仅是坐在家中敲敲键盘。有条件的话，可请投资、法律方面的专家把关。

4. 假特许真卖设备

很多项目说是特许加盟，实际上却是在卖机器设备。特许人打出免加盟费的幌子，行卖机器加盟之实，完成圈钱后便逃之夭夭。这种情况通常集中在彩扩、洗衣、咖啡等行业，如果创业者在考察某个加盟项目时，发现同样的机器在市场上可以用更低的价格买到，且购买机器的费用占了加盟连锁金额的大部分甚至是全部的话，你就要提高警惕了。

5. 宣传夸大投资回报

不少所谓的连锁特许方通过展会、广告等大肆宣传，称加盟该项目只需 3 个月最多半年就能收回几万元甚至几十万元的投资，总部将全面负责培训、广告投入和前期数月的经营。被特许人加盟后却发现，投资成本远不止原先所说的金额，做了两三年后仍未收回成本。

6. "样板店"原来是加盟托

少数不法特许人通过前期对几个加盟店和样板店的包装、造势进行内外勾结，让考察者看到火爆的生意，其实这些全都是加盟托，等客户加盟了，特许方就只顾收取加盟费、管理费，别的事情就什么也不管了。创业者在作出加盟决定前，除了看总店之外，还要自己随意选择几家加盟店了解情况，可以通过几天的观察来看看究竟加盟店是不是能赚钱。

7. 合同陷阱

一些特许人加盟授权时承诺，今后收购加盟方的全部产品，却在合同上注明要达到他们的产品标准。当加盟方生产出产品后，授权方往往以产品不符合要求为由拒收，加盟者只能吃哑巴亏；也有的特许方用没有资格的主体来签订合同，如以办事处和加盟者签订协议，这样出问题时加盟者经常投诉无门。创业者在选择连锁项目加盟时，合同是保障自己权益的最后一道屏障，不能随随便便就签字，必须将所有与自己切身利益相关的条款仔细推敲。

这些年来，珠宝加盟店、鲜花加盟店、水果加盟店、奶茶加盟店、餐饮加盟店、健身加盟店、餐饮加盟店、生鲜加盟店、会所加盟店、教育培训加盟店……形形色色，各种各样。

身边的各种场景中，加盟的广告满天飞，当你打开网页，输入"行业＋加盟"搜索引擎，铺天盖地的广告，真假难辨。每个人都有一个做老板的梦，加盟是途径也是捷径之一，看多了，难免不会动心。

不敢说所有都是加盟骗局，至少也有 80% 是加盟骗局。

三、创业风险规避

（一）SWOT 模型分析

所谓 SWOT 模型分析，即基于内外部竞争环境和竞争条件下的态势分析，就是将与研究对象密切相关的各种主要内部优势、劣势和外部的机会和威胁等，通过调查列举出来，并依照矩阵形式排列，然后用系统分析的思想，将各种因素相互匹配起来加以分析，从中得出一系列相应的结论，而结论通常带有一定的决策性。S 是优势（Strengths），W 是劣势（Weaknesses），O 是机会（Opportunities），T 是威胁（Threats）。运用这种方法，可以对研究对象所处的情景进行全面、系统、准确的研究，从而根据研究结果制定相应的发展战略、计划及对策等。借助这一模型，将实现对创业者自身创业能力、创业资源整合的分析。

按照企业竞争战略的完整概念，战略应是一个企业"能够做的"（组织的强项和弱项）和"可能做的"（环境的机会和威胁）之间的有机组合。

1. 优势 S（Strengths）

优势是组织机构的内部因素，具体包括有利的竞争态势、充足的财政来源、良好的企业形象、技术力量、规模经济、产品质量、市场份额、成本优势、广告攻势等。

2. 劣势 W（Weaknesses）

劣势是组织机构的内部因素，具体包括设备老化、管理混乱、缺少关键技术、研究开发落后、资金短缺、经营不善、产品积压、竞争力差等。

3. 机会 O（Opportunities）

机会是组织机构的外部因素，具体包括新产品、新市场、新需求、外国市场壁垒解除、竞争对手失误等。

4. 威胁 T（Threats）

威胁是组织机构的外部因素，具体包括新的竞争对手、替代产品增多、市场紧缩、行业政策变化、经济衰退、客户偏好改变、突发事件等。

（二）PEST 模型分析

PEST 分析是指宏观环境的分析，P 是政治（Politics），E 是经济（Economy），S 是社会（Society），T 是技术（Technology）。在分析一个企业集团所处的背景时，通常是通过

这 4 个因素来分析企业集团所面临的状况。

1. 政治环境

政治环境主要包括政治制度与体制、政局、政府的态度等。

2. 经济环境

构成经济环境的关键战略要素包括 GDP、利率水平、财政货币政策、通货膨胀、失业率水平、居民可支配收入水平、汇率、能源供给成本、市场机制、市场需求等。

3. 社会环境

社会环境影响最大的是人口环境和文化背景。其中，人口环境主要包括人口规模、年龄结构、人口分布、种族结构及收入分布等因素。

4. 技术环境

技术环境不仅包括发明，还包括与企业市场有关的新技术、新工艺、新材料的出现和发展趋势及应用背景。

（三）波特五力模型分析

波特五力模型是迈克尔·波特（Michael Porter）于 20 世纪 80 年代初提出的，它认为行业中存在着决定竞争规模和程度的 5 种力量，这 5 种力量综合起来影响着产业的吸引力以及现有企业的竞争战略决策。5 种力量分别为同行业内现有竞争者的竞争能力、潜在竞争者进入的能力、替代品的替代能力、供应商的讨价还价能力、购买者的讨价还价能力。

1. 现有竞争者的竞争能力

大部分行业中的企业，相互之间的利益都是紧密联系在一起的，作为企业整体战略一部分的各企业竞争战略，其目标都在于使得自己的企业获得相对于竞争对手的优势，所以，在实施中就必然会产生冲突与对抗现象，这些冲突与对抗就构成了现有企业之间的竞争。现有企业之间的竞争常常表现在价格、广告、产品介绍、售后服务等方面，其竞争强度与许多因素有关。行业中的每一个企业或多或少都必须应付以上各种力量构成的威胁，而且客户必面对行业中的每一个竞争者的举动。当一个客户确定其优势和劣势时（参见 SWOT 分析），客户必须进行定位，以便因势利导，而不是被预料到的环境因素变化所损害，如产品生命周期、行业增长速度等，然后保护自己并做好准备，以有效地对其他企业的举动做出反应。

2. 潜在竞争者进入的能力

新进入者在给行业带来新生产能力、新资源的同时，将希望在已被现有企业瓜分完毕的市场中赢得一席之地，这就有可能会与现有企业发生原材料与市场份额的竞争，最终导致行业中现有企业盈利水平降低，严重的话还有可能危及这些企业的生存。竞争性进入威胁的严重程度取决于两方面的因素，这就是进入新领域的障碍大小与预期现有企业对于进入者的反应情况。

3. 替代品的替代能力

两个处于同行业或不同行业中的企业，可能会因所生产的产品是互为替代品，从而在它们之间产生相互竞争行为，这种源自替代品的竞争会以各种形式影响行业中现有企业的竞争战略。第一，现有企业产品售价及获利潜力的提高，将由于存在着能被用户方便接受的替代品而受到限制；第二，由于替代品生产者的侵入，使现有企业必须提高产品质量，或者通过降低成本来降低售价，或者使其产品具有特色，否则其销量与利润增长的目标就有可能受挫；第三，源自替代品生产者的竞争强度，受产品买主转换成本高低的影响。总之，替代品价格越低、质量越好、用户转换成本越低，其所能产生的竞争压力就强；而这种来自替代品生产者的竞争压力的强度，可以具体通过考察替代品销售增长率、替代品厂家生产能力与盈利扩张情况来加以描述。

4. 供应商的讨价还价能力

购买者主要通过其压价与要求提供较高的产品或服务质量的能力，来影响行业中现有企业的盈利能力。

5. 购买者的讨价还价能力

供方主要通过其提高投入要素价格与降低单位价值质量的能力，来影响行业中现有企业的盈利能力与产品竞争力。供方力量的强弱主要取决于他们所提供给买主的是什么投入要素，当供方所提供的投入要素其价值构成了买主产品总成本的较大比例、对买主产品生产过程非常重要或者严重影响买主产品的质量时，供方对于买主的潜在讨价还价力量就大大增强。

根据上面对于 5 种竞争力量的讨论，企业可以尽可能地将自身的经营与竞争力量隔绝开来，努力从自身利益需要出发影响行业竞争规则，先占领有利的市场地位再发起进攻性竞争行动等手段来对付这 5 种竞争力量，以增强自己的市场地位与竞争实力。

(四) 多维度机会识别过程模型

创业机会识别作为一种主动行为，带有浓厚的主观色彩，创业者的个体因素起到了重要作用。此外，一些研究者逐渐认识到机会识别是个体与环境的互动过程，外部因素尤其是环境中的客观机会因素的影响同样不容忽视。

1. 准备阶段

准备阶段（Preparation），是指知识和技能的准备。这些知识和技能可能来自创业者的个人背景、工作或学习经历、爱好及社会网络。

2. 沉思阶段

沉思阶段（Incubation），是指创业者的创新构思活动。这一过程并非有意识地解决问题或系统分析，而是对各种可能和选择的无意识考虑。

3. 洞察阶段

洞察阶段（Insight），是指创意从潜意识中迸发出来，或经他人提点，被创业者所意识，这类似问题解决的领悟阶段，可以用"豁然开朗"来形容。

4. 评估阶段

评估阶段（Evaluation），即有意识地对创意的价值和可行性进行评定和判断，评估的方式包括初步的市场调查、与他人进行交流及对商业前景的考察。

5. 经营阶段

经营阶段（Elaboration），是指对创意进一步细化和精确，使创意得以实现。

这个五维模型是机会识别最好的拟合模型，并且其中的沉思和经营阶段与创造力显著相关。

（五）EMRMC 模型

创业团队更多地倾向于初创期或是新创期的团队，分析其稳定性更为重要。创业团队稳定性是指创业团队在其运行过程中，所表现的团队发展目标明确，团队成员角色和分工合理，团队内部有着明显的任务依赖，沟通渠道畅通，关系融洽，具有良好发展态势的特质。

基于组织承诺理论，结合创业团队的关系结构，总结归纳出 EMRMC 模型。所谓的 EMRMC 模型即情感基础（Emotion）、动力机制（Motive）、约束机制（Restraint）、物质条件（Material）、信用保障（Credit）。该模型对于解释创业团队稳定性的影响因素具有很好的适配性。

1. 情感基础（E）

情感基础即团队成员的情感因素。模型中建构的情感基础，是团队稳定关系的重要前提，因为成员与成员之间的关系，成员对团队的情感关系，决定了团队成员是否愿意为团队奉献自己的时间和精力。团队成员之间的相互依赖，是任务依赖性特征的直接表现。成员之间良好的交流和沟通，会有效地融合异质性，发挥优势互补效应，实现合力最大化。然而，良好的团队成员关系是建立在成员之间融洽的情感关系基础上的。稳固的情感基础会降低成员之间、成员与团队之间的摩擦，减弱离职倾向，使团队趋于稳定。反之，脆弱的情感基础，会因为团队任务和工作开展中的细微矛盾和摩擦，放大成员离职倾向，团队稳定性也就无从谈起。

2. 动力机制（M）

动力机制即团队成员忠实团队的动力因素。所谓的动力因素，是从创业团队成员的理想实现方面产生的。成员在团队发展进程中，关注自身理想的实现以及个人发展，重视自身特长是否能在团队中得到认可和有效发挥。团队是否可以为其创造进一步的学习机会和晋升空间，都在不同程度上影响着团队成员对团队的忠诚。如果团队成员认为在团队中找不到自身的位置，能力不被团队认可，没有提升能力和晋升的空间和机会，就会出现不同程度的情绪和心理波动。认为其无法实现自身理想，会出现忠于团队的动力不足。团队成员的状态会有退出和忠诚两种，一旦团队成员产生抵触情绪，认为理想无法实现，就会对工作失去信心，倦怠情绪加重，直至退出团队。因此，动力因素也是影响团队稳定性的关键因素。

3. 约束机制（R）

约束机制即团队成员忠实团队的约束机制因素。所谓的约束机制因素，是从创业团队成员对团队的态度和行为表现展开的。成员对团队的态度和行为表现在是否遵守团队章程和规定，是否符合社会秩序和规范，是否遵守职业道德，是否对团队具有较高责任感，是否全身心投入团队工作，是否对团队忠诚和热爱等。这些方面都可以构成约束机制因素，而这些因素受到成员的教育背景、社会规范和道德以及团队文化的影响。团队成员教育背景的差异，会使团队成员对于职业和社会道德出现较大差异。有的成员会认真遵守道德规范和约束，有的成员又会出现觉悟低意识淡薄，对团队没有责任感。不同团队文化也会产生不同的约束和影响，宽松和谐的团队文化氛围，会使团队成员自愿遵守相关规范，而紧张冲突的团队文化会使团队成员逆反甚至逃离。如果团队领导者的领导力不足、管理不当更会加重成员的离职倾向。因而，约束机制因素控制是否有效，直接影响团队的稳定性。

4. 物质条件（M）

物质条件即团队成员忠实团队的物质条件因素。所谓的物质条件因素，是从创业团队成员对经济的考虑产生的。团队成员因为害怕离开团队就会减少经济收入，所以不愿意离开团队。团队稳定性受这种因素的影响也很大。团队如果能够提供给成员公平的、较高的经济收入，团队成员就会增加留在团队的意愿。这种因素仅仅是因为团队成员为了获得可观的经济收入，而不离开团队。与团队工作的性质以及兴趣无关，更与团队成员的工作责任感无关。团队在进行薪酬设计时需要充分考虑这种影响因素，合理的收入分配会使团队成员降低离职倾向。因此，物质条件因素也是制约创业团队稳定运行的重要条件。

5. 信用保障（C）

信用保障即团队成员忠实团队的信用保障因素。所谓的信用保障因素，是从创业团队成员的个人品质和素养产生的。创业团队初创期，由于成员都忙于团队发展，个人较少有机会考虑自己在团队中的地位问题。一旦创业团队运行到一定时期，成员就会利用自身拥有的能力和资源拓宽自己的领域，由于个人品质和素养不同，就会抛开创业初期的承诺，离开现有团队，甚至做出不利于团队发展的行为。信用保障因素较多的是对创业团队中具有一定领导权力和核心地位的成员的考量，这一因素也不可忽视。

（六）胜任力素质模型

胜任力素质（Competency method）又称能力素质，是从组织战略发展的需要出发，以强化竞争力，提高实际业绩为目标的一种独特的人力资源管理的思维方式、工作方法、操作流程。胜任素质方法的应用是一项系统性的工作。它涉及人力资源管理的各个方面。许多著名企业的使用结果表明，这种方法可以显著地提高人力资源的质量，强化组织的竞争力，促进企业发展目标的实现。

1. 知识

知识是指个人在某一特定领域拥有事实型或经验型的信息。

2. 技能

技能是指个体能够有效运用知识完成某项具体工作的能力。

3. 社会角色

社会角色是个体在公共场合所表现出来的形象、气质和风格。

4. 自我形象

自我形象是个体对自身状态感知能力。它包括对自己的长处和弱点、思维模式、解决问题的风格，与人交往的特点及对自我角色合理定位等的认识。

5. 品质

品质包括气质、性格、兴趣等。品质是个体表现的一贯反应，如性格内外向、不同的气质类型等。

6. 动机

动机是推动个体为达到某种目标而采取一系列行动的内驱力，如成就动机强烈的人会持续不断地为自己设定目标并努力达到。

💡 **创业提示**

创业需要创业者投入大量的精力、体力和财力，而这个过程本身也充满了风险性和未知性。虽然说选择了创业就要勇于面对困难，但是我们不能仅凭一时之勇盲目地面对困难。

创业的失败是很正常的。在中国，中小微企业的平均寿命不到 3 年，但 80% 的中小微企业提供了 80% 的劳动力就业问题。而创业成功率低于 10%，大学生创业成功率还不到 5%。因此，如此高的创业失败率，恐怕是大多数创业者必须面对的。所有任何创业都理应学习创业培训知识。这种失败，不仅是公司的关闭，还将损失你的资产投入，创业一旦失败，你将血本无归。美国福特公司创立者亨利·福特（Henry Ford）在公司壮大之前同样遭受多次失败。不过，他曾说："失败是一次更好地开始进行业务创造的机会。就像一个休息的地方。"他还说："我是从失败中获得的比从成功中更多。"

在中国，最典型的创业失败"代言人"非史玉柱莫属了，在 20 世纪 90 年代曾经的巨人大厦烂尾一度让他亏损过亿的资金。把自己关在屋子里 3 个月不出家门，他曾自嘲为"中国最著名的失败者"。他从普通创业青年到荣登《福布斯》富豪榜，再到负债数亿的"中国首负"，后来到江苏创立了大家熟悉的"脑白金"，再到上海造就巨人网络，靠网游"咸鱼大翻身"又一次成为中国拥有数百亿资产的商业"巨人"，今天又投资白酒产业。20 余年的"屡战屡败、屡败屡战"，他最终是战胜了失败，"凤凰涅槃"般地从跌倒中爬起来，其创业过程中最可贵的就是善于总结失败的经验与教训，并不断学习、改进，在逆境中成长，正如他总结道"人只有在低谷才能学到东西""成功的经验往往扭曲，但一个人总结的失败教训那才是真的值钱的。"

❯任务实训

1. 实训目的

了解常见的创业风险，掌握创业风险的识别、防范和规避。

2. 实训内容

1. 创业有风险，而每个人对风险的承担能力有差异。有时候，我们无法知道自己到底能够承担多大的风险，通过客观的评估方法，为创业者评估风险承担能力提供参考。假想自己处于题目中所描述的情境中，然后选择答案中最适合自己的情景。做完20道题，再根据记分方式计算出得分。

答案选项评分：

免谈——1分；

我不可能加以考虑——2分；

如果有人鼓励，我会试试——3分；

我可能会做——4分；

我绝对会做——5分。

① 你去看表演，舞台上的魔术师征求志愿者上台合作，你会上去吗？

② 在公司最成功的部门中，你当副总经理。有一天老板给你机会，希望你接任另一个部门的副总经理。不过这个部门的情况很糟，一年之内已换了两个副总，你会不会接下新职？

③ 你正想集资自己做生意，有个好朋友靠不正当手段发了一笔财，愿意出集资款20万元，你会不会接纳此人入伙？

④ 你有机会可以看到一些密件，里面的资料对你日后的工作前途很有价值，但是你若被发现看了这些资料，会被"炒鱿鱼"，名誉也会扫地，你会看吗？

⑤ 你要去赶一班飞机，搭上了就可获得一份赚钱的合约，搭不上可能就会赔大钱。偏偏你在高速公路上碰上堵车，只有走高速辅路前进才赶得上飞机，你会这么做吗？

⑥ 你在公司升迁的唯一的办法就是暴露公司中一名比你强的人的缺点，但他铁定会展开反击，你会那样干吗？

⑦ 你得到一则内幕消息，对你公司的股票会产生重大的影响。做内幕交易是违法的，但很多人都这么做，而且你可以因此大赚一笔，你会做吗？

⑧ 听过一位著名的经济学家演讲后，你有问题想发问，但这位经济学家常在大庭广众前给人难堪，你会发问吗？

⑨ 你终于存够了钱要实现梦想：到世界各地旅游一年。但就在你出发之际，有人给你打电话，介绍给你一份很好的工作，若成功，该工作可以让你这辈子过得相当舒服，但也可能不成功，你仍会去旅游吗？

⑩ 你有个表弟古怪又聪明，他发明了一个古怪的水壶，烧开水比普通水壶省一半的时间。他需要10万元把它正式做好并申请专利，你会拿钱支持他吗？

⑪ 你到国外旅行，当地的人多数不会说中文和英文，当然，你在旅馆吃牛排、马铃薯就没有语言问题，但如果去当地餐馆吃当地风味的食物，语言沟通可能会有麻烦，你会单独上街去餐馆吃饭吗？

⑫ 假定你有台烘衣机，有一天你发觉烘衣机不动了，可能开关有毛病，你看到开关上只有两个螺钉，也许可以旋开螺钉看看自己能不能修，你会这么做吗？

⑬ 在一群有影响力的人面前高谈阔论可能会令他们不悦，但在一件你认为很重要的事情上，对他们的论调实在不能苟同，你会说出来吗？

⑭ 单身的你，在报上看到一则征友启事，各种条件似乎都颇适合你，你以往从未想到要对这种启事做出反应，这次会吗？

⑮ 假定你和老板到美国拉斯维加斯参加商展，你和老板正在赌场赌钱，你赌轮盘赢了，突然你有一种感觉，如果把赚来的钱统统押红色，还会赢，但如果你输了，可能会让老板对你产生错误印象，你会押吗？

⑯ 一家俱乐部即将开幕，很多明星都会到场，场面非常热闹，但俱乐部属私人性质，只有会员才能参加。你正好有合适的服饰，乔装后可蒙混进去，但你可能会被守门人识破，吃闭门羹，你会试吗？

⑰ 你暗恋你的一位同事，但没有人知道。现在你的同事必须到另一个城市谋求更好的工作，你愿意利用帮他（她）整理行李的最后机会来表白吗？

⑱ 你在荒郊野外开车，看到一个路口，看起来像是捷径，但路没有标志，地图上也没写明，你会不会走这条捷径？

⑲ 你和几位做鲨鱼研究的朋友一起度周末，准备潜水作乐。你们发觉附近有鲨鱼出现，你想要留在船上，但朋友邀你下水：说："只要遵守几项简单的原则就不会有危险。"你会下水吗？

⑳ 你有新的想法可以改善部门的工作效率，但这种想法已被管理层拒绝，你正考虑把建议告诉更高领导层，但你知道管理层必定会不高兴，你会做吗？

根据研究，肯冒险的人自认为有高度自信与雄心，他们会花更多时间专注于自己的目标，而不是嫉妒别人的成功。当然并不是每个人都有冒险的个性和需要。是不是该冒险必须由自己做决定，而年龄、责任、能忍受多少紧张和危险形势等都须考虑。根据专家的研究，在成功的人当中年纪大的比年纪轻的不肯冒险。以下是得分的不同分组与个性的关系。

得分很低者（20～47分）：这类人很明显没有什么雄心壮志，自我形象也趋于负面和不满意。即使有成功的机会，也会因为需要冒点险而裹足不前、心存疑虑。如果你的得分落在此组，首先你必须克服对冒险的恐惧，试着去做，只有这样才能在创业舞台上与人较高低。

得分低者（48～57分）：不会像前一组那么害怕冒险，但似乎也不愿意去碰运气。由于不愿冒险，就没有机会去认清形势，即使风险不大，或者成功的机会出现了也不自知，平白失去好机会。如果你得分在此组，最重要的是在你做判断时，要发挥本能和想象力以增加自己的信心。适度的冒险可以增加较正面的形象，而这种形象正是所有成功的人所具备的特质。

得分中等者（58～66分）：不会不明显地害怕冒险，但通常在利用创造力，努力奋斗时信心不足。如果你得分落于此组，很可能在外界的鼓励下可以说服自己去冒险，但可能会太依赖别人的支持。虽然得分落在此组还算不错，建议多尝试一些工作中你觉得自己没把握的事情。你该花点时间努力学习、积累经验，增加自己的信心。

得分高者（67～72分）：得分高者通常很有信心并野心勃勃。这种人同时具有很强的商业创造技能使他们能充分利用各种方法达到目标。这使肯冒险者可以掌握每一个有成功机会的形势。如果你得分落在此组，你大概已经知道要什么，并不怕去追求，即使风险相当高。

得分很高者（73分以上）：对赌注毫不在意，这种人在同事眼里无异于"赌徒"，而不是商业游戏中有自信、有智慧的好手。不过，他们很可能曾经在高风险的作为中获得成功，所以使他们会一再极端地铤而走险。不幸的是，高度冒险的人很快就会忘了凡事还是要三思而后行。如果你得分落在此组，你可能会发现冒险的刺激对某些事虽然很过瘾但并不是生活中的每个层面都需要如此，有时会摔得很惨。作为创业者你也该听听专家的意见。

（2）找一份自己比较熟悉的创业计划书认真研读和思考，确保自己掌握了创业项目的

所有信息，然后凝练出创业计划的各个要点。现在你要代表这个创业项目去面见投资者，而投资者比较忙，仅仅给你3分钟陈述项目计划，你会如何设计这3分钟的第一次融资沟通，你准备用什么样的方式和策略，去打动投资者，引起投资者的兴趣，进而获得融资机会。

（3）以小组为单位，通过报刊、网络等收集若干关于创业风险的案例。选择其中一则以小品或话剧的形式进行角色模拟扮演，其他同学观看并谈谈得到的创业启示。

创业观察

参 考 文 献

［1］蔡金明 . 创业基础［M］. 长春：东北师范大学出版社，2018.

［2］周恢，钟晓红 . 创新创业教育［M］. 北京：北京理工大学出版社，2019.

［3］刁爱军，周庆礼 . 大学生创新思维训练教程［M］. 上海：上海交通大学出版社，
2017.

［4］王光炎 . 创新创业教育［M］. 长春：吉林大学出版社，2017.

［5］徐小洲 . 创业概论［M］. 北京：教育科学出版社，2017.

［6］廖俊杰，吴建材 . 创新创业教育［M］. 广州：广东教育出版社，2019.

［7］张强，段丽华，操江涛 . 创新创业基础［M］.2 版 . 北京：高等教育出版社，2021.

［8］储建伟，张春青，范琳 . 创新创业教育［M］.2 版 . 北京：高等教育出版社，2021.